The Compleat Angler
by Izaak Walton & Charles Cotton

釣魚大全

思索する人のレクリエーション

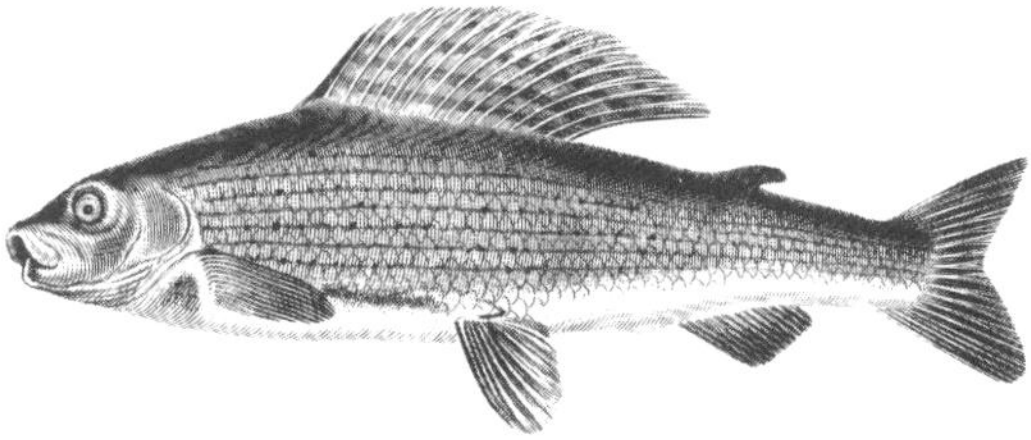

アイザック・ウォールトン＆チャールズ・コットン
霜田俊憲 訳

未知谷
Publisher Michitani

『釣魚大全』新日本語版について

一六五三年に書かれ、それ以来世界中の言葉に翻訳され、世界中の釣人に読み継がれてきたこの世界的名著にかんして、今さら何かを説明することなどまったく余計なのだが、今回のこの新しい『釣魚大全』の日本語版については一言付け加えたい。

過去にも何度か『釣魚大全』の日本語訳は出版された。しかし、残念なことに翻訳者は英文学の専門家ではあるけれども釣り、特にフライ・フィッシングに関しての知識のない人であったり、釣りに関しての経験はあるけれど翻訳技術に不足していたりといったことからこの名著の実像が浮かび上がってこなかった。この度、英語、スペイン語、フランス語、ギリシャ語など複数の言語を経験し、しかも日本におけるフライ・フィッシングの初期の段階からの牽引役で、この世界に精通したフライ・フィッシャーマンである霜田俊憲氏による翻訳で、ここに初めて満足のいく完成版が出来上がった。よく練られた日本語は読者をわくわくさせる。随所に挟まれる訳注や訳者のあとがきは、氏の該博な知識と時間をかけた研究の結果で、アイザック・ウォールトンの時代背景を掘り下げ、登場人物たちの景色を生き生きと浮かび上がらせてくれる。またたくさんの当時の図版や訳者自身による現場の写真などはこの本の魅力を大きく増幅させ、まさしく、『釣魚大全』決定版といえるものになった。

時間の短縮と経済的利益が判断の基準となる現代生活の圧力の中で、われわれは一日の自由を求めて竿を担いで水辺へでかけていく。そこでは世の中のしがらみを向こう岸へ放り投げて、行く雲や流れる水に自分を同化させ、心の中に溜まった排ガスを洗い流し、明日もまたやってゆけそうな気分を取り戻す。そうした釣りの一日はなにものにも代えがたいものだが、魚釣りという行為は単に釣った魚の数や大きさを争うだけの無味乾燥なスポーツではない。いろいろな魚を釣ったり、釣れなかったりした経験がその釣人の人生をどれだけ豊かにしてくれたかが重要なのだ。雨が強くて釣りに行けない日、春の解禁を待ちわびる長い冬の夜、手ごわい魚に一日翻弄され続けた日、この本を手にとってゆっくりとページをめくることができれば、この釣りの先達の人生哲学に触れて喜びを共有できる。義務や権利、愛だの借金だのに疲れたならこの『釣魚大全』を開き、その中に心を拡げ、世間の雑事を忘れてのびのびと釣りの世界に遊ばせてやればいい。

そうした釣り人としての人生を手に入れた時、釣り人は The Compleat Angler（釣魚大全の原題――〝完成された釣師〟）となる。

画家、エッセイスト、訳者と同じ古いフライ・フィッシャーマン

柴野邦彦

The
Compleat Angler
or the
Contemplative man's
Recreation.

一六七六年刊、第五版（改訂版）の《釣魚大全》The Compleat Angler は、文中にも触れられているが、ウォールトンによる改訂されたⅠ部と、ウォールトンに依頼されてチャールズ・コットンが書いたフライ・フィッシングに関するⅡ部、それにロバート・ヴェナブルズによるⅢ部をくわえて Universal Angler として出版されたものであったが、その後刊行された幾多の英語版、翻訳版は Universal Angler の書名が使われることはなく、そのほとんどはⅠ部、Ⅱ部だけの The Compleat Angler として出版されてきた。この訳書もその例に倣っている。ウォールトンによる改訂第五版Ⅰ部はそれ以前のものよりも、たとえば、第21章に見るように、釣りの話だけではなく哲学的傾きを強くしているように思う。

Ⅱ部はウォールトンの依頼によって一〇日ばかりの日数で書かれたというが、以来、コットンがフライ・フィッシングの父と称されるに至ったほどに歴史的な著述となった。文中には餌釣りの話もでてくるが、もちろん主としてはフライ・フィッシングとそれに関わる昆虫の話になっている。ウォールトンのⅠ部、コットンのⅡ部を通じて、釣り、フライ・フィッシングがスポーツとして考えられるようになっていった時代的経緯が実感できるとともに、コットンによる第Ⅱ部が加わってこの書は文字通り Compleat になったと言える。

（訳者記）

IZAAK WALTON.
Engraved by Philip Audinet from an original Picture, in the possession of the Revd. Dr. Hawes at Salisbury.

ウォールトンの肖像

はじめに

この訳書《釣魚大全》はアイザック・ウォールトン存命中の最後の版となる一六七六年刊の《The Compleat Angler》第五版のⅠ部、Ⅱ部を訳したものである。翻訳にあたって、テキストとしては《The Complete Angler, ed. by Sir Harris Nicholas, William Pickering 1836、Oxford World's Classics の The Compleat Angler ed. by John Buxton, 1982、および ed. by Marjorie Swann, 2014、などを参照した。

訳書のなかの図版はおもに以下の書によっている。

《The Life of Izaac Walton》by Thomas Zouch, Septimus Prowett, Strand, 1823
《The Complete Angler》ed. by Sir John Hawkins, Samuel Bagster, 1808
《The Complete Angler》ed. by J. E. Harting, Samuel Bagster, 1893
《The Complete Angler》ed. by Sir Harris Nicolas, William Pickering, 1836
《The Complete Angler》ed. by John Major, J. B. Lippincott & Co., 1900
《Izaak Walton and His friends》by Stapleton Martin, Chapman & Hall, 1904
《Thomas Ken and Izaak Walton》by E. Marston, Longmans, Green and Co., 1908

なお訳書のなかに使われている写真は訳者が一九八二年にダヴ川を訪れた際に撮影したものである。

James Inskipp pinxt H. Robinson sc.

Izaak: Walton

ウォールトンの釣り姿肖像

June 25. 1658

真に崇敬すべき人
スタッフォード州、マドゥリー所領のジョン・オフリー殿[1]
私のもっとも敬愛する友人に捧ぐ

1 John Offley 一五五七年ロンドン市長であった Sir Thomas Offley の孫と考えられる人。一六五八年死去。

これまでに、厚かましくも、幾度となくあなたのご好意をいただいておきながら、またもそれに甘えて、この本のご後援とお引き立てをお願いすることになってしまいました。しかも、私としましては、この願いが拒否されることはあるまいと、密かに信じておるのです。それというのも、この本は、あなたがよく知っておられるともに、それを愛好し、実践されている、魚と釣りに関する話だからです。

あなたは確信しておられることですが（なかにはそうは思わぬ無知な輩もおります）、釣りはアートです。そして、あなたはこのアートを誰よりもよく知っておられます。そして、それが真実であることは、あなたの楽しい骨折りのあとに得られる釣果が示しております。その骨折りとは、あなたの精神に幾ばくかの休息を与え、より大切な仕事の重荷を肩からおろすために、しばしば重要な仕事をはなれて、一日、二日を当てられるこのレクリエーションのことです。

そうした折りに、並の釣師があなたのお供をし、あなたの成功を、と言っても、運によるものではなく、技術による成功を日の当たりにするなら、必ずや、あなたのようになりたいという羨望を抱くに違いありません。そして、その羨望はそうありたいという熱心な努力さえ生じさせるかもしれません。しかし、私にはわかります。

それは並の能力では到達しがたいものです。そして、いまや偉大なる知恵、学識、経験を有する多くの人々がこのアートを愛好し、実践しておられますが、そういう方々は私の言うことは真実であることをわかっておられます。

魚と釣りに関するこの楽しい趣味は（あなたはその偉大なる達人でありますが）、様々な国々において、学識と知恵において著名な人々のあいだで、著述と実践に値するものと考えられております。そして、この国で思い出すのは、（このアートを愛した）ヘンリー・ウォットン卿[2]のことです。卿は私に言われました。このアートに関する話を書きたいと。そして、釣りを讃えたいと。死がそれを妨げなかったなら、必ずや、そうされたことでしょう。それを思い出すと悲しくなったものです。というのは、もし卿が長く生きて、それを成し遂げておられたなら、知識に不足のある釣師は、このアートに関する優れた専門書を、英語では私がいまだ見たことがなかったような（試みた者はいるにはいましたが）熟読に値する書を、目にしていたに違いないのです。

しかし私が書いたものは貧弱なもので、諸賢の一読に値しないものですが、ここで正直に申しましょう。他の批判よりも、むしろ私自身が詫びるべきところです。私の釣りの話にはあまりに異論の余地が多く、師はこれをして、ご自身の知識には何ら貢献するところがないと断ぜられるかもしれません。この書簡があまりに長くなりすぎるのも、楽しみを削ぐことになりかねません。私の真心を書きそえて、終わりにします。

心から、
あなたに深い親愛の情をいだく友にして、
もっとも謙虚な下僕である、
Iz.　Wa.

Sir Henry Wotton（サー・ヘンリー・ウォットン）

2 **Sir Henry Wotton**（一五六八〜一六三九）外交官、ベニス、ハーグのイギリス大使、詩人、釣師、イートン校の校長、ウォールトンによる伝記あり、**"Lives"**中の**"Life of Wotton"**

Walton's House in Fleet Street.

Walton's House in Fleet Street（フリート・ストリートのウォールトンの家）

この話のすべての読者に
ことに真実の釣師に

ここで私の真意を述べておくことは適切であろうと考えます。つまり、私がこの話を企て、執筆し、出版し、ましてやそこに我が名を付したのは、自足のためではありません。人を喜ばせるためだとしても、あまりに容易に取り組んでしまったことではありますが、この企てによって名声を得ようという意図もなかったので、そのためにこれを始める以前より私に存していた名誉を少しも自らすすんで失うことにはならないだろうと思うのです。そこで、たとえ私が称讃には値しないとしても、せめてこの企てを許容していただきたいと願っているのです。

そして、この話に対しては、何らかの異論の余地があるとしても、それでも、大方の読者にとっては、あまりに気難しいか多忙すぎる人でないかぎり、間違いなく熟読の時間に見合うだけの楽しみなり利益なりを享受していただけると思います。これが、ここに読者の思慮と判断にゆだねることにした、この書の価値に関して私の信じることのすべてです。しかし、読者の評価があまりに厳しいということであるなら、私にも自由があります。そこでその自由を行使することにして、そうした酸味のつよい批判は無視することにいたしましょう。

そこで、読者にはさらに気に留めていただきたいのですが、釣りという気晴らしについて書くことによって、私は自分自身をレクリエーションの種にしたのです。読者にとっても気晴らしになるように、読んで鬱陶しく、退屈でないようにするために、ところどころに、決して下品ではなく、無邪気で、無害な陽気さをまじえておきました。読者にして、厳格で、気難しい人間であられるなら、私としては、その方の判断はここで願い下げにしようと思います。聖職者たちの言うとおり、不快の種はやって来るが、やっても来ないのに、わざわざそれを取りに行く者もいるわけですから。

そこで、私としては、この話の楽しい部分をこそこの本のよいところだとしたい。私とて、時によっては、深刻な場合のあることは人の知るところですが、それでも、この話全体は現在の私の、いやむしろ、かつての私の気分を引き写したものと言えるでしょう。かつてとは、ことに、仕事を脇に置いて、誠実なナットやロウ[1]とともに釣りにでかけたあの日々のことです。でも、彼らはもはやこの世の人ではなく、彼らとともに私の楽しい時間のほとんども、まるで影のように消え去ってしまい、戻ることはありません。

1　Nat and R. Roe　ナットとロウ、ウォールトンの親戚筋にあたる人たちと考えられている。

さて次に、このことを言い添えておきましょう。この本が気に入らないという人であっても、そのなかの鱒やその他のいくつかの魚の素晴らしい絵についてはきっと気に入っていただけるだろうということです。そうした絵は私の手になるものではないので、ここで心置きなく推奨させていただきます。

さらに、読者にお伝えしておきたい。この話のなかでもっとも有益な部分、すなわち、自然と繁殖、時季と魚を捕らえることに関してですが、まさか私も、そうした事柄に関して異を唱える読者がいないと考えるほど世間知らずではありません。そこで、このように考えていただけるようお願いしておきます。経験が我々に教えるところによれば、国が変われば、季節も変わるということがあります。ほとんどの魚の繁殖の仕方、なかでも、その時季には疑いなく違いがあります。その例として、マンモス州の三本の川があります。すなわち、セヴァーン川、ワイ川、そしてアスク川です。カムデンの観るところによれば[2]（Britannia P633）、ワイ川においては、鮭の好季は四月から九月だという。そして、我々もよく知るところですが、テムズ川およびトレント川、それにその他の多くの川においては、その時季は暖かい方の半年間ということです。

2　William Camden（一五五一～一六二三）歴史家、ウエストミンスター校、校長。著書 Britannia, 1586さあ、魚を捕まえる技法、アートについてです。つまり、いかにして、もともと釣師ではない者を、書物によって釣師となし得るのか？　これを企てる者は、あの勇敢にして、素晴らしい剣術師であるヘイルズ氏よりもさらに困難な企図に着手することになるのです。氏はその刊行された書、『護身術』（A Private School of Defence, 1614）のなかで、その技法あるいは技術を教えようと試みられたが、その仕事は、結局は笑いものになってしまいました。その書からは色々有益なことを学べるのではあるが、それでも氏は笑いものになった。というのは、技法とは言葉によって教えられるものではなく、練習によるべきものなのだ。釣りもそうあるべきだと思う。さらにご留意いただきたいことがあります。この話のなかで、私は既知の事実すべてを語ろうとはしていません。あるいは、すでに語られていることのすべてを言おうと試みようとしてもいません。むしろ私が試みるのは、個々の釣師に普通には知られていない多くの事柄を知っていただくことです。その他のことに関しては、この趣味を愛好し、実践するすべての人々が、その経験を通して修得することのできる知識・観察の独自の拾遺集になるものとして、手を触れずに十分に残しておくことにしました。私としては、そうしたことを大いに奨励するものです。というのも、釣りは、決して学びつくすことができない数学のようなものだと言われ、少なくとも、完全には習得することはできず、後に続く者たちが試みる新たな企ての余地が常に残されているのです。

　しかし、この遊びを愛好するすべての人々はこのために支払ったお金に見合うだけの何事かを学ぶことでしょう。しかしそれは、よほど貧しく、窮乏している人でない限りという条件付きです。万一、そうした人の場合には、この本を買うことは控えていただきたい。私が書くのはお金を得るためではなく、楽しみのためですから。この本にはそれ以外に誇ることはありません。約束ばかり多くて、読者を欺くのは本意ではありませんからね。

　そして、この書が読者にとってどのようなものになるにしろ、私としては、ここに読者の見解と批判に委ねたこの書のための調査と資料収集には大きな満足を見いだしてきました。読者には、この書を通読されることによって、同様の満足を得られますよう願っております。ここで暇乞いをするところですが、もう少し言い添えておきましょう。多くの人々の言うところでは、鱒のフライ・フィッシングにおいては、一年一二カ月に、それぞれ異なる一二個のフライがあって、釣師はそれに従わなければならないということですが、私に言わせれば、このルールに従う者は、暦の言う晴天日に従って乾草をつくる者と同じく、それなりに魚を捕まえるでしょうし、賢いことでもありましょうが、それ以上の確実性を持つものではないのです。というのも、一年のある月に川辺に、あるいは、水面に現れるのを慣わしとする羽虫たちも、次の年になれば、その年の寒暖の具合によって、その出現がほとんど一カ月も早くなったり、遅くなったりすることがあるものです。とは言え、これからの話のなかでは、多くの釣師のなかで定評のある一二種のフライを挙げておきました。読者にはそれらがいくらかはお役に立つかもしれません。さらに、こんなことがあります。ウエールズやその他、いくつかの国では、その地、その国に特有の羽虫がいて、釣師としては、当然ながら、その地に特有の羽虫を真似たフライを作らなければ、釣りもすべては徒労に終わるか、あるいは、そのほとんどは無駄になるというのです。しかし、一般的には、きちんと、正しく作られた、あまり大きすぎないフライが、三、四本あれば、マス釣りには大抵の川で夏中それで用が足りるものです。しかし、冬のフライ・フィッシングということになると、昔の暦と同じことで、あまりお役には立てない。誰しも生まれつきのアーティストではないのと同様に、誰しも生まれつきのアングラーではないのです。そこで、こうしたことについて、ご注意しておいたほうがよいだろうと考えた次第です。

さて、この第五版においては、私自身の観察および友人とのやり取りによって、多くの増補がなされていることを申し述べて、もうこれ以上は読者を引き留めることはせず、ただ雨の日の夕刻をこの書を読むことにあてて頂きたいと願うばかりです。そして、真剣な釣師であられる読者には、釣りに出掛けようという日に決して東風の吹かないことを祈ります。

I.W.

釣魚大全　目次

第I部　川、池、魚、そして釣りの話　23

釣魚大全

思索する人のレクリエーション

The first part.

PART. I.
BEING A
DISCOURSE
OF
Rivers, Fish-ponds, Fish and *Fishing.*

Written by *IZAAK WALTON.*

The Fifth Edition much corrected and enlarged.

LONDON,
Printed for *Richard Marriott*, 1676.

第Ⅰ部

川、池、魚、そして釣りの話

第1章　釣師と鷹師そして猟師の対話、それぞれ自身のレクリエーションを称えること

釣師　やっと追いつきました、みなさん！　おふたりとも、おはようございます。おふたりに追いつこうと、トテナム・ヒルを大股で越えてきたところですよ。仕事のご都合では、私が行くウェアの方へご一緒できるかと思いましてね。なんとも素晴らしく、さわやかな五月晴れの朝ですね。

猟師　問題なくご希望に添えそうですよ。私の目的というのは、ホッズデンの《茅葺き亭》[1]で朝の一杯をやることですからね。そこに着くまでは休みなしのつもりです。ひとり、ふたりの友だちと会う約束がありますのでね。ただ、こちらの方はどこまでお出でなのか、まだお会いしたばかりで、お聞きしてもいないのですよ。

鷹師　私のほうは、よろしければ、シオボールズ[2]までご一緒させていただき、そこで失礼いたします。その地の友人の家に寄ることにしておりますのでね。ちょうど羽根換わり期の鷹を預けてありまして、今は、もう早く見たくて仕方がないところですよ。

1　リー川に沿う街道沿いの宿

2　一五六〇年代にウイリアム・セシルによって建てられた大別荘。一六〇七年宮殿となり、ジェイムズ一世はそこで死去（一六二五年）。その最大時には二五〇〇エーカーの広さがあったとされ、そこで鷹狩りの趣味のあったジェイムズ一世は狩猟を楽しんだという。ただ、土地を囲いこまれて、自由を失った住民には大きな不満があった。

Samuel pinx

Audinel Sculp

The Thatched House.

The Thatched House（茅葺き亭）

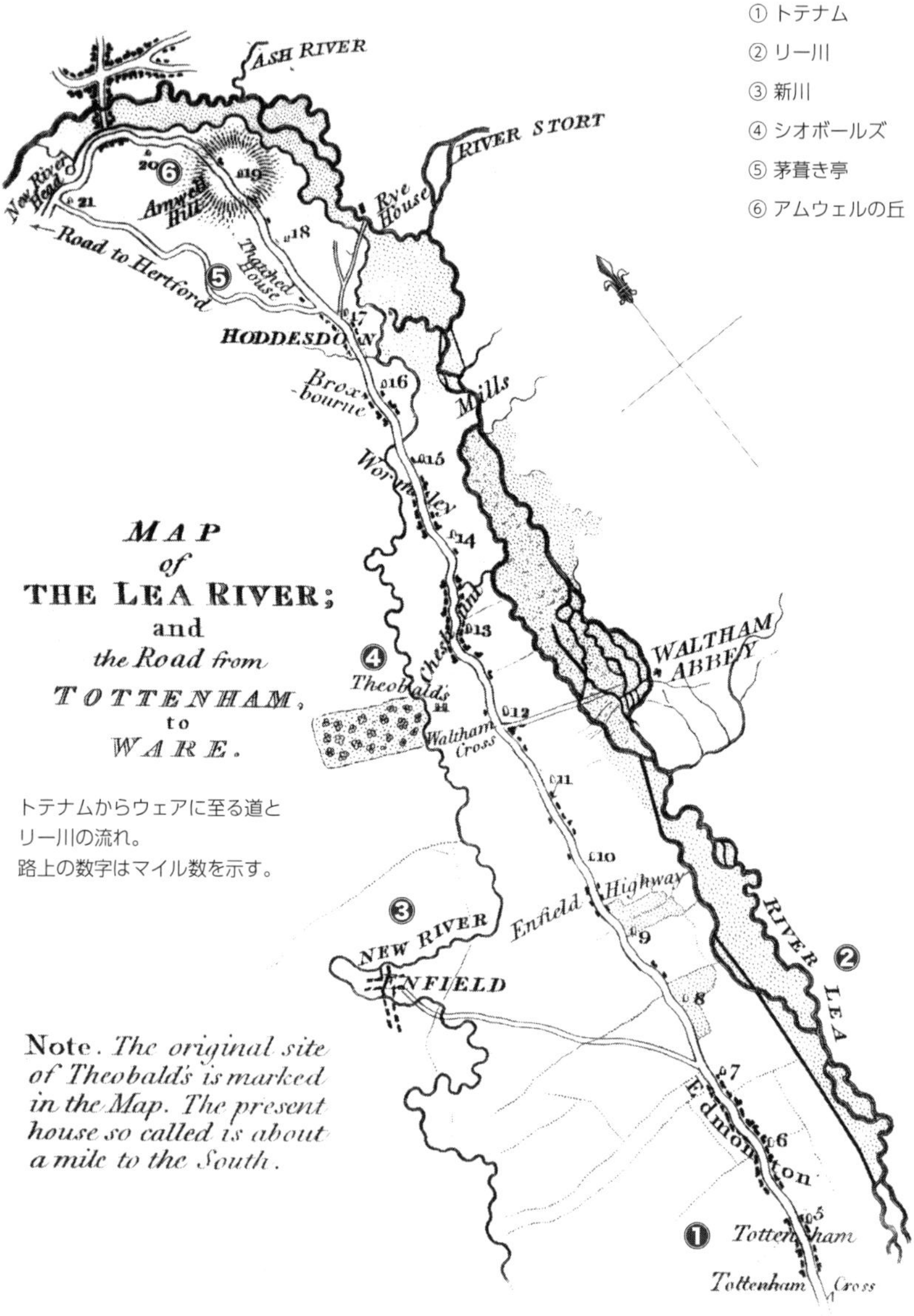

① トテナム
② リー川
③ 新川
④ シオボールズ
⑤ 茅葺き亭
⑥ アムウェルの丘

トテナムからウェアに至る道と
リー川の流れ。
路上の数字はマイル数を示す。

Map of the Lea River（リー川の地図）

猟師　いや、こんなに素晴らしくて、さわやかで、涼しい朝に、道連れまでできて、こんなに嬉しいことはないですね。それに、みなさんと足並みが違って、楽しみを逃したりしないよう、歩調を合わせるようにしますよ。イタリア人も言うように、《旅の道連れは道中を短くする》ですからね。

鷹師　そういうことになりますね、楽しい話があれば。思うにそれは、お二人の快活なご様子と話しぶりを見れば、もう約束されたようなものですね。私としては、楽しい話のお誘いに、初対面の方々に礼を失することのない限り、できるだけ自由に、心を開いておくことにします。

猟師　それでは、私も同じ約束を。

釣師　おふたりのお返事をうかがって、嬉しいかぎりです。ご本心でしょうから、私も不躾ながら訊かせていただきましょう。こんなに朝早く起きて、速足で歩いておられるのは、お仕事のためか、それとも楽しみ事のためですかな。こちらのお方は、お友達に預けてある羽根換わりの鷹に会いに行かれるということですが。

猟師　私の場合はその両方ですね。仕事が少々に、楽しみがいっぱいというところです。今日は一日かけて仕事をぜんぶ終わらせて、その後は一日、二日をカワウソ狩に当てようというわけです。これから会うことになる友人によれば、これほど面白い狩は他にはないということですからね。そこは何としてもやってみなければ。明日の朝には、アムウェル・ヒルで、名門サドラー家[3]のカワウソ犬の一隊と出会って、そこで共に夜明けを待ち構えようという段取りです。

3　Ralph Sadler、ハートフォードシャー、スタンドンの名家。鷹狩りと狩猟をやる人。

釣師　それは、私には、願ったり叶ったりですよ。私の方でも、一日、二日を当てて、その害獣退治のお手伝いをしようという考えですから。まったく嫌な獣ですよ。魚が大好きで、いやむしろ、魚を殺すのが大好きで、だから、私の考えでは、カワウソ犬を飼っている人にはすべて国王が助成金をくだされて、この忌わしいカワウソ種族の絶滅を奨励すべきだと思うくらいですよ。それほどの悪さをする奴らですよ、カワウソは。

猟師　それなら、この国の狐ども、これも同じく絶滅させるべきとお考えですかね？　奴らも間違いなくカワウソと同じくらいの悪戯をやりますからね。

釣師　悪さをするといっても、私と私の仲間にとっては、あの悪辣なカワウソに比べれば大したことではありません。

鷹師　ところで、おふたりは何を趣味とされる方々ですかね、哀れなカワウソにこれほどご立腹とは？

釣師　実は、私は、釣りの愛好家のひとりですよ。したがって、カワウソの仇敵というわけです。それに、我々釣師は互いに仲がよくて、私がカワウソを憎むのは、ただ自分のためばかりではなく、同好の仲間みんなのためにもそうしているというわけです。

猟師　私の方は猟犬の愛好家です。猟犬の群れについて何マイルも歩いていると、多くの愉快な猟師仲間が釣師を目にしては冗談を言ったり、笑ったりしていますよ。

鷹師　私は、実は、鷹師のひとりですが、世の中の多くの謹厳実直の人々が釣師を憐れんでいますよ、釣りなんていかにも鈍重で、くだらない、退屈な遊びだと言ってね。

Theobalds（シオボールズ）

釣師　それはみなさん、どんなアートもレクリエーションも、物笑いにするのはたやすいことですよ。機知が少々に、意地の悪さ、無遠慮に悪意があれば事足りますからね。でもね、彼らがあえてそんなことをすることがあっても、そんな人たち自身がしばしば自ら仕掛けた罠に落ちてしまうのは、嘲弄家一族の元祖、ギリシアのルキアノスの話に見るとおりですよ。

ルキアノス　嘲弄の名人　その彼がこう書いた
友よ　それが機知とは　君の間違い
いくら言おうが　機知もなければ　恐くもない
人を狙って　誰あろう　あざける相手はおまえ自身さ

これに加えて、嘲弄家について、ソロモンの言うことを引くならば、彼らは人類の嫌われ者ということになりますね。気がすむまで嘲っているがよい、ずっと嘲り屋でいるがよい。しかし、我々にとっては敵ですよ。徳と釣りを愛するすべての人々にとってもね。

それから、多くの謹厳実直の士が釣師を憐れんでいるということを耳にされたというあなたには、こう言わせていただきましょうか。人目には謹厳であり、実直であるとされる人々のなかにも、我々の目には軽蔑すべき、憐れむべきものが少なくないとね。謹厳と見られる人も、実は、難しい顔付きに生まれついたというに過ぎなかったり、あるいは、金銭を追い続けて、すべての時間をそこにつぎ込んだりする。まずは、金を稼ぐことに、ついで、それを維持することに懸命になる。いわば金持ちであるよう刑を宣告された人々ですよ。彼らは常に忙しくして、満足することがない。こうした貧しい金持ちたちを、我々釣師は深く憐れんでいるのです。そして、我々自身、自らを幸福と思うために、彼らにお伺いをたてる必要は少しもないのですよ。それどころか、我々の享受する満足感、これはそういう難癖の埒外にあるものです。それは、学識豊かで、率直なモンテーニュ[4]が、いかにも彼らしく自由に言っているようなことです。《猫と私が、他愛ない方法で（たとえば靴下留めなどで）ふざけ合っているとき、私が猫をからかっているのか、それとも、猫が私をからかっているのか、分からないではないか。それを、猫なんて馬鹿だなと決めつけるだろうか？　猫にしても、私と同じように気の向くままに、遊びに応じたり、拒否したりするのだから。いや、そうではなくて、私に猫の言葉が分からないせいで、うまく理解が行かないのかもしれない（実際、猫たちは互いに言葉をかわし、わかりあっているのは間違いない）。それどころか、猫にしてみれば、自分と遊ぶほかに能がないのかと私を憐れみ、ふざけながら遊び相手をつとめる愚かな私を嘲笑し、咎めているかもしれないではないか？》

4　ミシェル・ドゥ・モンテーニュ（一五三三〜九二）、この時点ではウォールトンはジョン・フロリオ英訳の《Essays》によっている。二部の著者コットンは一六八五年に《Essais》の英訳を出版している。その英訳は一九四七年、サルヴァドール・ダリの挿絵入りで、Doubleday & Company, Inc. からも出版されている。

このようにモンテーニュは猫に関して自由・率直に語っております。そこで私も、笑い飛ばすことにしましょう。これまで釣師がそのアートと楽しみを正当なものとしてどんなことを言っているか、それさえ耳にしたことがないような人をね。そして、そんな謹厳実直など願い下げにしましょう。繰り返しますが、釣りとは楽しみがいっぱいのものなので、自らを幸福と思うために、他から考えを借りてくる必要はないのですよ。

猟師　いや、これは驚きましたね。私は嘲弄家などではありませんが、それでも、どうか悪くとらないでくださいよ、これまで常々釣師とは、あなたからお見受けするよりも、もっと忍耐強く、素朴な人々だと思っていましたよ。

釣師　どうか私の熱意を短気ととらないでくださいよ。それに、私の素朴とは、邪気が無いという意味なら、原始のキリスト教徒に普通に見られるもので、たいていの釣師がそうであるように、穏やかで、平和にしたがう人々です。つまり、素朴という知恵があるために、自らの良心を売って、財貨を購い、それによって悩みの種と死の恐怖をも手に入れてしまうようなことをしないのです。あるいはまた、かつて、法律家の数も少なく、手のひら大の羊皮紙の一片に領地の相続を伝えて何の心配もなかった時代（この賢い当節では何枚あっても不安でしょうがね）、そんな頃に生きていた人々の素朴を意味しておられるのだろうか？　もし、我々釣師を、私が言ったような、そのような素朴な人間たちだと考えておられるのなら、私にしても、私の仲間たちにしても、喜んでそのように理解されましょう。しかし、その素朴ということで、釣りという素晴らしいアートを行う者たちの、何か人間的欠陥を表現しようとされているのなら、いずれ、あなたの誤解を解いて、その逆こそが真実であることを明らかにしましょう。そして、少しばかりの忍耐をもって私の話に耳を傾けていただけるなら、人の話や時間や偏見があなたに植えつけた、あの称讃に値する古来のアートに対する先入観をきれいさっぱり取り払って差し上げましょう。なぜなら、釣りは思慮ある人がこれを知り、また行うに値することを私は知っているからです。

ところでみなさん、私にそれができると言っても、話を独り占めにするほど礼をわきまえない者ではありませんですから、そこで、お二人とも、あるいは鷹の愛好家、あるいは猟犬の愛好家であると、ご自身で明らかにされたのでから、ここはまず、それぞれ愛好し、実践されている遊びの誉め言葉をどうかお聞かせいただきたいものです。そうした後で、今度は私に、釣りの楽しみとアートについて、お二人のお耳を拝借できれば幸いです。こんな具合にして、道中を短くしましょう。ご異議がなければ、鷹師殿から始めていただきましょうか。

鷹師　ご提案には大賛成ですよ。その証しに仰せのとおり私から始めましょう。

それではまず初めに、私がいつも関わる元素、空気について述べてみましょう。重くはなくとも、その価値は軽くなく、疑いなく地と水を凌駕する元素です。時には、私も、地と水の両方に関わることがあるとはいえ、空気こそが私の本来の元素であり、私と私の鷹がもっとも多く利用し、私たちに最大の楽しみを与えてくれる元素です。それは気高く、堂々とした私の鷹の飛翔を妨げることはなく、空中にあって、高々と舞い上がる鷹の姿は、獣や魚の貧弱な視力のよく届くところではありません。鈍重な肉体ではそんな高みを望み見ることはどだい無理なのです。ところが、空中にあって、私の鷹の一隊は空高く舞い上がって、人の視野から消えてしまうと、ついには神々のもとに伺候して、神々と語りあうのです。したがって、私の鷲のごときは《鷲はジュピターの従者》などとまことにふさわしい名称を得ております。それに、私がこれから会いに行く鷹もこれに劣るものではなく、その飛翔においてはダイダロスの息子イカルスのように太陽の熱に翼を焼かれる危険に身をさらすのです。その時、鷹はなにものをも気にかけることなく、その敏捷な翼は流れる風を切り、険しい峰も、底深い谷も、悠然と飛び越えては、我々が崇め、讃嘆する尖塔も、壮麗な宮殿をも、その誇り高い眼差しははるか眼下に見おろすのです。そんな高みにあっても、私の口が発する一声で、鷹はそれと知って舞い降りると、私の手から肉を受け取り、主人の私に従って、ともに家路をたどるのです。そして、また翌日には同じ楽しみを与えてくれます。

さらにまた、私が関わる空気という元素は、その価値はきわめて高く、必要不可欠のもので、地の面に餌を求める生き物のみならず、水の中に棲む様々な生き物も、鼻孔に命を吸い込む生きとし生けるものはみな、この元素を必要とするのです。いかなる水といえども、空気なしには魚を養うことはできません。それは例えば、大寒波のために凍って開かない水面がよい証拠でしょう。その訳は、どんな動物も、その吸い込み、吐きだす気管が止まってしまえば、たちまち自然に屈服して、死んでしまうのです。このように、魚にも獣にも、その両者の生存に不可欠なものは空気です。いやそれどころか、人間自身にとってもそのとおり。空気よ、命の息吹よ、神は人類にまずこれを吹き込まれた。人にして、これを欠くならば、やがて命は絶え、彼を愛し、見守っていたすべての者にとって悲しい物体となり、またたく間に腐敗物となり果てるのです。

さて、もっと続けましょう。空の鳥たち、鷹ではない鳥たちも、その数は数知れず、人に役立ち、心を楽しませるものたち、このまま触れずに素通りするわけにはいきません。鳥たちは人を養い、その心を楽しませる。その極上の肉は人の食べ物となり、その天上の声は人の心を楽しませる。しかしここでは、幾種類かの家禽についてはあえて触れずにおきましょう。昼には気難しい舌をよろこばせ、夜は、それらが残す羽根が心地よい眠りを提供する。それらの家禽たちについて述べるのはここでは控えましょう。しかし、あの小さな、巧みな、空の楽士たち、人間の芸術も恥じ入るばかりの不思議な歌声でさえずりかわす、あの小鳥たちを見過ごすわけにはいきません。

まずはヒバリ。彼女は、自らを楽しませ、その声を聞くものたちをも喜ばせようというとき、地を飛びたつと、歌いながら高く、高く空中へ舞いあがる。そして、その天上の務めを終えると、黙しがちに悲しむのです。必要さえなければ、触れたくはない、退屈な地上に降りなければならないことを思って。

さて、クロウタドリとウタツグミは、その美しい調べの歌声で、楽しい春を喜びむかえ、彼女らの季節のなかで鳴きかわす見事な歌声には、どんな技法が、どんな楽器がおよびうるでしょうか?

いや、もっと小さな鳥たちも、それぞれの季節がくると歌いだす。たとえばそれは、モリヒバリ、ビンズイ、かわいいムネアカヒワ。そして、生けるものも、死せるものも、人を愛するというあの小鳥、見上げた心のコマドリが鳴く。

さてまた、もうひとつの空の生きもの、ナイチンゲールは、その小さな喉の楽器から、あんなに甘美で、声高い調べを息吹くので、人をして、まだ神の奇跡は終っていないと思わせるほどです。真夜中の、力仕事の人間のぐっすり眠る頃合いに、しばしば私がやるように、その澄みきった旋律と甘美な歌声、なめらかな上がり、下がり、そしてその声の反復と重なりとを耳にする者は、地の上に浮き上がる心地がして、こう言うでしょうか、《主よ、あなたは天にある聖人たちにはどんなにか素晴らしい音楽を贈られたことでしょう、地上にある罪深い人間たちにさえ、このような音楽を下されたのですから》と。

そして私には、イタリアの多くの鳥の飼育場も、あるいはローマのヴァロがそれに費やした莫大な金額も、それほど驚くべきことには思えません。そうした飼育場の跡は今もローマに残っていて、広く人に知られており、かの地を旅する外国人がその帰国に際して、記憶にとどめ、書き留めておくべき名所旧跡のひとつとされているほどです。

歌い鳥については、もっとたくさん言うことはありますが、これくらいにしておきましょう。

次は、国家の役に立つ鳥についてです。思うに、ツバメが二つの軍隊間で通信文を運ぶべく訓練されていたというのは疑いのないところです。トルコ人が、マルタ島だかロードス島だか、記憶が定かではありませんが、そのどちらかを包囲したとき、鳩が手紙を持って行き来したと言われています。さらに、G・サンディス氏はその旅行記（A Relation of A Journey, 1615）に、アレッポとバビロンの間で同じことが行われたと記しています。たとえ、それが信じられないとしても、次のことは疑いえないでしょう。ノアの箱舟から放たれた鳩は、周囲はすべて海かと思えたところに、陸のあることをノアに知らせたのです。このように、鳩は忠実で、信頼できる使者たることを、身をもって示したのです。また、旧約聖書の犠牲としても、高価な雄牛や雄羊と同様に、ひとつがいの山鳩か、あるいは、若い鳩のひとつがいが捧げられているほどです。さらに、神が預言者エリアに食べ物を与えられたとき、神はなにか奇跡のような仕方で、朝に夕べに、ワタリガラスを使って食べ物を届けられたのでした（王記 1-17）。そして最後に、精霊が姿を現わして我らが救い主に降臨なされたとき、精霊は山鳩の姿をとって降りられたのでした。さて、私のこの話を終わるにあたって、どうか、忘れないでいただきたい、こういった不思議な出来事が、彼らも私も、共々に、これほど楽しむ空中に住む鳥たちによってなされたことを。鳥のほかにも、翼ある、取るに足らない小さな生きもの、これもやはり我らが空気の住人、すなわち、働きものの蜜蜂がいます。彼らの分別、行動、彼らの国の整然とした政治形態については、その他数種の蜂の場合もふくめて、ここでもっと語りたいところです。また、その蜜と蜜蠟とが人間にとって、食用として薬用として、いかに有益であるかということについても。しかし今は、彼らの甘美な仕事の邪魔などはせず、静かにしておきましょう。こうした間にも蜂たちは、この五月の朝、自然が開かせたあの草花のなかで忙しく飛びまわっていることでしょうから。

さあ、鷹の話にもどりましょう。あまりに遠く脇道にそれてしまいました。ところで鷹はふつう二種類に分けられています。すなわち、長い翼の鷹と、短い翼の鷹です。その長翼の鷹のうち、この国の我々鷹師のあいだで主に使われている鷹の名を次に挙げてみましょう：

ジャーファルコンとジャーキン（シロハヤブサの雌雄）
ファルコンとタッセル・ジェントル（ハヤブサの雌雄）
ラナーとラナレット（ラナーハヤブサの雌雄）
ボッカレルとボッカレット
セイカーとセイカレット（ワキスジハヤブサの雌雄）
マーリンとジャック・マーリン（コチョウゲンボウの雌雄）
ホビーとジャック（チゴハヤブサの雌雄）
それに、スペインのステレットがあり、
トルコからのブラッド・レッド・ルークがある。
ヴァージニアからのワスカイト。
そして、短翼の鷹には：
イーグルとアイアン（ワシの雌雄）
ゴスホークとターセル（オオタカの雌雄）
スパーホークとマスケット（ハイタカの雌雄）
フレンチ・パイと言われるもの二種。
以上が人にも知られ、価値ある鷹といわれるものです。しかし、これらより下位の鷹もあります：
スタニエル（チョウゲンボウ）とリングテイル（ハイイロチュウヒ）

レイブンとバザード（ノスリ）
フォークト・カイト（トビ）とボールド・バザード（ハゲタカ）
ヘン・ドライバー、その他、ここには名を挙げないものもあります。

みなさん、ここでもし私が話を広げて、未訓練の幼い鷹や巣立ち時の鷹、若鷹や、野育ちの鷹、それに二種類のラナーハヤブサについて、さらにまた、それらの高所の巣や羽根換わり期の飼育について、毛玉を吐きだす珍しい習性、羽根の生え換わり、鷹の飼い慣らし、その餌、鷹狩り実践の珍しい話に説きいたるなら、もしこうした話や、その他、私の知る幾多の実見談に入り込むなら、私にとって、それは無上の喜びではあります。しかしながら、みなさんに対する礼を失して、自分に割り当てられた時間より多くの時間を取ってしまうことのないよう、私はここで話をやめることにして、今度は猟師殿、あなたにお願いして、狩猟の称揚に言葉の限りをつくしていただきましょうか。あなたがそれほど夢中になっておられるものですからね。そして、そののち時間が許すなら、さきほど私が述べた項目のうちの幾つかについて、さらに詳しく話させていただくことにして、今は、ここまでとしておきましょう。

猟師　それでは私が次を引き受けて、あなたが、空気について見事におやりになったように、私はまず、《地》の称揚をもって始めることにいたしましょう。《地》という元素こそは、楽しく、健康的で、腹のすく私の仕事を向かわせる相手ですからね。《地》は堅固にして、安定した元素です。人にも獣にも、あまねく益をもたらす元素です。人にはその上でこそ、様々な楽しみ事があるのです。たとえば、競馬、狩猟、かぐわしい香りを楽しみ、そして散歩を楽しむのです。《地》は人間に食を与え、また、人間の食糧となり、レクリエーションをも与える、あの獣たちにも食を与えるのです。堂々とした牡鹿の狩りは何という楽しさでしょうか。気高い若鹿の狩り、猪の狩り、狡猾なカワウソ、悪賢い狐、それに臆病ものの兎の狩りも。そして、それらより劣る獣たちとなると？　ときには彼らに罠を仕掛けて、他ならぬ地上のやっかいな害獣どもを欺いてやる楽しみはどうでしょう？　たとえば、イタチども、フィチャットやフリマート、フェレットにポールキャット、それにモグラども、地の面、そして地中に住まいするあの害獣どもを。それに、《地》は、いかに多くの香草を、花々を、そして果実を、医術のために、また人の楽しみのために送り届けてくれることか？　少なくとも私にとっては、あの実り豊かな葡萄の木がある。適度に飲めば頭脳は明澄、心明るく、機知を研ぎすます。あのクレオパトラが一夜の宴席で、八頭の猪のローストに他の肉をもそえて、マーク・アントニーをもてなすことができたのも、《地》がそれほど豊かな母なる大地であったからです。しかし、地が生み育てる巨大な象を通りすぎ、生きるもののうち、もっとも小さな生きものにまで降りくだってみるなら、この小さな蟻ごときもののなかに、《地》は我々に対する教訓をこめているではないか、夏のうちにせっせと働き備え、冬のための食糧を貯える、我々にも同じことをせよと、教えているではないか？　《地》は馬に食を与え、その地の上に馬を乗せ、そして馬はその背に人を乗せる。もし私にして、時間もみなさんの忍耐も、まったく気にせずによいのなら、《地》を称揚して私が言わずに残すことなどないでしょう。《地》はおごり、高ぶり、荒れ狂う海を隔てる。そうやって、人と獣を守るのは、海が彼らを滅ぼすからだ。それは、日ごと我々が見るように、海に乗りだす者は、難破しては海に溺れ、鱈の餌になり果ててしまう。ところが、賢くも、地の上に自ら留まる我々は、歩き、語らい、生き、食べて、飲む、そして狩にでかける。この楽しみについては、話は少しだけにとどめ、その後は釣師どの誉め言葉を聞かせてもらいましょう。

　さて、狩猟は、王侯・貴族の遊びとして、どんな時代においても、大いに重んじられたものです。それは、かのクセノフォン[5]がキュロス王に伝授した、王としての資格のひとつでもあったのです。すなわち、王は野獣を狩るものであると。狩猟は貴族の子弟を訓練して、成人してからの勇ましい肉体の動きに導くものです。猪や牡鹿、若鹿、狐、兎、それらの狩り以上に勇ましい行いが世にあるだろうか。いかに狩猟は人の健康を維持し、その力と活動を増進することか。

5　古代ギリシアの軍人、ペルシャの雇用将軍、著述家。よく知られた著書に《アナバシス》、《ソクラテスの思い出》（日本語訳は岩波文庫刊）がある。

さて、我々が使う犬についてです。誰にしても、犬たちのもつ優秀さを、それに見合う高みにまで称揚できる者はいないでしょう。猟犬の完璧な嗅覚、最初に嗅いだニオイを決して途中で捨てることなく、放棄することなく、さまざまなニオイが混じりあい、変化するなかを執拗に追跡して、水の上にも、水の中にも、また地の中にも入っていくではないか。猟犬の一隊はなんとも素晴らしい音楽を奏でてくれるではないか、心と耳が、そうした犬の声という楽器に調律されている幸福な者には誰にとっても、その声は音楽に聞こえるのだ。本物のグレーハウンドなら、群れの中の最上の牡鹿に目をつけると、それだけを選び出し、その後をつけ、他の劣等の鹿には目もくれず、それだけを追い続けて、ついにはそれと認めて、その鹿を殺すではないか。私の猟犬のことを言うならば、私が犬たちの言葉を解し、そして彼らも互いの言葉とその意味を完璧に理解するところは、日ごと、我々が言葉をかわす人々の声を聞き分けるのと何も違わない。

さてここで、狩猟の称揚を、ことに気高い猟犬について、あるいはまた、犬族一般の従順さについて、詳述してもよいのですが、そしてまた、その気質、秩序、容姿そして体格において、人間の完成度と理解力にもっとも近似する陸上の生きものについて、いろいろ申し述べてもよいのですが、たとえばことに、モーセが律法のなかでユダヤ人に食べることを認めた、ひづめの割れた、反芻する生きものについて申し述べてもよいのですが、しかしここでは、その名を挙げるのは控えましょう。なぜなら、釣師どのに礼を欠いて、その《アート》と称される釣りについて称揚される時間を残さないというわけには行きませんからね。しかし、《アート》などと言っても、そんな大層なものではないでしょう。どうやら、鷹師どの、水っぽい話を聞くことになりそうですな。せめて、長い話でなければよいのですがね。

鷹師　私もそう望むのですが、しかし、どうも長くなりそうですな。

釣師　どうか、お二人とも、偏見にとらわれないでいただきたいですね。私の話は、私のレクリエーションにふさわしく、穏やかで、静かなものになるでしょう。我々釣師は、滅多に神の名を口にすることはないのですが、まれにあったとしても、それはいずれ神を讃えるためか、祈るためなのです。他の人たちが、レクリエーションの最中に、呪文でも唱えるように、いたずらに神の名を口にすることがあっても、言っておきますが、それは我々の誤りでも、習慣でもありません。むしろ、我々はそれには反対するものです。しかし、どうかお忘れなきよう、私は何人をも責めることは致しません。私は、水っぽい話をする気はないのと同時に、あまり酸っぱい話にもしたくはないのです。あるいはまた、私自身の《アート》の名を高めるために、他を貶め、他をけなすこともしたくはないのです。それでは、これをもって私の話のプロローグと致しましょう。

さてそれでは、私がかかわる元素、《水》について始めましょう。《水》は天地創造の長女にして、神の精霊が最初に動いたところ、神が命じて、ふんだんに生き物を生みださせた元素、これがなければ、地上に生を営むもの、いや、鼻孔のなかに息を吸う生き物はすべて、たちまちにして腐敗してしまうのです。偉大なる立法者にして哲人の長たるモーセは、エジプト人のあらゆる学問に精通し、神の友と称され、全能の神の心を知るものでしたが、その彼はこの元素の名を創造物の第一として挙げています。この元素の上においてこそ、神の精霊は初めて動かれたのであり、創世の主たる要素なのです。いくたの哲学者が水をもって他のすべての元素を包含させ、水こそ、あらゆる生き物の組成のなかの第一の元素としています。

生き物の身体はすべて水でできており、いずれはまた水だけに還元されるという主張があり、それを彼らは次のようにして実証しようとしています。

たとえば柳の木を一本（あるいは何でも成長の早い木を）、箱の中か、樽の中に土を入れて、その中に植えこみ、木が成長を始めたまさにその時に、全体の重量をはかる。そしてつぎに、根づいた木が成長したところで、また全体の重量をはかる。その結果、最初の植えつけ時点よりも一〇〇ポンド重かったとする。しかし、この重量の増加は、一ドラム（約1.7g）といえども、土の減少によるものでないことはすぐに分かる。そこから彼らは、この重量の増加は、雨か露かの水分によるものであって、それ以外の元素からくるものではないと推論する。そこで彼らは、その木は再び水に還元しうると主張する。さらに彼らは主張する、いかなる動物や植物の場合においても、同様であると。そして、私としては、これは私の元素である《水》の優秀性を見事に証明するものだと思うのです。

《水》は《地》よりも多産である。いや、地が実りを結ぶのは、雨や露があればこそです。なぜなら、草も花も果実も、水によって生まれ、水によって栄えるのですから。そして、ミネラルにしても、それらも地下を走る水流によって水を与えられ、その自然の流れのままに運ばれて、多くの高い山の頂にやってくる。それは、高い山の頂にいくつも噴き出る湧水を見ればわかります。それはまた、日々、坑夫が試みて、見せてくれていることからも明らかです。

いや、それどころか、そういった水の中に生まれ、水の中で養われる生き物の増加は、驚くべき数を見せるばかりか、人間にとってはさらに有益なものとなり、人の命を長くするばかりでなく、病を防ぐ働きをもしてくれているのです。そのことは、もっとも学識深い医者たちが言うように、四旬節の断食や魚食日の廃止は、多くの学識深く、敬虔にして、賢明な、いくたの神学寮の創設者に対する恥ずべき反逆であるとともに、それこそが疑いなく、人をふるわせ、断続的に襲ってくる、あの忌まわしい熱病の主要な原因ともなっているのです。ところが我が国民は、日ごろ、薬草やサラダや魚をたくさん食べる賢明な国々にくらべると、はるかにこの病にかかりやすいのです。そうしたことは、ものの本にも記されておるとおりで、今はたいていの国で行われていることなのです。そして、ここで想起するにふさわしいことがあります。モーセは、魚こそはかつて世界に存した、かの最上の国家の主食たるべし、としたのです（レビ記11-9、申命記14-9）。

さらに注目すべきは、巨大な象より三倍も大きく、極めて勇猛な戦いぶりを見せる魚がいるばかりでなく（すなわち鯨のこと)、最高のご馳走は魚料理だったのです。ローマ人はその栄華の頂点にあって、魚を彼らのどんな宴席にも付き添うもてなし役としたのです。音楽を奏でさせながら、チョウザメやヤツメウナギを、そしてボラを、宴席に招き入れる。それらの買い入れに支払った金額も、信じられないどころか、驚くほかないというものでした。マクロビウスやヴァロの著作を読めば、このことを確認し、彼らの魚とその養殖池の信じがたい価値について知ることができます。

しかし、みなさん、あやうく我を忘れるところでしたよ。どうも、こういった類の学説になると、つい我を忘れてしまうようですね。この話の大部分は、ごく最近のこと、しかも私にとっては幸運なことでしたが、碩学の医師にして、私と私の釣りの技法をともに愛してくださる、ウォートン博士[6]との会合を通じて知ったものです。しかしながら、こういった小難しい議論については、これより深く立ち込むことはせず、次の話に移りましょう。私がもっと楽しく、かつ、あまり間違いを恐れずにやれる分野です。しかし、ここではまだ、《水》を見捨てるべきではないでしょう。そのお蔭で、私たちは幾多の利便を得ているのですからね。

6 Dr. Thomas Wharton(一六一四〜七三)セント・トマス・ホスピタルの医師。一六六四〜六五年のロンドンで大流行したペストのとき、ロンドンに留まった数少ない医師の一人であったという。ダニエル・デフォーの《ペスト》(中公文庫)。

まず初めに(かの温泉浴というものの不思議な治癒力についてはここでは触れず)、あの海がもつ我々の日常交通への利便性はどうでしょう。それなしで、我々の存続は可能でしょうか。我々の身体に食べ物と薬剤をもたらすばかりか、聡明な人ならば欲しがらないはずのない知識をもたらすではありませんか。

我々はいかに無知であったか、海がなければ、フィレンツェの美観を知らず、記念碑や壺や珍品の数々、通り一遍に見るだけでも一年はかかると言われる、新旧ローマ付近にいまも残る美の数々について。だから、驚くにはあたらないのです。聖ヒエロニムスは生けるキリストを見たかった、聖パウロの説教を聞きたかった、と言いましたが、それに次ぐ第三の願いとして、ローマをその栄華のただなかに見たかったと言ったのです。しかし、その栄華はまだそのすべてが失われたわけではない。それは、どんなにか嬉しいことでしょう、歴史家の最高峰リビウスの、弁論家の第一人者キケロの記念碑を目にし、また、ヴェルギリウスその人の墓所に生い育つ月桂樹を見ることは。これらは、学問を愛する人にとっては誰にとっても心楽しむことに違いないでしょう。とはいえ、敬虔なキリスト教徒にとっては、聖パウロが安んじて住んだという粗末な家を見、彼の記念に建てられた多くの、豪華な像をながめることはどんなにか、いや、それどころか、聖ペテロと彼がともに葬られているまさにその場を見ることは、どんなにか大きな喜びだろうか。それらは、ローマの市中およびその近郊に現存しているのです。そしてさらに、キリスト教徒の信仰上の好奇心にとって、それは何という喜びだろうか、世界の聖なる救い主が自ら身をやつされ、人の姿となって、人と言葉を交わされたその場を見ることは。さらにシオンの山と、エルサレムと、我らが主イエスのまさにその聖墓を見ることは。その地で日々、彼に捧げられる帰依を目の当たりにすると、キリスト教徒たる者の熱意がかきたてられ、高められるではないか。さて、みなさん、我を忘れることのないよう、ここで止めることにしましょう。それでも、どうかお忘れなきよう、私の言う水という元素がなければ、悲しいかな、この島国の住人は、こうしたことがかつてあったことも知らず、また、それが今に残ることも知らないままに過ごすのです。

さてみなさん、ここでまた話を広げて、同じような議論に我を忘れることもできるのです。たとえば、全能の神は魚には話しかけられたが、獣に対しては決してなさらなかったとか、神は鯨を舟とされ、預言者ヨナをそこに乗せて、約束の岸に無事に送りとどけられたという。こんな話を続けてもよいのですが、作法に従えば、ここで止めるべきでしょうね。それに、シオボールズの館も見えてきましたからね。こんなに長くなったお許しを乞うとともに、ご忍耐に感謝いたします。

鷹師　お許しなどとはとんでもない。私としては、あなたの言われたことには、一言たりとも異議はありませんよ。ただ、はなはだ残念なことですが、私はこの狩猟園の壁際[7]でお別れしなければなりません。しかし、釣師どの、別れにあたっては、あなたに対して感謝の思いでいっぱいです。そればかりか、あなたの言われるレクリエーションに対しても、同じ思いなのです。それでは、みなさん、これにて、お二人ともどうかごきげんよう。

7　シオボールズの壁は当初は木製の柵であったものが、ジェイムズ一世のとき、住民が侵入して木を切らないよう煉瓦の厚い壁にされたという。

釣師　それでは、猟師どの、私の時間も、聞く耳も、あなたの仰せのままです。狩猟のお話をもっと聞かせていただきましょうか。

猟師　いや、いや、私の番ではありませんね。先ほど言われたではありませんか、釣りはそれ自体、たいへん起源の古いもので、しかも完璧なアートであり、容易に習得できるものではないと。あなたのそのお説に私の心は奪われてしまって、次にはその個々に関してどんな話をしていただけるのか、今はそれを聞きたい気持ちでいっぱいですよ。

釣師　確かにそんなことを言いましたな。それに、これは確実なことですが、あなたと私が、ものの二、三時間も語らい合うなら、私同様あなたも、あの気持ちのたかぶる、幸福な思いのとりこになるでしょうよ。釣りは太古由来のものであるばかりか、称揚に値するものであり、アートであり、しかも、これを分別ある人が知り得て行うに値するアートであるとね。

猟師　どうか、あなたがよいと思われる仕方でお話しいただきましょうか。《茅葺き亭》まではまだ五マイルもありますからね。その道中のあいだは、あえてあなたに約束させていただきましょう、私の忍耐にも不断の注意力にも決して不足のないことをね。そして、もしあなたの話されることが、真実と思われるなら、すなわち、まず釣りはアートであり、学ぶに値するアートであると納得したときには、その時は、あなたに乞うて、一日、二日、あなたの釣りのお供をし、あなたの弟子ともなって、あなたがこれほど讃美されるアートそのものを教えていただきましょう。

釣師　いや、それは間違いなく、釣りはアートです。人造の羽虫をもって鱒を欺くことがアートでないはずはないでしょう。鱒という、鷹よりも鋭い目をもち、意気さかんなハヤブサの大胆さどころか、むしろはるかに用心深く、臆病な魚と言いましょうか、釣りはそんな鱒を欺く術です。それでも私は明日の朝、あなたという友の朝食のために、その鱒の二、三尾を必ず捕まえてごらんにいれましょう。だからこそ、よろしいですか、釣りはアートであり、あなたの学びに値するアートであると言えるのです。問題はむしろ、あなたにそれを学ぶことができるかどうか、というところにあります。なぜなら、釣りにはどこか詩に似ているところがあって、人はそうなるべく生まれてくるものだからです。つまり、向きと不向きとがあるのです。いずれも講義と練習によって腕を上げることはできますが、釣りの好手を望む者は、尋ね、追い求め、物を観るという才ばかりか、ゆたかな望みと忍耐心、愛着と執着とをこのアート自体に注ぎこまなければなりません。しかし、いったんそれを我がこととして、練習をつむなら、釣りはかならず楽しいものとなり、徳のように、それ自体が報奨ともなるのです。

猟師　いや、私はもう期待で胸がいっぱいですよ。どうか、あなたがよいと思われる順序ですすめてください。

釣師　ではまず、釣りの古い起源について。これについては多くは述べず、この事だけに致しましょう。ある人たちによれば、釣りはデウカリオンの洪水と同じくらい古いという。またある人たちは、神の意に適い、徳にも適うさまざまなレクリエーションを創始した、ポセイドンの子ベルスが釣りの最初の考案者でもあるという。また、それより古い時代には、それなりの起源の探求があるもので、アダムの息子たちのひとりであるセトが創始して、その息子たちにそれを教え、そして、彼らによって子孫に引き継がれていったという。また、他の者たちの言うところでは、セトは自ら建てた柱にそれを刻みこませ、それによって数学や音楽の知識およびその他の貴重な知識とともに幾多の有益なアートを保存するよう託し、それが神のご指示と承認とセトの崇高な勤勉によって、ノアの洪水にも滅びることなく、保全・継承されたのであると。こういったところが、ある人たちの見解ですが、それは思うに、必要以上に釣りの起源を古く見せ、あるいは、そのことを保証しようという懸命の努力でもあるのでしょう。しかし、私としては、釣りは我らの救い主が人の姿をとられた時よりもさらに古い、と述べるにとどめておきましょう。というのも、預言者アモスの書に釣鉤《つりばり》への言及があるからです。そして、ヨブ記にも（この書はアモスよりずっと以前のもので、モーセによって書かれたと言われているものです）釣鉤に関する記述があるところを見れば、その時代に釣師がいたと考えざるをえません。

しかし、私は、貴重な友であるあなたに対して、自らが紳士であることを証したいとしても、それは、釣りに知識があっても謙虚であり、勇敢であっても穏やかで、徳を尊び、なお人に親しむ。こうしたことをもって、そうありたいのです。愚かに財貨を誇ることをせず、自らに徳がないからといって、先祖に登場を願ったりもしないのです（とはいえ、そうした気高い古い家柄と、そのような美質とがひとりの人間に実現されるものならば、それはその人にとって、二重の尊さと言えるでしょう）。したがって、この釣りの起源の古さというものが（私は強いてこれを説こうというのではないのですが）、たとえば、由緒ある家柄の場合のように、私が愛すると公言し、かつ実践する、この徳たかいアートに対する名誉ともなり、また光彩を添えるものとなるのであれば、私が釣りの古さについて、たまたま述べるに至ったことは嬉しいかぎりです。さて、これについては、このくらいにして、私が釣りへの称讃として本来正しいと考えることの方に進みましょう。

それについては、古来より提起され、いまだ解決をみない議論があります。それは、人間の幸福は思索のうちにあるのか、それとも、行動のうちにあるのか、という議論です。

それについてあるものは、前者の見解を支持して、このように言っております。《我々死すべきものが、まねびによって、より神に近づくなら、我々はより幸福になる》と。さらに彼らはこう言います。《神がみずから楽しまれるのは、自らの無限、永遠、力、善、そしてそれに類することを思索されることによってのみである》と。

そして、この論拠にのっとって、学識と信仰に厚い幾多の修道僧たちが、行動の前に思索を優先しております。そして、師父たちのなかにも、この見解を是とするものが多くあるように見受けられるのは、我らの救い主がマルタに言われた言葉への注釈に見られるとおりです（ルカ伝 10. 41, 42）。

さて、それに対して、少なからぬ数の、いずれ劣らぬ権威と栄誉ある人々が、行動こそが優れていると主張しております。すなわち、《医術における実験と応用がその例であって、それらはともに、人間の命の安寧と長命とを目的とするものである》。それによって、人は誰しも行動し、他に善をなすことができる。あるいは、祖国に対して奉仕し、あるいは、誰か人に対して善きことをなす。彼らはまたこうも言っている。つまり、《行動とは教訓的なものであり、アートと徳を人に教え、人間社会を維持するものである》。こうしたことや、その他の同様の理由によって、行動は思索に優先すべきものであると主張している。

こうした二つの見解に対して、第三の見解として私自身の考えを述べることは控えておきましょう。ただ、私の大切な友に、これを伝えて満足することにしましょう。つまり、これら二つの主張は、もっとも誠実にして純真で、穏やかで罪のない、釣りというアートのうちに矛盾なく共存しているのです。

さてはじめに、ある人たちが認め、私もまたそのとおりであると理解していることについて、述べてみましょう。すなわち、川辺のどこかに腰を下ろしている時のまさにその場所こそが、思索のためにはもっとも静かで、ふさわしい場所であるというばかりか、それが釣り人を思索にいざないもするのです。そしてこのことは、学識深いピーター・デュ・ムーラン*によっても支持されているようです。その彼は預言の成就に関する話においてこんなことを言っています。神が何らかの未来の出来事や気高い思いを、その預言者にお明かしになろうというとき、神は、まず彼らを砂漠か海辺におつれになり、人事の喧騒と世の心配事から彼らを隔離され、そうして彼らの心を安らかにされ、きたるべき啓示にふさわしい状態になるよう図られると。

＊　フランス、プロテスタント僧。ジェームズ一世によってカンタベリー寺院の聖職者にされた。

そしてそのことは、イスラエルの子たちによっても、よく知られていることのようです（詩篇137）。彼らは悲しい状況にあって、もの思う胸のうちから、すべての歓喜と音楽を追い払い、バビロンの川岸に生える柳の木にその沈黙の竪琴をたてかけ、川辺にすわると、シオンの滅亡を悼み、自らの悲しい身の上に思いを潜めたのです。

そして、ある率直なスペイン人が言う、《川と、水という元素の中に棲む生き物たちは、賢人たちにとっては思索の対象であるが、愚か者たちは一顧だにせずに通りすぎるばかりだ》と。私は、自分を前者のうちに数えるつもりはありませんが、後者の方からも外していただき、その代わりに、短い考察を披露させていただきましょう。まずは川について、次には魚について。それらに関しては、多くの観察結果をお話し致しますが、きっとすごいことだと思われるでしょう。私にとっても、そのように思われたもので、そうやって何時間も楽しく過ごしたものですよ、静かな川の、花咲く岸に腰をおろして、いろんなことを考えながらね。これからそれをあなたにお話ししようというわけです。

さて、まず川のことです。川に関しては、実に多くの驚異的事実が語られ、書かれ、またそこに生まれ、生きる生き物たちについても同様です。しかも、それらは、極めて信頼できる著者たちによるものですから、その歴史的信憑性は否定するにはあたらないでしょう。

たとえば、エピルスの川のことがあります。この川は、火が点いている松明はどれであれ消してしまい、消えているものには火を点けるという。ある水は、それを飲む者に狂気をおこし、またある水は人を酔わせ、あるいは、人を笑わせて死に至らしめるという。また、セラルス川のごときは、数時間のうちに、釣竿を、あるいは、細枝を石に変えてしまうという。そして、わが国のカムデンは、イングランドにおいて、またアイルランドのロッホミアにおいて、同様の現象があると言っている。さらに、アラビアのある川においては、その川の水を飲む羊はすべからくその毛を朱色に変えてしまうというのだ。そして、アリストテレスに劣らず信頼されるある人が、愉快な川について述べている。エレウシア川のことだ。その川は、音楽の音にあわせて踊りを踊ると言うのだ。つまり、音楽に合わせて、あぶくを出し、踊り、砂をまいあげ、それは音が鳴りやむまで続くという。しかし、やがてはもとの静寂と澄明にもどるという。さらにカムデンがある泉について触れている。それはウェストモーアランドのカービー近郊にあるのだが、そこでは日に何度も干満が起こるのだという。これもまたカムデンの言っていることだが、サリーのモールという川は、何マイルも流れたあとで、その流れがいくつかの丘にさえぎられると、自ら地中にもぐりこみ、ずいぶん離れたところで再び地上に顔をだすのだという。そこで、付近の住民たちは、スペイン人がアナス川のことで言うように、橋の上で羊の大群をいくつも養っていると得意がるのです。さて、これを最後にしましょう。もうあなたの忍耐心をすり減らすころでしょうからね。あのヨセフスに劣らぬ学識のあるユダヤ人によれば、ユダヤの地のある川は、週の六日のあいだは速い流れをなして流れ、七日目の安息日には、終日を静かに休んでいるということだ。

しかし、川に関する話はこのくらいにしておいて、川が生み育てる怪物というか魚というか、それらについて話すことに致しましょう。哲学者プリニウスは、その第九書三章において、こんなことを言っている。曰く、インド洋には《バラエナ》もしくは《渦巻き》とも言われる鯨がいる。それは、長大にして幅広く、縦にも横にも、二エーカーの地面に優るという。またほかに、二〇〇キュービット（約一〇〇m）の長さに達する魚についても述べている。そして、ガンジス川には、三〇フィートにおよぶウナギがいるという。彼の言うところでは、こういった怪物たちが海で見られるのは、荒れ狂う風が岩から流れ落ちる奔流にあらがい、海底に潜むものたちを海面に巻き上げるとき、その時だけ、水面に姿が現われるのだという。また彼は言う、この地に近いカダラという島の住民は、そうした魚の骨を材木の代わりにして、自分たちの家をつくるという。そして、彼は言っている、ときには千匹ものこれらのウナギが、もつれあい、からみあっているのを見ることがあると。また彼はその書のなかで言っている、イルカは音楽を好むようで、イルカをよく知り、これを餌づけている男や少年が声をかけると、それに応えてやってくるということだ。それに、イルカが泳ぐその速さは、まるで弓から放たれた矢のようだという。イルカやその他の魚に関しては多くのことが語られていますが、それは一六七〇年ごろに刊行された学識あるカゾーボン博士[8]の《虚実談》のなかにも見られるとおりです。

8　メリック・カゾーボン、古典学者・神学者（一五九九～一六七一）、フランスの古典学者・神学者アイザック・カゾーボンの息子。チャールズ一世に仕えた。

我々島国の住民は、こういった不思議な出来事を信じたがらない傾向にありますが、しかし今や、かなり多くの珍しい生き物を実見することもできます。ジョン・トラデスカントによって多く収集され、その他にも、私の友人イライアス・アッシュモール殿[9]が追加収集し、ロンドン近郊のランベスに近い自宅で、大切に、また組織的に保存しておられるのを実見されるなら、私が述べたその他の不思議についても幾分なりとも信じていただけるかもしれません。さて、納得できないうちは、この目で見るまでは信じられない、という類の不思議のいくつかをお話ししてみましょう。

9　ジョン・トラデスカント父子、宮廷庭師。広く珍しい植物その他を収集していたが、子の代（一六〇八～六二）になってアッシュモール（一六一七～九二）がその収集品 Museum Tradescant を入手し、これをオックスフォード大学に寄贈し、アッシュモール博物館の基礎となったという。

そこでご覧になれるものにこんなものがあります。フサカサゴ、ツノザメ、イルカ、ユカタハタ、ブダイ、サメ、フグ、メカジキ、その他、信じられないような魚ばかりか、サンショウウオ、カオジロガン数種、カツオドリ、ゴクラクチョウ、実に様々なヘビの種類、そして、鳥の巣の種類があって、それらには様々な形があり、そして見事に作られており、それを見る者には誰の胸のうちにも、驚きと興味の念がわいてくることでしょう。そして、その蒐集品には幾百もの珍奇の数々があり、私が話した不思議など、たいした不思議とは思われないくらいでしょう。まさしく、水とは自然の貯蔵庫であって、自然はその不思議の数々を水のなかに閉じ込めているのです。

しかし、この話があまり退屈に思われないよう、この項の甘美な結びとするために、あの敬虔な詩人、ジョージ・ハーバート氏[10]の《神の摂理に関する思索》という詩を引きましょう。

10 George Herbert（一五九三～一六三三）、イギリス国教会の聖職者、詩人。詩集 The Temple。ウォールトンによる伝記がある。Life of Herbert（一六七〇）。

George Herbert（ジョージ・ハーバート）

主よ　だれが　余すことなく主を褒めたたえたでしょう　ほんとうにだれが？
だれが　あなたの御業を表しうるでしょう　あなたの御業を知る者のほかには
しかも　だれも　あなたの御業を知り得るものはいない　それらはあまりに数おおく
それはあまりに完全だから　その所有者以外には知り得ない

我々はだれもが認める　あなたの力と愛が
精緻で　世を超越し　神のものであることを
主は　いかにも不思議に　優美に動かれる
すべてのものに終わりがくるが　終わりはあなたの御心のまま

だから　このうえなく尊い聖霊よ　私はここに捧げます
私のためと　すべての仲間たちのために　あなたへの讃辞を
それは　この地に生きる私の当然の地代
それで私に恩恵がやってくるのだから

そして、詩篇のなかの魚に関して（詩篇104）、預言者ダビデが、隠喩を駆使して海と川と魚について表現するさまは、自らをさえ超えるようで、その高い詩心と驚異のゆえに、思索を常とする読者をも驚かせるほどではありませんか。さらにあの偉大な博物学者プリニウスの言うところでは、《自然の偉大にして驚くべき力は、陸地においてよりも、海においてこそより多く認められる》という。そのことは、《水》という元素のなか、およびその周辺に生息する多種多様の生き物の存在によって知ることができます。それは、ゲスナー[11]、ロンデレティウス[12]、プリニウス[13]、アウソニウス[14]、アリストテレス、その他の著述家の読者にも、明らかなことです。しかし、ここで話に少し甘味をつけるために、以下に、あの聖なるデュ・バルタス[15]の思索を引いてみましょう。

11　Conrad Gesner　スイスの医師、博物学者（一五一六～六五）、Opera Botanica《植物誌》、Historia Animalium《動物誌》等の著作あり。

12　Rondeletius: Guiaume Rondelet（一五〇七～六六）、フランスの医師、博物学者。海の生き物に関する著作あり。Libri de Piscibus Marinis (Books of Marine Fish).

13　Gaius Plinius Secundus（二三～七九）、帝政期ローマの軍人、歴史家、博物学者。大プリニウス。《博物誌》37巻。七九年ベスビオ火山大噴火の調査中に死亡。

14　Decimus Magnus Ausonius（三一〇頃～三九五頃）、ゴール（ガリア）生まれのラテン詩人。《Mosella》モーゼル川の詩。

15　Guillaume de Salluste du Bartas（一五四四～九〇）、フランス・ガスコーニュの詩人。La Semaine (The week), La Seconde Semaine (The Second Week)、世界の創造についての詩。ここに引かれた英訳は Joshuah Sylvester（一六〇八）によってなされた。

神は海に川に生命をお与えになった
いくたの形の　いくたの魚に
だから　いくたの水のなかに　あらゆる生き物の姿を見る
地の上にある生き物さえすべて見られる
まるで　世界が水中ふかく沈められたかのようだ

海には　天と同じように　太陽と月と星があり
空中と同じように　ツバメとカラスとムクドリがいて
地と同じように　ブドウとバラとイラクサとメロンがあり
キノコ　ナデシコ　カーネーション　その他　幾百万の
植物の　さらに珍しく　さらに不思議なものが
魚と同じように　海のなかに住んでいる
また　雄ヤギ　子牛　馬やウサギや豚たちも
狼　ハリネズミ　ライオン　ゾウ　それにイヌ
いや　男も女も　そして　なかでも驚くべきは
法冠かぶる司教がいるし　頭巾かぶった修道士もいる
その証拠は　わずかに数年前のこと
ノルウェーとポーランドの王侯が見せられたという

こうしたことは不思議なことに思われる。しかし、学識があり、信用のおける多くの人士たちの確認したところであるから、疑うにはあたらない。その数よりも、そのさまざまな魚の形よりも、さらに不思議であり、さらに思索にいざなうのは、そのさまざまに異なるそれらの習性、性向、行動でしょう。ここはいましばらく、あなたのお耳の忍耐をお願い致しましょうか。

イカは喉から長い腸を投げだして（ちょうど釣師がその糸を投げるように）、思いのままにそれを送りだし、引き戻して、近づいてくる小魚の動きにあわせる。砂利のなかに潜んでいたイカは、小魚に送りだした腸の先端をちびちびとこの魚にかじらせる。そうやって、彼女は小魚を少しずつ自分のほうにおびき寄せてくる。そして、

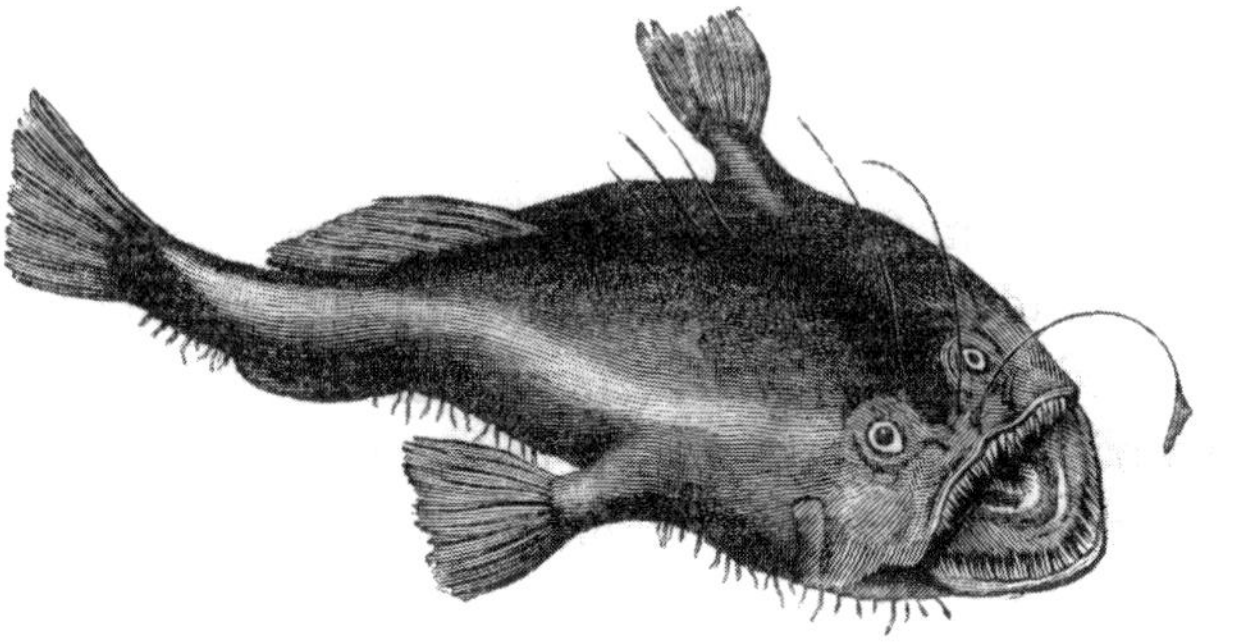

The Angle Fish（アンコウ）

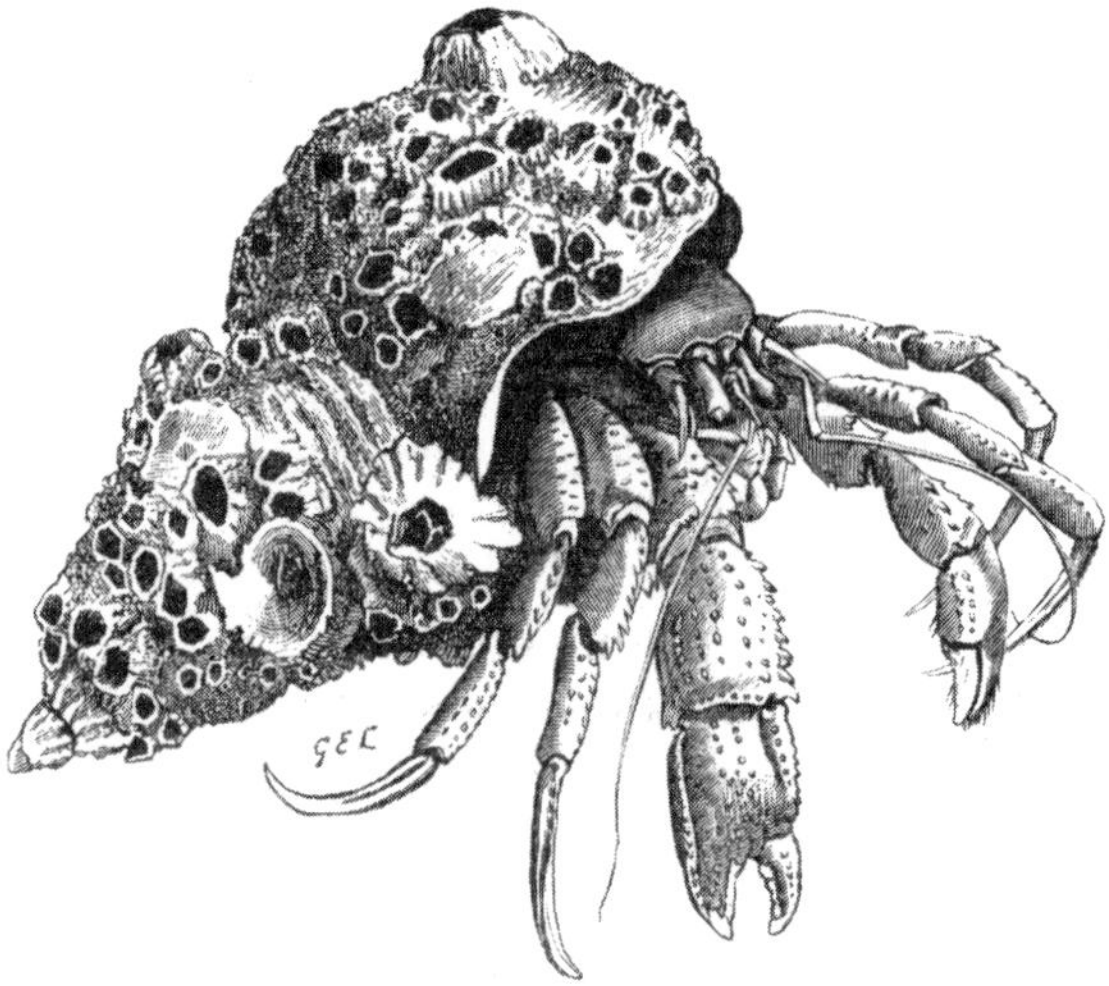

The Hermit Crab（ヤドカリ）

ここぞという時に飛びかかって、食べてしまうのです。これをもって、ある人はこの魚を海の釣師[16]と言っているほどです。

16　イカとされているが、イカではなくアンコウ（**Lophius piscatorius**）ではないかと言われている。

そして、《隠者》と称される魚がいる。この魚は、ある年齢になると、死んだ貝の殻のなかに入りこみ、隠者よろしくひとりそこに住み、風や天候をうかがい、危なくなると殻をひっくり返して、嵐の被害を避けるという（訳注：ヤドカリのこと）。

さらに、アエリアヌス[17]がその書《生物》の第九書一八章で、《アドニス》あるいは《海の恋人》と称している魚がある。そう呼ばれる理由は、その魚が愛らしく、無邪気で、命あるなにものをも傷つけることがなく、広大な水という元素のなかの数知れぬ住人と平和に暮らしているからです。実のところ、ほとんどの釣師たちも、同僚人類に対して、同じような気持ちでいるのです。

17　Claudius Aelianus（一七〇頃～二三五頃）ローマの著述家。De Natura Animalium。

また、魚には、淫乱な魚がおり、そして貞節な魚がいます。その例をあげてみましょう。

まず初めに、デュ・バルタスがサルグスと称するタイついて、彼の言葉を借りて述べてみましょう（と言うのも、何人《なんびと》も彼ほど適切に表現することはできませんので）。それに、詩文で書かれていますが、だからと言って、信用できないということもないでしょう。事実、彼こそが、この文をはじめ、その他にも、自然の秘密に分け入っていった偉大な著述家たちの知見を蒐集した人なのです。

淫乱なタイは深い海流のなかにひそんで
日毎に妻をかえるばかりか
不思議や　海の恋の蜜の喜びも

その荒れ狂う欲望をしずめないのか
岸辺の草の雌ヤギに言いより
すでに角ある夫の頭に不貞の角を生やさせる

そして、同じ著者がクロダイについて語るところを、これも著者自身の言葉で聞いてみよう。

しかし　節操固いクロダイは
忠実な妻にいつも心変わることなく
婚礼の契りにしたがい貞節な日々をおくり
だれも愛さずただ大切な妻だけを愛す

さて、もうしばらくのご辛抱を。それで終わりにしますから。

猟師　いや、どうかどうかお好きなだけ。あなたのお話は音楽のようで、ついつい、引き込まれてしまいますよ。

釣師　それでは、少々お言葉にあまえてお話ししましょうか、いやむしろ、山鳩について言われていることを想起していただきましょうか。彼らは無言のうちに真実を誓い、結婚し、そしてその後、伴侶に先立たれたものは（トラキアの女たちがそうであったと言われているように）、自らの伴侶より長く生きることを恥じるという。このことは真実とされており、もし生き残った方が別の鳩と一緒になるようなことがあれば（それが夫であれ、妻であれ）、生きている方ばかりか、死んだ方も、真実の山鳩としての名と名誉とを剥奪されてしまうのです。

そして、この地上の稀有な生き物（山鳩）に肩をならべ、人間に忠節の徳を教えるものがある、また宗教を語りながら、魚や鳥の貞節にも劣るやからを非難するものがある、聖パウロが心に留めおけと定めた法を破る者たちよ、これを破る者たちはみな容赦なく最後の審判の日に罰さるべしとした法（ロマ書2.14, 15）を犯す人間たちよ、どうか、デュ・バルタスの言うところを聞いてもらいたい。このような夫婦のあいだの忠節の言葉は、すべて汚れのない耳には音楽と聞こえることでしょうから。そこでどうか、あなたにも、デュ・バルタスがヒメジについて歌うところに耳を傾けていただきたいのです。

貞節な愛というならヒメジにおよぶものはない
もし漁夫に伴侶が襲われるなら
悲しみ狂って岸辺に後を追い
生きても死しても夫に添い遂げようとする

それとは反対に、雄鶏については何と言おうか。雌鶏と見れば誰彼かまわず追い回し、ハクチョウ、ウズラ、ハトとは大違い。卵の孵化も、餌やりも、雛《ひな》鳥の世話も、気にするどころか、たとえ死んでも平気の様子だ。そして、驚くことに雌鶏は、これまたオスならどれでも構いなく、オスに期待することはなく、しかしそれが雛鳥となると、これはわが仔と確信していて、そこに何かしら道徳的な気持ちでもあるのか、倍する気づかいと愛情をそそぐという。その愛の深さのゆえに、我らの救い主がエルサレムへの愛を表明されたとき（マタイ伝23. 37）、雌鶏を挙げて、やさしい愛情のたとえにされているほどなのです。ちょうど、主の父なる神がヨブを忍耐の模範とされたように。

そして、この雄鶏と変わりなく、平らな岩や小石の上に卵を産みつけて、それを蔽いもせず、外敵や他の魚の餌食となるがままに、剥きだしに放置しておく魚がいる。しかし、他方、たとえばニゴイなどという魚のたぐいは、雄鶏やカッコウとは大違いで、自分の子孫の保護に細心の注意をはらい、卵を産んだものも、産ませたものも、ともに力をあわせて産まれた卵のうえを砂でおおい、あるいは見張りにたち、あるいは秘密の場所に卵を隠し、自分たち以外は外敵も他の魚も近寄らないようにするという。

ところで、こういった例は、あなたにとっても、他の人々にとっても、おかしなことだと思われるかもしれません。しかしこれらは、あるものはアリストテレスによって、また、プリニウス、ゲスナー、およびその他おおくの信頼すべき人士によって証言され、知恵も経験も豊かな人々によって信じられ、真実として知られていることなのです。まさしくそれは、初めに言いましたように、もっとも真剣で、敬虔な人の思索に値する事柄なのです。そしてこれこそが、預言者ダビデをして、《水の底ふかくに住まうものは驚くべき神の御業を目にする》と言わしめたのです。実に、このような驚異と喜びは、地上のよく与え得るところではありません。

そして、このことが、もっとも分別にすぐれ、敬虔で、穏やかな人々の思索にふさわしいということは、幾多の信仰厚く、思慮深い人々の行いを見れば明らかなことです。たとえば、古代の族長や預言者たち、そして、後代の我らが救い主の使徒たちがそうです。そしてその一二使徒のうち、主が選ばれた四人は純朴な漁夫であったということは、我々のよく知るところです。そして主は、彼らに霊感をあたえ、異邦人のあいだに主のありがたいご意志を広く伝えるよう、彼らを遣わされたのです。さらに主は、彼らにあらゆる国の言葉を話す力をお授けになり、その力強い弁舌によって、神を信じないユダヤ人のあいだに信仰を生まれさせ、そして彼らには、その父祖と彼らが主を十字架に架けたがゆえに、彼らみずからが苦しみ、その苦難のなかで、律法の制約を脱して、永遠の生にいたる新しい道を説くようになされた。それが、これら幸福な漁夫たちの務めでした。その選びについては、次のような考えを述べているものがあります。

まず、主はその職業もしくは生業によって、彼らを咎めることはなされなかった。それは律法学者や両替商の場合とはちがっていた。そしてつぎに、主は、次のような人々の心はそもそも生まれつき思索と静穏にかなっている、とお考えになった。それは、穏やかで、優しく、平和を好む心の人たち、まさにほとんどの釣師はこのとおりだ。我らの聖なる救い主は、好んで善良な性質のなかに恩寵を植えつけると言われているが、何事によらず難しいことのあるはずもない主は彼らを選ばれ、あえて彼らを魚獲りという申し分のない仕事からお取り立てになり、主の使徒となる恩寵をお与えになり、そして彼らは主にしたがい、奇跡をなしたのです。十二使徒のうちの四人がそうなのです。

そして、これら四人の漁夫を、十二使徒の呼び名の高位におかれたのも、救い主の御心でした（マタイ伝10）。すなわち、はじめに聖ペテロ、聖アンデレ、聖ヤコブ、そして聖ヨハネ。それから残りの使徒が順をおってつづくのです。

そしてさらに注目すべきは、我らの救い主が《変容》をとげるべく山に登られたとき、伴われたのは三人の使徒のみで、あとは残していかれたのであった。その三人の使徒とは、みな漁夫であった。信じられているところでは、その他の使徒たちも、自らキリストに従おうと決意してからは、漁夫になろうとしたとも言われている。というのも、キリストの復活後、さらに多くの使徒たちがイエスのそばで魚を獲っていたという、それが確かであることは、使徒ヨハネの福音書二一章に記されているとおりです。

さて、我慢して私の話を聞いてくださるというお約束ですから、善良にして、学識ふかいある人の見解を振りかえってみることにしましょう。それによると、神は、自ら選ばれた者たちに、聖なるご意志を、聖なる書に記すことをお許しになられたが、さらにはその者たちが、以前に好んだことや、なしたことに従って、彼らの比喩をもって神のご意志を表現することを許されたのです。たとえばソロモンは、その改宗までは、はなはだしく肉欲を好むものであった。その彼は神のご指示によって、聖なる対話、あるいは、神と教会との聖なる恋の歌、《雅歌》を書いたのであったが、そのなかでソロモンは、彼の愛する者の目は《ヘシボンの魚池の水のようだ》と言っている。

そして、もしこれが、私の見るように、理に適うものであるなら、先に述べたように、ヨブ記を書いたモーセと預言者アモスは、ともに釣師であったのです。というのは、旧約聖書の全体のなかで、釣鉤への言及が見られるのですが、私の考えではそれは二度だけで、すなわち、一度は神の友、従順なモーセにより、もう一度は謙虚な預言者アモスによるものです。

そのうちの後者、すなわち預言者アモスについて、これだけを述べておきましょう。この預言者の謙虚で、素朴で、平易な文体を読み、これを調子高く、壮麗にして雄弁な預言者イザヤの文体に比べてみれば、両者とも真実の書であることに違いはないけれど、アモスは羊飼いであるだけでなく、善良で、質朴な釣師であることが容易に信じられることでしょう。

そのことは、心がこもって、愛らしく、素朴で、謙虚な、すべて釣師であった聖ペテロ、聖ヤコブ、聖ヨハネの書簡を、釣師ではなかったと思われる聖パウロの壮麗な言葉と調子の高い比喩に比べてみるなら、さらによく分かるでしょう。

釣りがよく法に適うものであることは、我らの救い主が、聖ペテロに釣鉤を投げさせ、そして魚を獲らせ、それによって得た金をカエサルへの税とさせたことを見ても、よく主に擁護されていることが分かります。そして、さらに言わせてもらいましょう。釣りは他の国においても重んじられ、よく行われていたのです。フェルナン・メンデス・ピント[18]の《東洋遍歴記》を読むものはそこにこんな記述を見るはずです、王と数人の僧が釣りをしていたところを見たと。

18　16世紀ポルトガルの旅行家（一五一〇～八三）。数度、日本を訪れている。その旅行記は一六一四年に出版され、英訳は一六六三年刊。この部分の王とは、おそらく豊後の領主大友宗麟のこと。日本語訳《東洋遍歴記》平凡社東洋文庫全三巻。岡村多希子訳。第三巻、二一三章に二〇〇人以上の家来とともに銛で鯨を追っていたという一五五六年の記述がある。

そして、プルタルコスの読者なら知っています。マルクス・アントニウスとクレオパトラの時代には釣りは卑しいものではなく、その素晴らしい栄華のなかにあって、釣りは第一のレクリエーションとされていたのです。それに、聖書のなかでは、釣りは常に健全なものとしてとらえられています。狩猟も時にはそういうことがありますが、健全なものとして理解されることは稀なのです。さらにこのことを言わせてください。古代の教会法では、狩猟は聖職者には禁じられているのです。その理由として、狩猟は騒々しく、骨が折れる、厄介なレクリエーションだと言うのです。ところが、釣りのほうは聖職者に許されていて、それは、釣りが無害なレクリエーションであり、聖職者を思索と静穏にいざなうレクリエーションであるからという理由です。

ここで少し話をひろげて、かの学識ふかいパーキンス[*1]がどのように釣りを推奨しているか、また、博学のフィッテカー博士[*2]がいかに親しく釣りを愛し、実践したか、そして、その他の多くの博学の士もまた同様であったことを述べてもよいのですが、ここでは我々の時代に近い、忘れられない二人を選んでみましょう。二人とも、釣りというアートに光彩をそえる人たちです。

＊1　William Perkins：国教会の聖職者・神学者、一五五八～一六〇二。

＊2　William Whitaker：ケンブリッジ大学の神学者、一五四八～九五。

初めに、ノーウェル博士[*]です。かつてはロンドンのセント・ポール大寺院の主司祭を務め、そこには彼の像が今も無傷のまま残っており、エリザベス女王の宗教改革（ヘンリー8世の改革にあらず）においては、その温和な性格と深い学識、思慮と敬虔さがきわだち、その故に、時の議会と聖職会議の双方から選ばれ、支持され、委託されて、後代の信仰と道徳の手本ともなった民衆使用のための教義問答書を作成した人です。そして、この善良なる老師は、学識ふかい人ではあったけれども、神が人を天国に導かれるのは、なにやら小難しい問いの数々によってではないことがよく分かっておられたから、正真正銘の釣師らしく、善良で、平易で、明快な教義問答書をつくられたのです。それは、我々なじみの祈禱書のなかに見るとおりです。このお方は、言わせてもらいましょう、どんな世にも見られないほどの大の釣り愛好家で、人生をとおして釣りをやっていた人なのです。この人の日常というのが、決められた数時間の祈禱のほかに（この時間は教会の命によって聖職者に定められており、多くの古代のキリスト教徒は自発的にこの時間を祈禱にささげていた）、そういった時間のほかに、この善良なる御仁は自分の時間の一〇分の一を釣りに当てていたということです。そのうえ（このお方と話したことのある人から私が聞いたところでは）、自分の収入の一〇分の一と、魚に至ってはそのすべてを、その川の近隣に住まう人々に与えたということです。そうして、しばしば、こんなことを言っておられたという、《施しは宗教に命をあたえる》と。そして、帰宅すると、神を讃美し、その日を世間の煩いから解放されて、聖職者にふさわしい罪のないレクリエーションに過ごせたことに感謝を捧げたということです。そして、この善良なお方は、それを望んだわけではなかったけれども、後の世に自分が釣師であったことを知られたとしても、それを嫌ってはいなかったという。そのことは、彼の肖像画に見るとおりです。それは、自身が惜しみない後援者でもあった、オックスフォードのブレーズノーズ・カレッジに大切に保存されている。その絵では、彼は聖書を前にして、机によりかかり、片側には釣り糸と釣鉤と、その他の釣具がひとまとまりに置いてあり、もう一方の側には、数種類の釣竿が置かれている。そして、その絵のかたわらにはこのように書かれている、《一六〇一年二月一三日死去。九十五歳であった生涯の四四年をセント・ポール寺院の主任司祭として過ごした。その年齢によって、耳が遠くなることはなく、目がかすむこともなく、記憶力は減退することがなく、いかなる心的機能といえども衰え、使えなくなることはなかった》。これによれば、釣りと穏健であることがこうした恩恵の大きな原因とされており、私としては、この人に見習い、この善き人の思い出を大切にする人たちすべてに、同じ恩恵があるよう願わずにはいられないのです。

* Alexander Nowell：セント・ポール寺院主任司祭、一五〇七〜一六〇二。

さて、次にくる最後の例は、あの金銭の価値を低くみる人、イートン校の校長であった故人、私がしばしば釣りをともにし、語り合った人、サー・ヘンリー・ウォットン（一一頁に肖像画）です。国のためになされたこの人の海外勤務、その経験、学識、機知、そしてその快活さ、こうしたことのために、この人と一緒にいることは人間として大きな喜びだと思わせたものです。この人が釣りを賞讃したというだけで、釣りに対してなにかと不満を述べたてる者も、たいていは納得してしまったものです。彼はまた、大の釣り愛好家であるとともに、実際にも、しばしば釣りにでかける人でした。その釣りというアートについて彼はこう言っていたものです、《釣りは暇なときの営みだと言われているが、しかし、その暇は無駄に過ごされるわけではない》と。というのも、釣りは難儀な勉学のあとには《心の休息となり、精神を元気づけるものであり、悲しみをまぎらすものであり、乱れた思いを鎮めるもの、感情の調停者であり、満足感をもたらすものである》、そしてさらに《これを行う者の心のうちに、平穏と、忍耐の傾向をもたらしてくれる》ものであると。まことに釣りとは、友よ、謙虚という徳に似ているところがあって、精神の平穏と、それにともなう数々の恵みとをあわせもつものなのです。

さて、これが、かの学殖ゆたかな人の言ったことです。私としては、平穏と忍耐、そして静かなる満足、これらこそがサー・ヘンリー・ウォットンという快活な心のなかに共存していたのだと、容易に信じることができます。なぜなら、私の知るところでは、七十歳という年齢を超えたときに、彼は自分をとらえたそのときの喜びの一部をこのように表しておられます。釣りにでかけたある夏の夕べ、岸辺に静かに腰をおろしていたときの、それは春の様子を表現したものですが、これが書かれたときのその川の流れのように、静かに、耳に心地よく、彼のペンから流れでてきたものです。それをあなたに繰りかえして差し上げましょう。

今日の自然は恋のさなかにあるようだ
木々の樹液はさかんに動きはじめ
あたらしい葡萄の汁に　からんだ蔓は身を震わせる
鳥たちはそれぞれに恋人たちを招きよせ

油断なく身をひそめていた鱒は
装い上手な毛鉤に泳ぎのぼる
そこに手ごわい技のわが友は立ち
揺らめくウキに目をこらす
早くも軒下は翼ある巡礼たちの
泥の巣に占められた
木立もすでにさかんに楽しむ
高らかに鳴くナイチンゲールの歌声を
通り雨はみじかく　日はおだやかに
すがすがしい朝　ほほえむ夕暮れ
ジョーンはきれいに磨いた手桶をもって
赤い雌牛の乳しぼりにいく
そこには　たくましいフットボールの若者が数人
ジョーンは腕をふるって彼らにつくる　ミルクワインを一、二杯
野原も畑も花がいっぱい
チューリップ　クロッカス　スミレなど
そしていま　遅ればせながら　内気なバラが
半分あまり赤い顔をのぞかせた
そうして　ものみなほがらかに　快活に
装いあらたなこの年をむかえる

このような思いが、そのときのサー・ヘンリー・ウォットンの静かな心をとらえていたのです。さてもう一人、釣師の願いを聞いてみましょうか、その人がすすめる幸福な人生を。これもまた詩に歌われたもので、すなわち、かのジョン・デイヴァーズ氏[19]の手になるものです。

19　John Davors：釣りの詩を書いたJohn Dennysのこと。《Secret of Angling, 1613》。

私にはのどかな生を送らせてくれ
トレントかエイボン川のほとりに家をもち
パーチやブリーチやデイスの貪欲な餌づきに
消しこむ浮子をながめてくらす
そうして世界と造物主に思いをはせる
あたかも　ある者は　不正な財貨にしがみつき
またある者は　酒に　さらによくない戦争に　そしてみだらな営みに
むだに時間を費やすときに

そんな気晴らしを好きなだけ追い求め
そんなくだらない楽しみを腹いっぱい喰らっているがよい
私ばかりは　緑の野原や草地をながめ
日毎　清らかな川のほとりを気ままに歩く
あたりには　ヒナギク　スミレが花開き

赤いヒヤシンス　それに黄色いラッパスイセンがあり
華麗なナルキッソスは朝陽のようで
淡いランの花と青いブルーベルの咲くなかを

さらに大きな喜びは
たかく雄大な蒼穹と
そして　その中心に燃える黄金
世界の巨大な目　炎の戦車を見ることだ
雨を降らす雲が空のなかに湧きたって
さまざまに色をかえて飛んでいく
夜明けの女神のオーロラは　もたげた顔をまだ赤らめながら
老いたる夫　ティトノスのベッドをはなれる

丘陵と山並みは平原に立ちあがり
平原は地をはって遠くひろがる
地はいくつもの分水の丘に分かたれ
丘の下には川が走り流れる
これらの川は　また川の鎖へとつながり
まっしぐらに深い海へと流れていく
波立つ海は低い谷よりさらに低く

湖も川も小川も海をめざして流れゆく

木々はたかく　森はひろく大きく
あざやかな緑の枝と葉にかざられ
涼しい木陰に鳥たちは歌い
その合唱で夏の女王を歓び迎える
麗しい牧場の緑の草にまじって
花の女神フローラの贈り物が点々と咲き
　銀の鱗の魚はしずかに泳ぐ
　清らかな小川の水晶の流れのなかを

これらすべてを　そしてさらに天地を造られた神の創造の数々に
釣師はしばしば目を留めて　大きな歓喜を感じとる
思えばなんと不思議なことか　なんと驚くべきことかと
それが心のうちの思索の糧となり
思いは雑念から解きはなたれる
　そして喜びの目をもちこれらを眺めわたすとき
　その心は恍惚として星空にのぼる

いや、この最後の詩を覚えていてよかった。この詩の方が私のまずい話より、はるかに楽しくて、五月の祭の日にふさわしいですからね。それにあなたもよく我慢して、この詩や私の話をお聞きくださった。そんなこんなで、どうやら《茅葺き亭》が見えてきましたな。さてそれでは、お約束の話の続きはいずれまたゆっくりできる機会に、としておきましょうか。もっとも、聞くに値するとお考えならばの話ですがね。

猟師　あなたに楽しく釣られて《茅葺き亭》までやってきましたよ。あなたの言われるとおりでしたよ。《よい道づれで道中短し》とね。あなたにそう言われるまでは、この旅籠まではまだ三マイルはあると思っていましたよ。それが、もう着いている。それでは、中に入って一杯やって、ひと休みといきますか。

釣師　それはもう、よろこんで。明朝、あなたに会うことになっているカワウソ狩りの漁師のみなさんに、丁重な乾杯といきましょう。

猟師　そういたしましょう。そしてすべての釣り愛好家のみなさんにも。いまや私も、よろこんでその一人になろうという気ですからね。その訳はというと、あなたとご一緒したことと、あなたのお話とで、釣りの術と釣師に関する私の考えは、すっかり変わってしまいました。

Amwell Hill（新川から望むアムウェルの丘）

それで、明日の朝、指定の場所と時刻にあなたにおいでいただければ、一日を私と仲間のカワウソ狩りにご一緒いただいて、私としては、次の二日間をあなたにお供して、その間ふたりは釣りと魚と釣りの話のほかには何もせずにすごす、ということに致しましょう。

釣師　結構ですね。それでは、神の御心のままに、かならず明朝、日の出まえにアムウェルの丘にまいります。

第2章　カワウソとチャブについて

猟師　やあ、釣師どの、私が考えていたとおりの時間においでになりましたね。ちょうど太陽が昇るところで、私もたった今ここに着いたところですよ。たった今、犬たちがカワウソを一頭、追いつめたところですよ。ごらんなさい、あの草地の丘のふもと、スイレンとタネツケバナが混じっているあたりです。犬たちの働きぶりが見えるでしょう。ほら、ほら、みんな、あんなに夢中で。人と犬が、犬と人が、懸命になって。

釣師　お会いできてなにより。それに、今日のスポーツがこんな結構な幕開きで本当にさいわいです。こんなに犬がたくさんいて、それにもっと大勢の人間がみんなしてカワウソを追っている。感心ばかりしていないで、我々も急ぎましょう。もうずうずして、その辺の垣根や溝なんか跳びこえて行きますよ。

猟師　狩りのお方、このカワウソをどこで見つけられましたかな。

狩人　ここから一マイルばかりのところで、こいつが魚を獲っているところでしたよ。今朝、この鱒をおおかた食べつくして、ごらんのように、残っているのはたったこれだけですよ。そして、もっと獲ろうとしているところに、我々がやってきたというわけですよ。日の出の一時間まえに来て、それから一休みもさせずに追い続けですから、これだけの人間と犬からは、そうそう逃げきれませんね。殺してしまえば、毛皮は私のものですよ。

猟師　それで、毛皮の価値はいかほどですか。

狩人　手袋用に一〇シリングで売れますよ。カワウソの手袋は、雨の日にはこの上ない手の守りですからね。

釣師　それでは狩人どの、ひとつ愉快な質問をさせていただきましょうか。あなたが追っているカワウソは獣ですか、それとも魚ですかな。

狩人　あなたの疑問をはらすのは私の手にはあまるようです。その問題は、獣肉不食の誓いをたてているカルトゥジオ修道会にでも決めてもらわないといけませんね（訳注：ただしカワウソの肉は食べることを許されていたという）。でも、私が聞いたところでは、その問題は多くの偉い聖職者が議論してきたようですが、見解は色々のようですね。ただ、大方の一致をみているのは、カワウソの尾は魚だという点です。ところで、その身体までが魚だとすると、私としては魚が陸を歩くと言わざるをえませんね。実際、カワウソは歩くのですよ。ときには、一夜にして、五マイルや六マイル、あるいは、一〇マイルも歩いて、子供たちのために食べ物をさがして、あるいは、自身の腹を満たすために魚を捕らえる。ところで、鳩は朝食のために四〇マイルも飛びまわるということですが、カワウソときたら、はるかに多くの魚をむさぼるし、殺すし、食べる以上に魚をだめにしてしまう。このドッグ・フィッシャー（とローマ人の言う）は、水中で、一〇〇ヤードもはなれて魚の臭いがわかるという（ゲスナーはそれ以上だという）。そして、その睾丸はてんかんの病によいという。それに、バルサム香をリンネンの袋に入れて、養魚池なりカワウソが出没するところに吊るしておくと、カワウソはそれを嫌がってよりつかない。これでわかるとおり、カワウソは水中においても、陸上においても、臭いがよくわかるのです。事実、カワウソがたくさんいるコーンウォールでは、このウォータードッグ（カワウソ）の狩りがとても盛んで、例の学識ふかいカムデンによると、カワウソが多く繁殖し、生息していることから、オタシー（Ottersey-otter カワウソ）といわれる川があるということです。[1]

1　デヴォンシャーのオタリー川 The Ottery。

カワウソについて私の知ることはこんなところです。ああ、今ちょうど息つきに水面まで上がってきましたね。でも犬たちが近くにせまって、もう長くはもたないでしょう。それでは先生がた、どうぞこちらへ。スイートリップス号が最後の息つぎを狙って跳びかかりますよ。

猟師　あれあれ、馬がみんな川を渡ってしまいましたよ。我々はどうしますか、みんなについて川を渡りますか。

狩人　いやいや、そんなにあせらないで。このまましばらく私のそばにいてください。みんなも犬も、必ず、またすぐにこちらに戻ってきますよ、ご安心を。それに、カワウソもね。さあ、キルバックが行きましたね。また息つぎをするはずですから。

猟師　まったくそのとおりだ。あの角に顔をだした。それ、いま、リングウッド号が跳びかかった。そら、また逃げられた。かわいそうに犬が噛みつかれた。さあ、今度は、スイートリップスが跳びついた、押さえた。犬がみんな跳びついた。上からも、水のなかからも。もうカワウソは参ってきた。もうだめだ。さあ、スイートリップス、獲物をここに持って来い。おや、このカワウソは雌だな。しかも、子を産んだばかりだ。こいつを押さえたところに行ってみよう。その辺りに子供が全部みつかるはずですよ。みんな殺してしまいましょう。

狩人　みなさん、カワウソを押さえたところに行ってみましょう。きっと、そこらに巣くっているはずですよ。ほら、あった。ここだ。子供がいる。五匹もいる。全部殺してしまいましょう。

釣師　いや、私に一匹、残してくれませんか。馴れるかどうか、飼ってみたいのですよ。レスターシャーのニコラス・シーグレイヴ氏という独創的な人物がこれをやっています。馴らしたばかりか、魚を獲らせるなど、色々おもしろいことをやっている人ですよ。

狩人　それはもう喜んで。どうぞ、一匹おとりください。残りは我々に始末させてください。さて、これから評判のよい居酒屋にでも足を向けて、うまいビールを一杯やって、《オールド・ローズ》でも歌ってみんなで楽しくやりましょう。

猟師　それでは、わが友、釣師どの、ここはひとつあなたもご一緒にどうぞ。そして、今夜は私におごらせてください。明日はあなたにお願いしますから。明日からは一日、二日、釣りのお供をさせていただくつもりですからね。

釣師　それは願ってもないことです。そのように互いに振舞いあうことも、あなたのお供をすることも、私の望むところですからね。

猟師　さて、それではあなたのスポーツ、釣りにでかけるといたしましょうか。

釣師　それはもう喜んで。それではみなさん、ごきげんよう。今日もまた、カワウソの雌をみつけて、それとその子供も一緒に、楽しく始末されんことを。

猟師　ところで釣師どの、どこから釣りを始められるのですかな。

釣師　まだいい釣り場に来ておりませんよ。一マイルばかり歩いたところで始めましょう。

猟師　それなら、歩きながら忌憚のないところをお聞かせください。昨夜の宿屋はどうでしたか、あの主人と仲間たちは。あの主人、なかなか機知のある男だと思いませんか。

釣師　主人をどう思うか、それはすぐ後のことにして、私としては、あのカワウソどもがぜんぶ死んで幸いでしたよ。カワウソ猟師がもっといないのが残念なくらいですね。というのもね、カワウソ猟師の不足と、魚を保護するための禁漁期（fence months）が守られていない、これがいずれは川を全部だめにしてしまうだろうと、そう思っているのですよ。そして、国の法律を守り、精進日を守ろうとするわずかな人々も、やむを得ず肉を食べることになり、今後その他もろもろ、いろんな不都合をしのぶことになるでしょうからね。

猟師　ところで、その禁漁期とはどういう月ですか。

釣師　それはおもに三か月間にわたるもので、つまり、三月、四月、五月のことです。その理由は、たいていの川ではこれらの各月に、鮭が産卵のために海からのぼってくるからです。それに、幼魚はある時期になると、自然に教えられたとおり、淡水を海水に変えて、海に戻っていくわけですが、それも、欲深い漁師が仕掛ける金網や違法なワナに掛からなければの話です。それでも何千匹もが殺されています。エドワード一世の一三年に制定された賢明な法令や、リチャード二世のときの同様の法令を見れば、魚類の破滅への対策としていくつかの規定のあることがわかります。私には法律の知識はまったくないのですが、こうした規定の不備に関しては、容易に改善することができるのは確かでしょう。しかしここで、私の賢明なある友人がよく言っていたことを思い出してしまいますね、つまり《万人の務めは、だれの務めでもない》ということです。もしそうでなければ、これほど多くの違法な網や、規定サイズ以下の魚が毎日、世の中で売られていることなどないはずですからね。これに関しては、河川の管理官は自ら恥じるべきです。

しかし何よりも、産卵期に魚を獲るということは、自然に反していると言うことができます。それはまるで抱卵中の母鳥をその最中に取り除いてしまうようなもので、これはいかにも自然に反する罪であり、だから全能の神もレビ記中の律法のなかで、これに対する法を定めておられるほどです。

しかし、かわいそうに魚には、自然に逆らう漁師のほかに、さまざまな自然の敵がいます。たとえば前述のカワウソや、鵜《う》、ゴイサギ、ミサゴ、カモメ、アオサギ、カワセミ、ハヤブサ、ユリカモメ、ハクチョウ、ガン、マガモ、それにミズネズミと言われることもあるクラバーなどがあります。こうした魚の敵すべてに対して、心ある人が正義の戦いを挑むのもよいでしょう。しかし、私は遠慮させていただいて、戦いも殺すのも、他の方々におまかせしておきましょう。生来、私は残酷な質ではなく、私が殺すのは魚だけですからね。

さて、それでは、昨夜の宿の主人について、遠慮のないところを言わせていただきましょうか。あの主人は私には好みの相手とは言えませんね。あの人が得意になっていることは、いずれ聖書を笑い草にするか、卑猥な冗談を言っているだけで、私の考えではそれは機知とは言えないのです。というのも、悪魔だってそんな傾向の人間に加担して、聖書を笑い草にするでしょうし、またその人の身に着いている堕落した性質に取り入って、卑猥な冗談を言わせるでしょうからね。ところが、相手を機知と陽気さでもてなし、なおかつ、そこに罪を混入させないもの（そうなりがちではあるのですが）、その人こそ真の友ですね。そして、そうした友の勘定をこそ引き受けてやるべきでしょう。今夜は、あなたをそういう仲間のところにお連れしますよ。ここから遠くないところに《トラウト館》[2]という宿があって、今晩はそこに泊まるつもりでいるのですが、そこにはいつもいい話し相手になる釣師が来ているのですよ。言わせてもらいますとね、よい仲間とよい話とは、まことに徳の筋肉を作ると言うべきものですね。ところが昨夜きいたような話は、他人にまでも伝染し、かの主人の話や、名前は挙げませんが、一座のうちのもう一人の話を聞いた子供たちだって、いずれあんな話し方や罰当たりな口のききかたを覚えてしまうでしょう。残念ながら例のもう一人のほうは、れっきとしたジェントルマンでしたが、乞食より少ない信仰というのでは、霊魂の救われることはないでしょうね、あの最後の審判の日には、もっと厚い信仰が求められるのですから。ところで、お手本が見せる力についてはよくご存知でしょうが、こんな場合にかの詩人の言った言葉があります。すべての親たち、よき市民たちの留意すべき言葉です：

2　Trout Hall：結局ふたりはここに泊まることにはならなかった。以前、食事をした居酒屋（Bleak Hall）に戻った。釣り仲間ピーターがそこに泊まることを知って計画を変更したのだ。

――多くのものの信仰は
国から教えられるものではあるのだが
そうでなくともまけずに強く育つのだ

乳母や母が正しく教えさえしておれば[3]

3　読み進めるとわかるが、ウォールトンは信仰に厚い。この引用は彼の素朴な、しかし深い信仰に至る経験を表しているのかもしれない。

これは道理が詩の形になったもので、賢明なる人の考慮にあたいするものです。でも、その話はこれくらいにしておきましょう。正しさは望むところですが、あまり非難がましいことは言いたくありませんからね。さあ、私のアート、釣りに戻るとしましょう。ごらんなさい、あそこに立つ木のところで、間違いなくチャブが釣れますよ。そうしたら、私のなじみの、まじめで、きれい好きの女主人のところに行きましょう。そこでひと休みして、それから我々のディナーにチャブを料理してもらいましょう。

猟師　なんですって、チャブ[4]なんて、魚のなかでは最低の魚でしょう。私としてはディナーには鱒のほうがよかったな。

4　Chub：コイ科の魚 **Leuciscus cephalus**、日本の魚で言うなら、ウグイとヤマメの価値の違いを言うようなものだろうか。ウグイも料理の仕方によってはうまい。

釣師　まあ、そう言わないで。この辺りは鱒釣りによい場所ではないのですよ。今朝は、あなたのお仲間の、狩人諸氏へのお別れの挨拶に時間がかかって、ご覧のようにもう太陽はたかく昇って、陽がさんさんです。これでは夕方まで鱒の釣りには見込みありませんね。チャブという魚は、あなたにも、多くの人にも、最低の魚だと思われているようですが、それを料理でよい魚に仕立ててご覧にいれましょう。

猟師　それはまた、どうやって料理されるのですかな。

釣師　それはチャブを釣りあげてからの話にしましょう。さあ、ここからご覧なさい。見えますかな。もっとぎりぎり近くに立って、この淵の水面にチャブが二〇匹ばかり溜まっているのが見えるでしょう。そのうちから一

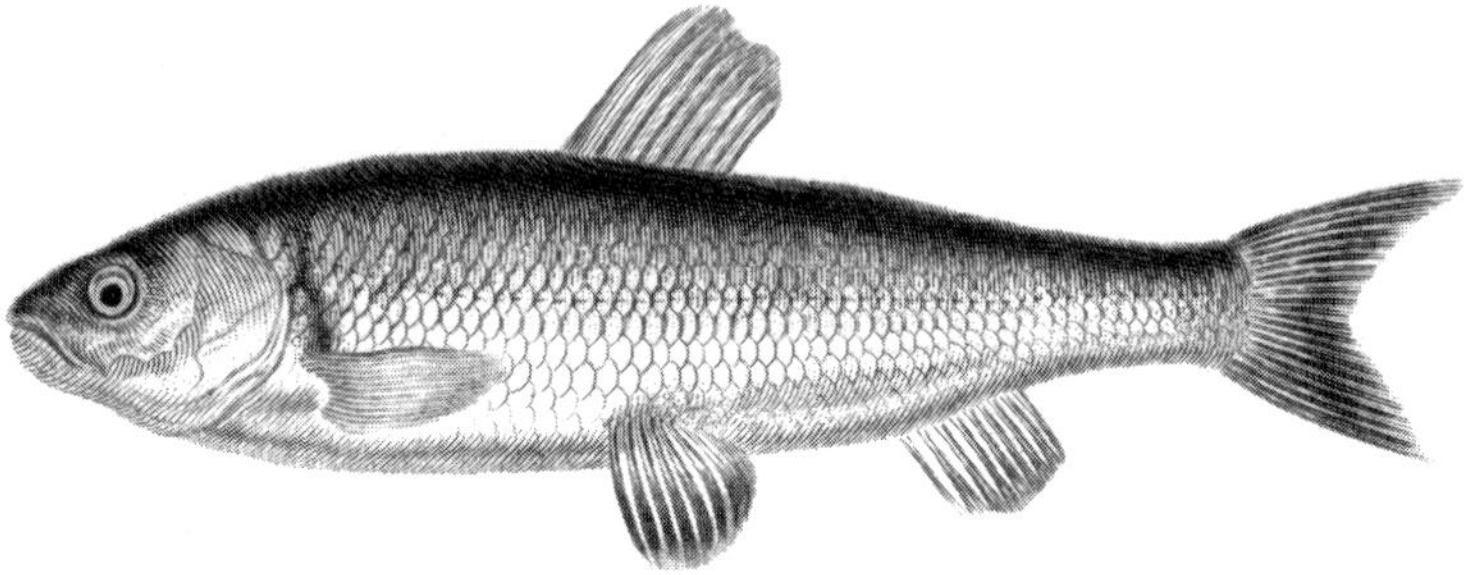

Chub チャブ

匹だけ釣りあげてみますよ。それも、いちばん大きいのをね。二〇対一で賭けてもいい。間違いなく釣ってご覧にいれますよ。

猟師　おや、これは驚きました。名人のようなお話しぶりですね。言われるとおりにやって見せられたときには、これは名人だ、と私も言いましょうが、それはまだ疑問ですね。

釣師　お疑いも今のうち。すぐにお目にかけましょう。ご覧なさい、あのいちばん大きいチャブ、尾にちょっと傷があるでしょう、パイクにやられたか、なにか事故にあったのか、白っぽい斑点のようなものが見えますね。あいつをすぐにお手元にお持ちしましょう。どうぞ、あなたは木陰に腰をおろして、ほんのしばらくお待ちを。必ず仕留めてお持ちしますから。

猟師　では、そう願って、腰をおろすとしましょうか。なんとも、自信満々のご様子ですからね。

釣師　さあ、ここが腕の見せどころ。そら、来た。例のチャブですよ、尾に白点のあるやつ。これを確実に釣りあげたからには、今度は確実にうまい料理に仕上げないとね。さて、それでは気持ちのいい居酒屋にご案内しましょうか。そこには、こざっぱりした部屋がありましてね、窓際にはラベンダーの花があり、壁には二〇もの歌謡の詞がはってある部屋ですよ。そこの女主人は、きれい好きで、器量よしで、丁寧で、これまでに何度も私に魚料理やってくれた人ですが、今日も、私の好みにどおりにやってくれますよ、味は請け合いますよ。

猟師　それは、願ったり叶ったり。そろそろ腹もすいてきて、早くありつきたい気分です。それに、実のところ、休みたくもありますしね。今朝は、四マイル程度[5]しか歩いていないのに、なんだか、もう疲れてきましたよ。どうやら昨日の狩りがたたっていますね。

5　（約六・四㎞）日本でもそうだったが、昔の人は健脚。

釣師　すぐにお休みになれますよ。私の言う家はもうそこですから。
やあ、女将《おかみ》、ご機嫌いかがかな。とりあえず、ここのいちばんいいのを一杯いただこうか。それから、このチャブを料理してくれるかね。八日か一〇日ばかり前に友だちとここに来たときにやってくれたあのやり方でね。でも、ひとつ頼みがあるのだが、すぐにやって欲しいのだよ。

女将　やりますよ、釣師の旦那、大急ぎでね。

釣師　さあ来た。どうです、ここの女将は早いでしょう。それにこの魚、いかにも美味そうだ。

猟師　いや、何もかもそのとおり。さっそく感謝のお祈りをして、いただきましょう。

釣師　さて、お味のほうはいかがですかな。

猟師　これはもう、いままで経験したことのない味ですよ。いや、あなたに感謝です。そして乾杯を。ところで、ひとつお願いが。どうか、断らずにお聞き入れください。

釣師　いったい、それはなんですかな。いずれにしても、あなたは謙虚なお方だから、お聞きするまでもなく、承諾を約束してもよさそうですね。

猟師　それはこういうことですよ。今後、あなたを師匠と呼ばせていただきたいのです。そして、私は真実あなたの弟子になる、ということです。なぜなら、あなたはこんなによい旅の道連れであると同時に、たちまち魚を

Thomas Stothard R.A. Augustus Fox sc.

Breakfast（朝食）

釣りあげて、みごとにそれを料理された。それを見て、あなたの弟子になりたいという大望をいだいたわけです。

釣師　さあ、あなたのお手をとらせてください。これより以降、私はあなたの師匠となりましょう。そして、私に可能なかぎり、この術（アート）についてお教え致しましょう。また、あなたのお望みどおり、我々が釣るほとんどの魚種の習性についても、いくらかなりともお話し致しましょう。そして、並みの釣師がまだ知らないことを、お話しできるでしょうし、またお話しするつもりです。

第3章　チャヴェンダーもしくはチャブの釣り方と料理法について

釣師　チャブはこのように料理すれば美味い魚ですが、並みのやり方では美味くはありません。この魚が嫌われるのは、体中にとがった小骨があるばかりでなく、食べると水っぽくて、身にしまりがなく、くずれやすく、風味に乏しいためです。フランス人はこの魚をひどく低くみて、《嫌な奴》と呼んでいるくらいです。とはいえ、こんな魚でも料理次第ではとても美味しい食べ物になるのです。すなわち、それが大きなチャブの場合、次のようにこしらえます……

《はじめに鱗《うろこ》をとり、きれいに洗い、つぎに腹を抜く。そのためには、魚の鰓《えら》にできだけ近く、やりやすそうなところに小さな穴を開ける。そして、ふつう腹の中にはよく草や藻が入っているから、それをきれいにのぞいておく。それが残っていると、味を悪くします。そうした後で、腹のなかによい香りのする香草をつめ、それを二、三片の木切れで添え木をして、今度はそれを金串にゆわえつける。それを火にあぶることになるが、そうし

ながらも酢か、あるいはもっといいのは、青りんごジュースとバターに十分に塩を混ぜたものを塗りながら、あぶり焼きにする》

こんな具合に料理すれば、あなたを含めて、たいていの人間は、あるいは釣師自身でさえも、想像以上にチャブはうまい魚だと思うでしょう。それは、もともとチャブにある水っぽさをこうやって落としているからです。しかし、次の原則を忘れないように。つまり、チャブという魚は、釣ってすぐに料理したものが最高で、釣ってから一日おいたものとは比べものにならないということです。それは、たとえば、木から収穫したばかりのサクランボと、一日、二日、水につかっていた傷もののサクランボほどの違いがあるのです。そういうわけで、チャブもこのようにして新鮮なうちにこしらえ、腹をとってからは水洗いをしないようにするなら（というのは、どんな魚でも、水に長いあいだ漬けていたり、腹を抜いたあとで血を洗い流したりすると、本来の風味を失くしてしまうからです）、あなたとしても、こんなふうに血を洗い流さずに、すばやく料理すれば、チャブの味も手間をかけるだけのことはあると感じ、この魚に関するあなたの考えも変わるでしょう。

さて、チャヴェンダーもしくはチャブは次のように料理することもできます：

《鱗をとったら、尾と鰭《ひれ》を切り落とし、きれいに水洗いする。次に、背骨にそって身を切り分ける。これはふつう海の魚でよくやる方法です。それから、背の側に三、四筋の切れ目をいれる。そして、煙のでない炭火、つまり炭火の熾《おき》であぶり焼にする。そして、あぶり焼きにしているあいだは、最上のバターに塩をじゅうぶんに混ぜて、これにタイムをみじん切りにして加えるか、あるいはそれをバターにすり込んだものを、しじゅう塗りつけてやる》

チャブはこのように料理すれば、多くの人がチャブを嫌う理由である、あの水っぽい味をなくすことができます。今あなたがたいそう気に入られて、お褒めくださったチャブはこのように料理されたものです。しかし、もう一度ご注意しておきますが、あなたがご賞味されておるチャブも、翌日までとっておかれたものだったら、

Dibbing for Chub（チャブの叩き釣り）

もうなんの価値もありませんからね。加えてお忘れなきよう、喉と腹部をよく洗う、念を入れてよく洗う。ただし、腸《はらわた》を抜いてからは、もう決して魚を洗ってはいけません。これはどんな魚の場合もおなじです。

さて、弟子どの、私が人に蔑《さげす》まれた哀れなチャブの信用回復のためにとってきた労はご覧のとおりです。そこで今度は、そのチャブの釣り方について、いくつかやり方を伝授しましょう。私としては、チャブ釣りをとおして、ぜひ釣りというアートに入門していただきたく存じます。というのも、チャブはとても釣りやすい魚で、初心の釣師が入門するには、これにまさる魚はないからです。しかしそれは、次のような特別な方法によらなければなりません……

先ほど私がチャブを釣った同じ淵に行きましょう。そこでは、暑い日にはほとんどいつも、一〇匹や二〇匹のチャブが水面近くに浮いているのが見られるはずです。途中の野原でバッタを二、三匹とって行きましょう。そして、木の陰にそっと立ちます。できるだけ身動きしないようにします。次に、釣鉤にバッタをとおし、それを水面から一ヤードの四分の一（約23cm）くらいのところにぶらさげておきます。それには、竿をどこか木の枝にでも立て掛けておく必要がありますね。でもそれで、チャブは竿が水面に影を落としたとたんに、水の底のほうに沈んでしまうことがままあります。チャブは魚のうちでもっとも臆病な魚だからです。だから、鳥が頭上を飛んで、水面にほんのわずかな影を作っただけでも沈んでしまうのです。でも、そのうちにまた浮き上がってきて、次にまた何かの影に驚くまでは水面に浮いています。そこで、チャブが水面にいるあいだに、いちばんいいチャブに目星をつけておくのです。それは、自分の立ち位置さえ適当なら、容易に見えるでしょう。それから、カタツムリの動きくらい静かに竿を動かして、目当てのチャブの上にくるのです。そして、チャブの鼻先三、四インチのところに餌を落としてやる。そうすれば、チャブはまず間違いなく餌に食いついて、必ずものにできるはずです。チャブという魚は歯がない、滑らかな口をもつ魚の仲間で、この手の魚は、いったん掛かると釣鉤から外れることはまずないものです。ですから、じゅうぶんに魚を萎《なや》してから抜きあげることです。それでは早速やってみましょうか。竿をとって、私が言ったようにやってごらんなさい。私の方はあなたが戻るまで、腰をおろして釣具の修理でもやっていますよ。

猟師　本当に、敬愛する師匠どの、これ以上望みようのないご教授をいただきました。それでは、ご指導どおりにやってみましょう。

……………………

どうです、師匠、このとおり、大喜びですよ。先ほど師匠が釣ったのと同じくらいのチャブを釣りましたよ。

釣師　これは素晴らしい。どうやら有望な弟子が入門したようですな。助言と実習しだいで、あなたはすぐにいっぱしの釣師になりますよ。ともかく好きになることです。あとは保証しますよ。

猟師　でも師匠、バッタが一匹も見つからなかったときはどうしますか。

釣師　では、その話に行きましょうか。そんなときには、黒っぽいナメクジを捕まえて、腹を裂いて、白い部分をむき出しにして使うか、あるいは、やわらかいチーズを細かく切って使うのもよい結果をうみますよ。いや、それればかりか、ミミズやどんな種類の羽虫でも、たとえば、羽アリ、ニクバエ、牛糞のなかによくいる甲虫や、同じところにいる、いずれ甲虫になるイモ虫などもよい餌です。その虫は短い、白いイモ虫で、ハエの幼虫やトビケラあるいはイサゴムシの幼虫に似ていて、それよりも大きな幼虫です。そういう虫のどれもが、さっきのやり方で釣る場合にはとてもよい餌になります。それに、この方法で、暑い日の夕方などに鱒が釣れることもあるのですよ。たとえば、小川のほとりを歩いていて、鱒が羽虫に跳ねているのが見えたり、聞こえたりしたとき、バッタをとって釣鉤に刺し、糸の長さを二ヤードくらいにとって、鱒のひそむ場所に近い藪か木陰に身を隠して、餌で水面をちょんちょんと叩いてやるのです。すぐ近くに立っているのなら、餌に食いつくのが確実に見えますが、うまく釣りあげられるかどうか、それは確実ではありません。というのも、鱒は、口に歯がない、なめし口の魚ではないからです。こんな具合にやれば、鱒はどんな種類の生き餌でも釣ることができますが、とくにバッタはよい餌です。

猟師　でも、先にすすまれる前に、どうか師匠、お聞かせください、なめし口の魚とは、いったいどんな魚なのですか。

釣師　なめし口の魚とは、歯が喉のなかにある魚のことで、その例としては、チャブ、ニゴイ（barbel）、スナムグリ（gudgeon）、そしてコイなど、さまざまな魚がその仲間です。釣鉤がそういった魚の、革のようになめらかな口の内部に刺さると、まずほとんどと言っていいくらい外れることはないのです。しかし、それとは反対に、パイク、パーチ、あるいは鱒、そしてその他いくつかの魚のように、喉のなかには歯をもたず、口のなかに歯をもつ魚の場合、口のなかは骨ばかりで、皮膚は非常にうすく、それもきわめて少ない。こういう魚の場合、釣鉤がしっかり刺さることは稀で、釣鉤が呑まれでもしないかぎり、釣り落とすことがよくあるのです。

猟師　ご説明ありがとうございました。ところで師匠、私が釣ったチャブはどうしましょうか。

釣師　それなら、だれか近くの貧しいものにでもやりましょう。あなたの夕食用には鱒を一匹釣ってさしあげますから。それに、あなたの最初の釣果を貧しいものに与えるのは、釣りというアートのよい始め方ですよ。与えられた者は神とあなたの双方に感謝してくれるでしょうからね。黙っておられるところを見ると、同意されたのですね。快く、慈悲深く、獲物を手放すことにされたのだから、チャブ釣りについてさらにご教授しましょうか。

チャブは三月と四月には、ふつう、幼虫で釣れるのですが、五月、六月、そして七月になると、もうどんな羽虫にも食いついてきます。たとえば、サクランボにだって食いつくし、脚と羽根を切りとった甲虫や、あらゆるカタツムリの類、泥壁のなかに子を産みつけるドロバチなどに食いつく。また、速い流れの表面にバッタを踊らせると、チャブは決してこれを拒絶できないし、また、川底では、丈のたかい草のなかで繁殖し、草刈りの人がよく目にするマルハナバチをよく食べる。八月と、それにつづく涼しい月には、匂いの強烈なチーズにバター少々とサフラン（全体をレモン色にする程度の少量）を加えて、乳鉢のなかで混ぜあわせて、黄色い練り餌にしたものがよい。なかには、冬のためにチーズとテレビン油で練り餌をつくるものもいる。冬のチャブは、ことに焼いてやると、最上とされておりますが、その理由として知られているところでは、この時季になると、小骨がなくなるか、軟骨のようなものに変化するからと言われています。チャブはまた、鱒がやるように、ミノーにも食いつくのです。そのことについては、他のさまざまな餌もふくめて、またあとで触れることにしましょう。しかし、原則として、暑い日には、中層から表層ちかくを釣り、寒い日には、水底ちかくを釣ることです。そして、甲虫や羽虫で水面を釣るときは、道糸をできるだけ長くとって、姿を隠して釣ることを忘れてはいけません。さて、その腹子はすばらしい味であり、喉をきれいに洗った大型チャブの頭部はいちばん美味な部分であることを述べるにとどめて、この魚については、今のところ、これだけにしておき、次の機会にも、またどうかうまく釣りあげられるよう願っておきましょう。

しかし、チャブは釣りあげたらすぐに料理しなければならないなど、どうも小うるさすぎる、とあなたに言われるのもなんですから、同様のことに関して、昔の人々がどのように考えていたか、それを知っていただきましようか。

たとえば、セネカ[1]の著書《自然研究、第三巻、一七章》（Natural Questions）を読めば、古代人というものが、魚の鮮度について、いかに気難しかったかがわかる。それは、客人の手に、生きたままで供されるのでなければ、じゅうぶんに新鮮であるとはされなかったくらいなのです。そして、彼の言うところでは、その目的のために、彼らは普段は魚をガラスの容器のなかにいれて食堂で飼っていたというのです。そして、食卓の下から生きた魚をとりだし、すぐに料理して友人に供するときの彼らはじつに得意満面だったのでしょうね。また彼の言うところでは、ヒメジが死ぬときにさまざまに色を変えるのを、彼らはおおいに楽しんだということです。しかし、この話はこれくらいにしておきましょう。鱒（トラウト）と鱒の釣り方に関してお話しするところを、ずいぶんお待たせしてしまったようですからね。次には、それらのことについて話すことになります。

1 Lucius Annaeus Seneca（前四頃～後六五頃）：ローマの作家、ストア派哲学者、政治家。皇帝ネロとの間が不和となり、引退したが陰謀に連座したとされ死を命じられたが、自決した。

第4章 鱒の習性と繁殖に関する話、およびその釣り方。そして、ミルクメイドの歌

釣師　鱒はこの国においても、また外国においても、高く評価されている魚です。この魚は、（古代の詩人がワインについて言ったように、また我々イギリス人が鹿肉について言うように）由緒ある魚と言って間違いないでしょう。この魚はきわめて鹿に似ているところがあって、同様に、時季（シーズン）というものがあります。た

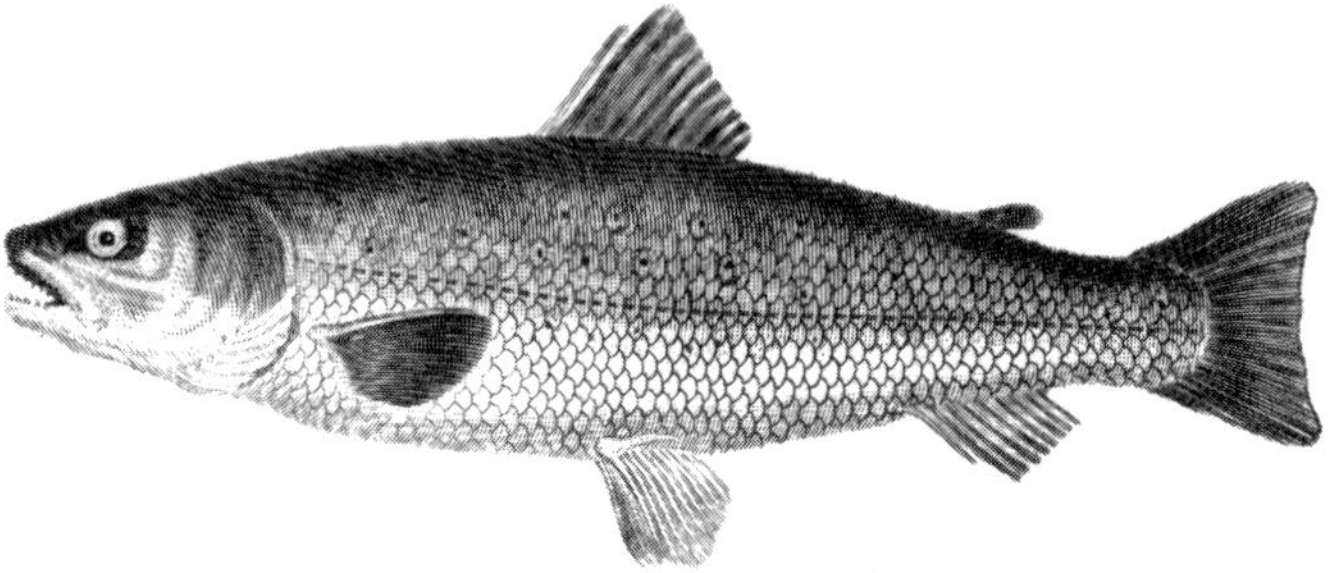

Trout. マス

とえば、牡鹿や若鹿とともにシーズンが始まり、彼らとともにシーズンが終わるのです。ゲスナーによると、トラウトというその名はドイツ語由来のもので、そして、もっとも速い流れの、もっとも硬い砂礫のうえの、清冽な水のなかで餌をとると言います。そして鱒（トラウト）は、たとえばヒメジが他の海の魚とその美味と序列を競い合うように、その旬にあっては、最高の美食家が鱒の優位を認めているのです。

さて、私の講釈をすすめるまえに、言い添えておきましょう。それは、繁殖期に子を産まない牡鹿がいて、それらは夏でも味がよいように、鱒にも卵をもたないものがいて、それらは冬にも味がよいのです。といっても、それらの数は決して多いものではなく、一般的には、鱒の旬は五月であって、それからは牡鹿とともに衰えてゆくのです。ところで、ご留意いただきたいのですが、魚というものは、国が違えば、たとえばドイツやその他の国々のように、場所を異にすると、そこに生息する魚の大きさや形、およびその他の点においても、我々の国の場合とはおおいに異なるのです。鱒の場合もその点はおなじです。よく知られていることですが、レマン湖（ジュネーブ湖のこと）では、三キュービッツの長さ（約一五〇㎝）の鱒が獲れるという。これは信頼あつい著述家ゲスナーが証言していることです。そして、メルカトル[1]が言うところでは、ジュネーブ湖でとれる鱒はかの有名な市の商取引の重要な部分を占めているということです。さらには、そこで産する鱒の数と、それが小さなことで有名な川もあると言います。私の知るケント州のある小さな川は、信じられないくらい数多くの鱒を産し、一時間で二〇や三〇もの鱒を釣りあげることができるけれども、その一匹として、スナムグリの大きさを超えることがないのです。さらにまた、いくつかの川では、それもことに海につながっている川や、海に近い川には（たとえばウィンチェスターのイッチェン川[2]やウインザー近くのテムズ川など）、サムレットとかスケガー・トラウトなどと称される小型の鱒がいて、その二つの川で私は居ながらにして二〇から四〇匹を釣ったことがあります。それらはまるで小バヤのようにわれ先に餌に食いついてくるものです。これらの魚を若い鮭だと言う人もありますが、それにしても、こうした川では決してニシン以上の大きさに成長することはないのです。

1　Gerardus Mercator（一五一二～九四）：オランダの地理学者。メルカトル投影図法による世界地図を完成（一五六九）。

2　The Itchen：ウィンチェスターを流れる川。ドライフライ・フィッシングで有名な川。ウォールトンはこの川でよく釣りをした。この地のウィンチェスター大寺院にはウォールトンが葬られている。

さらに、カンタベリー近郊のケントには、フォーディッジ・トラウトと称される鱒がいます。その名はそれがよく釣られる町の名にちなんだものです。これはきわめて希少な魚とされており、その多くのものが鮭に近いサイズになるのですが、鮭とは色が違うということで知られています。その盛りの時季にはその肉質がとても白く、しかもこれまでに釣鉤で釣れた例はないのです。ただ、唯一の例外には、素晴らしい釣師であって、いまは神の御許にある故サー・ジョージ・ヘイスティングスの釣りあげたものがあるだけなのです。その彼が私に話してくれたところでは、その鱒は空腹から食いついたのではなく、じゃれついたのだと思ったそうです。この話は信じたほうがよいかもしれません。その訳は、そのときの彼も、彼以前の多くの釣師たちも、好奇心から魚の腹を調べて、どんな餌を食べて生きているのか知ろうとしたけれども、彼らの好奇心を満足させるようなものは何も見つからなかったというのです。

そのことについては、こういうことがあります。信頼できる著述家によって報告されていることですが、バッタや魚のあるものには口がないのに、鰓《えら》のなかの気孔によって養分を摂取し、呼吸をしているのだという。人間にはその方法はわからない。しかし、それは信じてもよさそうに思う。たとえば、カラスは卵を孵《かえ》したあとは、それ以上は子供の世話をすることもなく、自然という神の加護にゆだねる、ということですから。詩篇には、神は《頼りよってくる幼いカラスを養う》とあります。そして、幼いカラスは、巣のなかに生じる露や幼虫によって、あるいは、我々死すべき人間の知るよしもない何らかの方法によって、生かされ、養われるのです。このことはフォーディッジ・トラウトの場合も信じられそうです。それは、コウノトリが自らの季節を知るように、このトラウトもまた、一年の九カ月のあいだを生き、餌をとっていたと思われる海を離れて川に入る時季を、否、たぶんその当日のことまでも分かっていて、川にはいり、フォーディッジの川で絶食の三カ月を過ごす。そして、いいですか、この町の住民たちは、この魚の解禁日を守ることにかけてはきわめて厳格なのです。それは、この川が他のどんな川の鱒にも優る鱒を産みだしていることを大きな誇りとしているからです。同じように、サセックス州にもお国自慢の魚がいくつもあります。すなわち、シェルシーのザルガイ、チチェスターのロブスター、アランデルのヒメジ、それにアマリーのトラウトなどがあります。

さてそれでは、フォーディッジ・トラウトについてもっとよく知っていただくために、このことを言っておきましょう。このトラウト（鱒）は、淡水ではまったく餌をとらないと考えられているのです。そしてこれは信じたほうがよさそうですね。というのは、よく知られているように、ツバメやコウモリ、それにセキレイなどは半年鳥と言われていて、イングランドでは一年の六か月間はその飛ぶ姿が見られないのです。ところが、聖ミカエル祭（九月二九日）の頃になると、この地を後にして温暖な気候を求めて飛び去って行くのです。それでも、なかには仲間の後に残されるのがいて、ときにはそれらが何千羽も木のウロや泥の洞窟に集まっているのが発見されています。そして、その鳥たちはその場所で何も食べずにひと冬を眠ってすごすということです。同じようなことをアルベルトゥス[3]が言っております。それはある種のカエルのことで、そのカエルの口は八月の終わりの頃には自然に閉じてしまい、そして冬をとおしてそのままの状態ですごすという。そんなことは奇妙だと思われるむきもあるでしょうが、それは、疑うにはあまりに多くの人々に知られていることです。

フォーディッジ・トラウトについては、これくらいにしておきましょう。このトラウトは淡水では餌をとらないので、したがって、釣師にスポーツを提供することはないというわけですからね。この鱒たちは、海にいるあいだに摂取した食べ物によって生きるのか（これはツバメ、あるいはカエルに似ていなくもない）、あるいは淡水のおかげだけによるのか、あるいはまた極楽鳥やカメレオンのように太陽と空気によって生きるのか、いずれにしろ、そうやって彼らの淡水期を生きているのです。

ノーサンバーランドにもまた、ブル・トラウトという、この南部地方のどんな鱒よりもはるかに長大な鱒（トラウト）がいる。海につながる多くの川にはサーモン・トラウトという魚がいるが（訳注：シー・トラウト Salmo trutta）、これは他の鱒にくらべると形も斑点も異なっている。それは、羊がその産地によって、形も大きさも、また毛の細かさも異なるのと同様です。確かに、ある牧草地が大型の羊を産出するように、鱒の場合も、その川が流れる土壌の質によって、ある川が大きな鱒を産みだすということがあるのです。

次に考えていただきたいことは、鱒という魚は他の魚種にくらべると、成長が急激であるという点です。それについては次のことにも留意すべきです。鱒はパーチやその他の様々な魚ほど長生きしないということがあります。それは、サー・フランシス・ベーコン[4]がその著《生と死の歴史》において述べているとおりです。

3 Albertus Magnus（一二〇〇頃～八〇）ドミニコ修道会士、哲学者、神学者。

4 Sir Francis Bacon（一五六一～一六二六）当時、イギリス最大の哲学者、政治家。The History of Life and

Death。何度もベーコンからの引用がでてくる。日本語訳《ベーコン随筆集》（岩波文庫）がある。

次に留意すべき点はこれです。ワニは、いくら長生きしても、生きているあいだはずっと元気でいる。しかし、鱒の場合はそうではない。鱒はいったん成長しつくすと、肉体的には衰えはじめ、その死まで活発なのは頭だけということです。そしてご存知のように、鱒は産卵期のころ、ことにその直前になると、流れに抗して造られている堰や水門など、なかにはほとんど信じられないほど高く、流れの強いところをも跳び越えていくさまは、まさに奇跡的とも言えるばかりです。さて、鱒は、ふつうには、一〇月か一一月に産卵しますが、川によってその時期はいくぶん前後します。他の魚とは異なるその産卵の時期ゆえに、他の魚種の場合よりも目につきやすいものです。というのも、他のほとんどの魚は、春か夏の、太陽が大地と水の両方を暖め、生殖・成長に適したころに産卵するからです。さらに知っておくべきことは、鱒には何カ月間もの、食べるには適しない時期があるということです。鱒は牡鹿や雄牛のようであるとも言えます。牡鹿や雄牛は、馬ならひと月で太るような牧草地に入れられたとしても、何カ月ものあいだ太らないでいるのです。同様に、他のほとんどの魚のほうが、鱒よりも力を回復するのがはやく、太るのもはやく、したがって早く食べごろになるのです。

さて次に知っていただきたいのはこのことです。太陽がじゅうぶんに高くなって、地と水を暖めるにいたるまでは、鱒は病んだように痩せていて、食べてもまずく、決していい魚とは言えません。冬の鱒は頭ばかりが大きくて、体はみじめにやせ細っている。そのような時期の鱒には多くの魚体に鱒ジラミというものの付着しているのが見られる。それは一種の虫で、頭でっかちで、クギかピンのような形をしており、それが魚体にくっついて、魚の体液を吸いとっているのです。それらは、私の考えでは、鱒がみずから生みだすのだが、鱒がほんとうに元気になるのはそれらを取り除いてからのことです。それは、気候が暖かくなって、体力がついてくると、鱒はよどんだ止水から泳ぎでて、流れの速い砂礫の川床にうつり、そこで川床に体をすりつけてこういう虫、すなわちシラミをこそぎ落すのです。そしてさらに元気になると、もっと速い流れに泳ぎいって、近寄る羽虫や小魚を待ち構える。そして、こうした鱒の大好物がイサゴムシあるいはトビケラから生まれる五月の羽虫、メイフライで[5]す。これらの餌によって鱒はさらに大胆に、また貪欲になり、この月が終わるころになると、鱒は他のどんな時よりも、よく太り、また食べごろになるのです。

5 イサゴムシから生まれるのはトビケラの成虫（caddisfly）。メイフライといってもカゲロウを言っているのではなく、五月に出てくる羽虫という意味で使われている。

さて、よく言われていることですが、最上級の鱒の身の色は赤もしくは黄色がおおい。ときには、身の色が白で、なおかつ美味であるという鱒もありますが（フォーディッジ・トラウトがその例）、しかしそれは一般的とは言えません。そしてよく見られることに、普通にはメスの鱒はオスの鱒よりも頭が小さく、体高があるということがあります。また、そのほうが食べても美味いのです。つまり、背中が高く盛りあがっていて、頭が小さければ、鱒も鮭も、あるいはどんな魚の場合も、その魚が食べごろにあるという徴なのです。

とはいえ、（パームサンデーに使う）ヤナギの木のなかには他のヤナギよりも早く花芽をもって開花するものがあるように、鱒の場合も、川によって他より早く時季になるものがあります。そしてある種のヒイラギやナラの木のなかには遅くまで葉を落とさないものがあるように、鱒にも、川によって、なかなか時季外れにならない場合があります。

さらに知っておいていただきたいことに、鱒といってもいくつも異なる種類があるのです。しかし、その異なる種類について意識している人はごく少ない。それらすべての鱒が《トラウト》というひとつの名のもとに総称されているからです。それはたとえば、たいていの地方で鳩が《鳩・ハト》というひとつの名で総称されているのと同じようなことですね。ところが実際には、飼い鳩と野生の鳩の違いがあります。飼い鳩には、ヘルミッツ、ランツ、そしてキャリヤー、クロパーなど、数えあげればきりがないくらいです。それどころか、《王立学士院》[6]は、最近のことですが、クモには三三の異なる種類があることを発表した。しかし私の知るかぎりでは、それらすべてが《クモ》という一般名で総称されているのです。そしてそれは魚類の多くに関しても同様で、ことに鱒の場合がそうです。現実には、鱒はその大きさも、形も、斑点も、そして色も違っている。あの名高い《ケント州の雌鶏》も、他の雌鶏と比較して考えるなら、その一例と言えるでしょう。そして、これは確かなことだが、鱒には、決して大きく成長しない小さな種類がある。この鱒は、大きく育つほかの鱒にくらべるとはるかに多くの子を産む。それは、こう考えると信じられるだろうか。小さなミソサザイやシジュウカラは一度に二〇羽ものヒナをかえす。ところが、威厳のあるタカ、あるいは鳴鳥のウタツグミ、クロウタドリなどは、通常、そのヒナは四、五羽をこえない。

6 The Royal Society 一六六〇年創立。英国最古の自然科学の学術団体。チャールズ二世によって認可された学会。

さてそれでは、鱒を釣る私の技術をご覧いただきましょうか。そして、今夕か明日の朝、次にでかけるその折には、あなた自身に鱒の釣り方をご教授しましょう。

猟師 よくわかりましたよ、師匠、鱒を釣るのはチャブを釣るより難しいのですね。辛抱づよく、こうして二時間も師匠について歩きましたが、小バヤの餌にもミミズにも、まったく反応しませんでしたね。

釣師 よろしいかな、弟子どの、時には、もっとひどい不運に耐えることだってありますよ。それができなければ、一人前の釣師になるのは無理ですね。おっと、これはどうだ。鱒がきた。それもいい型だ。こいつをどうにか鉤がかりさせておいて、二、三度、萎《なや》して疲れさせてやると、さあこれで静かになった。ランディングこそ腕の見せどころ。そこのランディング・ネットを取っていただけますかな。さあ、これでもうこっちのものだ。どうです、この鱒は。私の腕にも、あなたの辛抱にも、じゅうぶんに見合う鱒でしょうが。

猟師 これは師匠、なんとも見事な鱒だ。これ、どうしましょうか。

釣師 もちろん、しっかり夕食にいただきますよ。ところで、さっき寄ったあの女将のところへ戻ることにしましょうかね。出がけに彼女に聞いたところでは、釣り仲間のピーターがね、この男は釣りの腕はいいし、話し相手としても楽しい奴ですが、今晩そこに泊まると知らせてきたということでね。それに友だちも一人連れてくるそうですよ。女将のところにはベッドが二台あるけれど、あなたと私とで、きっと、よい方を使えますよ。[7] 今宵は私の仲間のピーターとその友だちも交えて、一緒に楽しみましょう。話をしたり、歌をうたったり、輪唱をやったり、何か罪のない遊びをみつけて、神も人も傷つけずに暫しの時間をすごすこととしましょう。

7 日本でもかつて宿屋の相部屋と言って、知らぬ旅人が部屋を同じくすることはよくあったが、さすがに相布団というのはなかったと思う。これは相ベッドだ。もちろん大きなベッドだったという。

猟師 いいですね、師匠、さっそくあの家にいきましょう。シーツは真っ白、ラベンダーの匂い、そんな匂いのするシーツのうえで休みたいですね、さあ、行きましょう、師匠。釣りのおかげで腹ペコですよ。

釣師 いや、弟子どの、もうちょっとお待ちなさい。さっきの鱒はミミズで釣ったけれど、今度は小バヤを餌にして、あの木立の辺りを一五分ばかりやって、もう一匹ものにしましょう。それから宿へ向かうとしましょう。ほら、見てご覧なさい弟子どの、ここではね、すぐにアタリが来るか、まったくダメかなんですよ。そら、来た、言ったとおりだ。なんだ、これは、頭でっかちのチャブだよ。こいつは柳の小枝にぶらさげて、さあ、行きましょう。でも、すこし道を外れて、よろしいかな、弟子どの、あの丈のたかいスイカズラの生垣のほうへ行きましょうか。あそこに腰をおろして、歌でも歌って、実り豊かな大地をやさしく潤すこの通り雨をやりすごしましょう。雨のおかげで、緑の牧場を彩る花々は、いっそう甘い匂いをはなっていますね。

ほら、むこうに大きく枝をひろげたブナの木が見えるでしょう。この前、ここで釣りをしたときも、あそこに腰をおろしたのですよ。近くの茂みのなかでさえずる小鳥たちは、あのサクラソウの丘の斜面に立つ木の穴にでも生きているのか、うつろな木魂《こだま》の声とたのしく張り合っているようでした。私はそこに腰をおろして、銀色の流れがそのたどり行く先である荒海にむかって音もなく滑りくだって行くのを眺めていました、ときには、曲がりくねった木の根や小石にぶつかり、波立ち、泡となって。またあるときは、無邪気な子羊たちに魅せられて時を忘れたこともありましたよ。あるものは涼しい木陰を無心にはねまわり、またあるものは心地よい陽射しの下で遊んでいる。なかには、声をだして呼ぶ母親のふくらむ乳房に安堵をもとめる子羊もいた。そうやって坐っていると、あれやこれや目に映るものすべてが、私の心をすみずみまで満足感でみたし、かの詩人がいみじくも表現したような思いがしたものです：

そのとき私は地上より引きあげられて
誕生の契りにはなかった喜びを感じた

その場をはなれて、つぎの野原にはいっていくと、また新たな喜びが私を楽しませてくれた。それは、乳をしぼる、かわいいミルクメイドの少女だった。まだ、うら若く、世間知もなく、多くの人がよくやるような、ありもしないことに心を悩ますことはなく、心配ごとなどすべて投げやって、ナイチンゲールのように歌っていた。その声は美しく、歌は声にふさわしかった。そのよどみのない歌は、今はもう五〇年は経っただろうか、クリストファー・マーロウ[8]が作ったものだ。そしてミルクメイドの母親が返す歌は、若き日のサー・ウォルター・ローリー[9]の手になるものだった。

8　Christopher Marlowe（一五六四～一五九三）、英国の劇作家、詩人。
9　Sir Walter Raleigh（一五五四～一六一八）、英国の探検家、軍人。エリザベス一世の寵臣で、近衛隊の隊長にまでなったが、その後、女王の不興を買う。ジェームズ一世の代に断頭台で処刑された。《最後のウォルター・ローリー》櫻井正一郎著、みすず書房二〇〇八年刊。

どれも古めかしい詩だが、見事なものです。この難しい時代に流行の激しい詩句にくらべると、私はずっといいように思う。ほら、あっちを見てごらん、言ったとおりだ。ふたりしてまた乳しぼりをやっている。さっきのチャブを母親にやって、二人にあの歌ふたつを歌ってもらおう。

　やあ、またお会いしましたね、奥さん。いままで釣りをやっておりましてね、これから今夜の泊りの《ブリーク・ホール》に行くところですよ。ところが、私と友の夕食にはあり余るほど釣れたから、この一匹をあなたと娘さんに差し上げましょう。私は魚を売るなどしないのでね。

乳しぼりの女　これはまあ、ご親切な旦那さま、喜んでいただきます。これから二カ月後に、またこちらに釣りにこられることがありましたら、お礼に新しい乾草のうえで、新しいワインミルクをご馳走しましょう。そして私のモードリンには、この子のいちばんいいバラッドをひとつ歌わせましょう。この子も私も、釣師の皆さんが大好きなものですからね。とても誠実で、礼儀正しくて、静かなお方ばかりで。何もありませんが、赤牛のミルク[10]を一杯いかがですか。どうぞ、ご遠慮なく。

釣師　いや、それはけっこう。それよりも、ひとつお願い

10　赤牛からはよいミルクがとれたのだという。

Bleak Hall（ブリーク・ホール）

があるのですがね、これは、あなたと娘さんには負担をかけないで、こちらは恩に着るというものですよ。ひとつ歌を歌っていただきたいのですよ。たしか、八日か九日前に私がこの牧場を通ったとき、あなたの娘さんが歌っていた歌をね。

乳しぼりの女　はて、どんな歌だったでしょう。《さあ、羊飼い、おまえの群れを飾りたて》でしたか、それとも《真昼にダルシーナが休むとき》か、それとも《フィルダが私をからかう》か、《チェヴィ・チェイス》、《ジョニー・アームストロング》、それとも《トロイの町》だったかしら。

釣師　いや、そのどれでもなかったね。娘さんが最初の部分を歌って、あなたがそれに応えて次を歌ったやつだったよ。

乳しぼりの女　ああ、それでわかったわ。最初のパートはそれこそ私の娘盛りのころに覚えたものよ、ちょうど私の娘の年頃にね。そして後の部分は、今の私にぴったりの歌で、ほんの二、三年まえに、世間の苦労が身にしみはじめたころに覚えたものですよ。その二つながらお聞かせしましょう。上手に歌えるよう頑張りますね、二人とも釣りの人たちが大好きですから。さあ、モードリン、旦那さま方のために初めのパートを歌っておくれ、陽気にね。お前がすんだら、私が二部を歌うからね。

ミルクメイドの歌

さあおいで　ぼくと一緒にくらそうよ　ぼくのいい人になってくれ
そうして　なんでもかでも　楽しみつくそう
谷や　茂みや　丘や　野原が
あるいは　森や　険しい山々が　ふたりにくれる楽しみを

おおきな岩に腰かけて　ながめていようよ　ふたりして
そう　あの羊飼い　僕らの羊に餌やる羊飼いを
そしてあの浅い流れの小滝にあわせて
マドリガルを歌うあの美声の小鳥たちを

さあ　おまえのために作ってやろう
バラのベッドと香りもたかい千の花束
花のかざしとスカートを
ミルテの木の葉で縁どりをして

そして　極上のウールのガウン
糸はふたりのかわいい子羊の毛をすいた
寒さにそなえてみごとな毛裏のスリッパー
そのバックルは純金製

藁のベルトにキヅタの若葉
サンゴの留め金　コハクの飾り
この楽しみに　おまえの心がうごくなら
さあ　おいで　ぼくと一緒に暮らそうよ　ぼくのいい人になってくれ

Milkmaid's Song（ミルクメイドの歌）

おまえの食事には銀の皿を
神々が使うくらいの尊い皿を
象牙のテーブルの上にならべさせ
日毎のふたりの食事にそなえさす

羊飼いの若者を　踊らせ　歌わせ
それは　おまえの五月の朝のいつもの楽しみ
この楽しみに　おまえの心がうごくなら
それなら　ぼくと暮らして　ぼくのいい人になってくれ

猟師　いや、師匠、これはまことに素晴らしい歌ですね。それに、純真なモードリンが、実に愛らしく歌ってくれた。これでよくわかりますよ。我らのよき女王エリザベスが[11]、五月はずっとミルクメイドでいたいと言ったことは、決して理由のないことではなかったのですね。あの娘たちには、恐れも心配ごともなく、一日中、甘い歌をうたって暮らし、夜はぐっすり眠りとおすわけですからね。そしてもちろん、この純真で、無邪気で、かわいいモードリンもきっとそうでしょうね。ここで彼女に、サー・トマス・オーヴァベリー[12]による「ミルクメイドの願い」を贈ることにしよう。《ねがわくば春に死に、死んでのちの白衣は花でうずまるよう》

11　エリザベス一世は、メアリー一世の御代にわが身の不遇をかこって、ミルクメイドになりたい、彼女らのほうがましだと言ったという。
12　Sir Thomas Overbury（一五八一～一六一三）、ジェイムズ一世の廷臣、作家。友人であった Robert Carr

と Frances Howard（Countess of Essex）との結婚に反対したために、陰謀によってロンドン塔に幽閉され、毒を盛られてそこで死去。

ミルクメイドの母の返歌

もし　人みなすべて恋人も　いつも若くてあるのなら
そして　羊飼いの舌の根に　真実ばかりがあるのなら
そんな楽しみごとに　私の心もつい動かされて
おまえとつれあい　おまえのいい人になりもしましょう

でも　時がうつれば　野から柵へと群れもうつって
川は怒って　岩は冷たく
ナイチンゲールは歌を忘れて
寄る年波のうらみごと

花は萎《しお》れて　はびこる野原も
冬だと言われて　いつかは枯れる
甘美な言葉も　もう心ににがく
恋の春さえ　もう悲しみの秋

おまえのガウンも　おまえの靴も　バラで作ったおまえのベッドも
おまえの帽子　おまえのスカート　そしておまえの花束さえも
やがては破れ　やがては萎れ　そしてやがては忘れられ
愚行の挙句《あげく》に　道理は朽ちて

藁のベルトにキヅタの若葉
サンゴの留め金　コハクの飾り
これらすべてをおまえがくれても　わたしの心は動かない
おまえとつれあい　おまえのいい人になりはしない

それならあのご馳走はどうかと言うのかい
人には過ぎたあのご馳走を？
そんなのどれも虚しいものよ　よい食べ物は
神さまが認めて　くださったものだけ

でも　いつまでも若さがつづき　愛が生きつづけるものならば
喜びに終わりがなく　老いて窮乏もないのなら
それなら　そんな喜びがわたしの心を動かして
おまえとつれあい　おまえのいい人となりもしましょう

母親　さあ、私の歌は終ったわ。でも、旦那さま方、もう少しこのままおいでください。モードリンにもうひとつ、短い歌をうたわせますから。モードリン、あの歌をうたっておくれ、昨夜、うたったあの歌を。若い羊飼いのコリドンが、おまえと従妹のベティのために、とても上手に麦笛を吹いて合わせてくれたあの歌をね。

モードリン　歌いますわ、お母さん。

ぼくは最近　妻をめとった
それが不運をひどくした
愛して結婚したのだよ
心のままに動いたのさ
財産目当てじゃなかったよ
それなのに　ああ　貧血症がやってきて
妻の顔を変えてしまった
その美しさも消え去った
でも違う
あの子たちにはそれはない
霜がおりても　雪が降っても　野に行って
男のだれもが知るように
ミルク桶を運ぶあの子たちには

釣師　いや、これは上手に歌われた。ありがとう。いつかまた、魚を持ってきて、また歌をお願いしようかな。

さあ、行こうか、弟子どの。モードリンにはもう構いなさんな。これ以上頼んで、喉を傷めてはいけない。ほら、向こうに宿の女将もやってきた。きっと夕食の知らせだろう。どうです、女将さん、同輩のピーターは来ましたか。

女将　ええ、見えましたよ、お友達もご一緒にね。あなたがここにいると知って喜んでいましたよ。早く会って、早く夕食にしたいそうです。とてもお腹がすいているんですって。

第5章　さらに鱒の釣り方と鱒の餌となる小魚（ミノー）を模した疑似餌およびフライ（毛鉤）の作り方、そしてお楽しみを少々

釣師　やあ、元気かい、ピーター、君とお友だちが今晩ここに泊まると聞いたんで、我々もご一緒しようとやって来たんだよ。私の友人は、ぜひとも釣師仲間になろうという人で、釣りをしたのは今日が初めてなんだ。さっき私がバッタを使って、チャブの叩き釣りを教えたばかりだ。そして、この人が釣ったチャブというのが、見事な一九インチ（約四八㎝）の大物だよ。ところでピーター、お連れはどなたかね。

ピーター　こちらは私の友人で、誠実な土地の人だよ。名前はコリドンといわれる。たいそう面白い方で、今日は一緒に楽しんで、鱒を食べようというわけで、ここで待ち合わせたところだ。ところが、出会って以来、まだ釣り糸を濡らしてもいないのだ。せめて明日の朝食には間に合わせようと思っているところだよ。明日は早く起きるつもりだからね。

釣師　それなら、そんなに待つことはないよ。ほら、ここに鱒が一匹ある。並みの腹なら六人分にはなるだろう。女将《おかみ》さん、早速こいつを料理していただけますかな。それに、この家のほかの料理もいただこう。それから、こ

ちらの例の極上のビールも一緒にね。我々の篤実な先輩たちが飲むのを習いとし、彼らの健康をまもり、彼らに長命をあたえ、多くの善行をなさしめたあの酒ですよ。

ピーター　これはなんと、まさしく完璧に食べごろの鱒ですね。ありがたい。さあ、グイっと一杯やってください。それに、釣りの仲間たち全員に乾杯といきましょう。そして、こちらの若いお仲間の明日の幸運を祈ってね。私がこの人に竿を用立て致しましょう。あなたの方で他の道具をお願いしますよ。そして、我々ふたりでこの人を釣師に仕立て上げましょうよ。

ところで、この方にはひとつ激励の言葉を添えておきたいですね。それはね、これほどの師匠に弟子入りできたなんて、まったく幸運なことですよ。この人は自然についても、魚の習性についても、だれよりも詳しい方で、そのうえ、魚の釣り方、その料理法、それも小バヤから鮭にいたるまで、それこそだれよりもよくご存知なんだ。

釣師　いいかい、ピーター、この弟子どのは実に私の気性によくあっている人でね、つまり、自由で、楽しくて、礼節をわきまえる陽気なお人だ。だから私は知っていることは何ひとつこの人には隠さないつもりだよ。さあ、いいかね弟子どのよ、これが私の決意というわけだ。そこで、君のために心からの乾杯といこう、そして、我々と、そしてまたこの釣りという本物のアートを愛するすべての人々にも乾杯だ。

猟師　ご安心ください、師匠、決して師匠が荒地に種を蒔くというはめにはならないでしょうから。私としても、師匠のご期待にそうよう努めるつもりです。そして、いつも従順で、感謝を忘れず、私に可能なかぎりを尽くします。

釣師　それで十分だよ、弟子どの。では夕食にしよう。さあ、これを見てくれ、コリドン。見事な鱒だろう。釣ったときには二二インチ（約五五cm）あったよ。腹のある部分はマリーゴールドのような黄色で、またあるところはユリのように白かった。それでも、このソースで料理された姿のほうがもっと見事だね。

コリドン　まったくそのとおりですね。見栄えもいいし、味もいい。あなたに感謝します。友人ピーターも同じでしょう、そうでなかったら怒りますよ。

ピーター　それはそのとおりですよ。みんなあなたに感謝です。夕食がすんだら、わが友コリドンにたのんで、あなたのためにお礼の歌をうたってもらいましょう。

コリドン　歌いましょうとも。でも、他にもだれか歌う人がいればの話ですが。そうでなければ、率直に言いますと、あまり気が進みませんね。私の歌は食べるためではなく、友だちと楽しむためですからね。つまり、《こぞって歌えば、一座は陽気》というわけです。

釣師　では、約束しよう、私もひとつ歌うよ。私の依頼でウィリアム・バス氏[1]が最近つくった歌だ。《走る狩人》や《気狂いトム》やなんか、有名な歌をたくさん作った人だが、私が歌うのは釣りを讃える歌だよ。

1　William Basse（一五八三頃～一六五三頃）、詩人、歌謡作家。

コリドン　そして、私が歌うのは、田園生活を讃えた歌。ほかの方はどんな歌になりますかな。

ピーター　私も約束しよう。私が歌うのも釣りを讃える歌になるけれど、歌うのは明日の夜だよ。それまではまだ別れないわけだからね。明日は釣りをして、夕食をともにして、そうしてその翌日は釣りを終わりにして、それぞれ仕事に戻ることになるわけだからね。

猟師　結構ですね。私のほうでは、それまでに歌と輪唱を用意しておきましょうか。それで一座に楽しさが加わればと思います。我々みな礼儀正しく振舞うとは言っても、乞食の宴会のように楽しくやりましょう。

釣師　よし、それで決まりですね。では、みなさん、食後の祈りをすませて、暖炉をかこみ、もう一杯飲んで喉をうるおし、この世の悲しい思いを歌い飛ばすとしましょう。

釣師　さて、みなさん、誰から始めますかな。くじ引きにして、恨みっこなしにしましょう。

ピーター　それがいい。やあ、いちばん短いのはコリドンのくじだ。

コリドン　では私から始めましょう。もめるのは嫌ですからね。

コリドンの歌

ああ　甘い心の満足よ
田舎住まいにはそれがあるのさ
ハイ・トロロリー・ロリー・リー
ハイ・トロロリー・ロリー・リー
あの静かなもの思いこそ
ぼくの心を占めるもの
さあ　心配ごとはすてたまえ
ぼくと一緒に歩いて行こう

ご宮中にはお世辞がいっぱい
いつの世だってそんなふう
ハイ・トロロリー・ロリー・リー（繰り返し）
都会のなかは理不尽だらけ
そしてどちらも高慢ちきだ
さあ心配ごとはすてたまえ
ぼくと一緒に歩いて行こう

でもね　正直者の田舎住まいは
心のなかの本心かたる
ハイ・トロロリー・ロリー・リー（繰り返し）
かれの誇りはその畑
そしてその馬　その荷馬車
さあ　心配ごとはすてたまえ
ぼくと一緒に歩いて行こう

ぼくらが着るのは羊の毛皮
妻には朽葉のラシャ織りを
ハイ・トロロリー・ロリー・リー（繰り返し）
見た目は悪いが　暖かい
それが長生きさせるのさ
さあ　心配ごとはすてたまえ
ぼくと一緒に歩いて行こう

鋤《すき》ひく者の仕事はつらいが
それでも祝祭日がやってくりゃ
ハイ・トロロリー・ロリー・リー（繰り返し）

こんなに陽気に日を過ごすのは
皇帝にだってありゃしない
さあ　心配ごとはすてたまえ
ぼくと一緒に歩いて行こう

畑仕事のぼくらに報いて
天があたえるにわか雨
ハイ・トロロリー・ロリー・リー（繰り返し）
そしてぼくらの楽しいお昼に
地がつくるのは涼しい木陰
さあ　心配ごとはすてたまえ
ぼくと一緒に歩いて行こう

カッコウもナイチンゲールも
みんなそれこそ陽気に歌い
ハイ・トロロリー・ロリー・リー（繰り返し）
そして　楽しく歌をめぐらせ
歓び迎える　春が来たぞと
さあ　心配ごとはすてたまえ
ぼくと一緒に歩いて行こう

田舎住まいの楽しみは
こんなものなど半ばに満たぬ
ハイ・トロロリー・ロリー・リー（繰り返し）
そんなくらいはここにもあると
そう言う者は真っ赤な嘘つき
さあ　そっちの道はきっぱりすてて
田舎に住もう　ぼくと一緒に

ジョン・チョークヒル[2]

2　John Chalkhill（一五九五頃～一六四二）。一六一〇年、ケンブリッジ・トリニティカレッジ。その妹マーサはウォールトンの二度目の妻アン・ケンの継母にあたる。ウォールトンとアンはチョークヒルの死の五年後に結婚した（一六四七年四月二三日）。ウォールトンは一六八三年、チョークヒルの田園詩、《Thealma and Clearchus》を出版している。

釣師　これはコリドン、見事だった。実に溌剌《はつらつ》とした歌いぶりだったよ。それにこの場にぴったりの歌だった。この歌のお蔭で、生涯、君を忘れることはないよ。ほんとうに、君が釣り仲間だったらいいのにね。快活な仲間であって、罵らず、野卑な言葉をはかない、そんな人には黄金の値打ちがありますからね。浮かれて騒ぐとはいっても、翌朝、顔を合わせて、恥ずかしい思いをしないようなのがいいね。酒で調子づいて、余裕もないのに使った金を後になって悔やませることのないような楽しみ。そこで、これをルールにするのがいいね。つまり、多くの金を使うよりも、少しの金で愉快になるような時と仲間を選ぶべし、ということだね。いわく《宴をなすのは費用にあらず、お客なり》というわけだ。そういう仲間であることを君は証明してくれた。君に感謝しますよ。

でも、君に誉め言葉をいうのは、なにも君に歌の借りがあるからではないよ。だから、これから私が歌うことにしよう。みなさんの気に入るよう願ってね。

釣り人の歌

内なる愛が言葉を外へ生みだすように
猟犬を讃える者があり　鷹を讃える者があり
屋内にスポーツを求める者がある
テニスがあるし　婦人を口説く楽しみもある
だけどそんな楽しみ　ぼくは望まない
羨みもしない　ただ思いのままに釣りするだけさ

狩りする者にはしばしば馬の危険があり
鷹狩りにはしばしば遠くに迷う危険がある
競技にはしばしば敗者の危険があり
恋する者は甘いキューピッドの罠に落ち
　自由にならない危険がある
　ぼくの釣りにはそんな心配まったくない

数ある遊びのどれひとつ

釣りほど自由なものはない
どんな遊びもなにほどか
心と体をしばるもの
　釣りに要るのはただ片手だけ
　だから釣りをしながら、学びもできる

海で釣るのは好きじゃない
川こそぼくの心にかなう
やさしい　静かな流れを見つめつつ
生きる手本を流れに求める
　世間の常軌に外れることはなく
　かつての罪には涙する

さて　待ちかねた臆病ものの鱒がきて
小さな餌に食いつくとき
なんとも哀れなものごとに
欲深い心の捕らわれることに思いは至る
　しかしどうにも魚の食いつかぬとき
　虚しい誘いに乗らない賢さを思う

釣りのあいだは食わずにいても
運よく釣れれば　それがご馳走
そこにはぼくの友を呼ぶ
そこには釣りより大きな喜びがある
　釣鉤にくる魚より
　食事に招く友をよろこぶ

獲物はなくとも心は満足
とれた獲物を使うにおなじ
われらの主がそう喜ばれたのも
魚《うお》とる漁夫を人とる漁夫とされたとき
　ほかのゲームにできないことだ
釣りをして　しかも主を讃えることは

われらの愛する救い主が
この世で最初に選ばれたしもべは
あの祝福された漁夫であり　かれらが釣った魚は
主がこの世で最後に口にされた食べ物だった
　それならぼくも彼らのあとに続こう
主に従うよう選ばれた彼らに

コリドン　これは見事に歌われた。立派な通貨で借りを返されたというわけだ。我々釣師としては、この歌を作ったお方に感謝ですね。さて、女将さん、もっとエールをついでもらおうか。そして、歌の作者に乾杯だ。
それでは、みんなベッドに行きましょう、早起きできるようにね。でも、その前に勘定を済ませておこう。夜明け前に出かけようというのに、それで時間をとられるのは困りますからね。
ピーター　それがいい。コリドン、君とぼくとは同じベッドだ。そして、君は君の弟子と一緒ということになる。ところで、明日はどこで落ち合うことにしようか。コリドンとぼくとは、川をウェアのほうにのぼって行くことにしているんだが。
釣師　私の弟子と私は、ウォルサムのほうへ下って行くつもりだよ。
コリドン　それならここで落ち合うことにしよう。ここにはラベンダーの香りのするきれいなシーツがあるし、他ではとても期待できない食べ物といい待遇があるからね。
ピーター　わかった。では、みなさん、おやすみ。
釣師　おやすみ。
猟師　おやすみ。

釣師　おはよう、おかみさん、ピーターはまだベッドのなかのようだね。弟子と私に朝の飲み物と朝食を少しいただけますかな。それから、夕食にはうまい物を一つ、二つお願いしますよ。鷹のように腹をすかせて戻りますからね。さあ、弟子どの、でかけよう。
猟師　さて、師匠、川に向かって歩いて行くあいだ、お約束の鱒の釣り方についてお話しいただけませんか。
釣師　もちろんだとも。この時間をそれに当てるつもりだよ。

鱒を釣るには、ふつう、ミミズ・イモムシの類、小魚（ミノー）、もしくは羽虫、これには天然のものと人工の羽虫がある。これら三種について、その説明と釣り方について少々話してみよう。

まず、ミミズ・イモムシの類について。これらには実に多くの種類がある。たとえば、土のなかだけに繁殖するもの、これがミミズだ。また、植物からでてくるもの、あるいは、植物のなかに繁殖するものがある。イモムシなどがそうだね。あるいはまた、糞のなかから生まれでてくるものがあるかと思うと、羊や鹿の角の中など、生き物の体のなかに繁殖するものがある。ウジムシなどのように腐肉にわくものもある。

さて、これらほとんどのものは、それぞれある特定の魚に特別の効力をもつ。鱒に対しては、フトミミズとシマミミズがおもな餌だ。前者はことに大物によく、後者は小型の鱒によい。フトミミズにはリスの尾といわれるものがあって、これは頭部が赤く、背に筋が走っていて、尾が太いミミズだが、鱒にはこれが最高だといわれている。いちばん丈夫だし、よく動きまわり、しかも水中でもっとも長持ちするからだ。知っておいていただきたいが、死んだミミズは死んだ餌にすぎない。そんなものでは、ぴんぴんした、よく動きまわるミミズにくらべると、たいしたものは釣れない。さて、シマミミズのほうは、古くなった糞塚や、その近くのひどく腐ったようなところに見つかるのがふつうだ。しかし、もっとも多く見つかるのは、牛糞やブタの糞のなかであって、馬糞のなかには少ない。それは、シマミミズには馬糞は少々温度が高くなりすぎるとともに、乾燥しすぎているからだ。だが、その最上のものとなると、なめし皮屋が皮をなめした後で廃棄した、山積みの木の皮のなかに見つかるのだ。

その他にも実にさまざまの虫があって、その色も形も、それらが見つかる土地ほどにも異なっている。たとえば、沼ミミズ、タグテイル、ウマバエの幼虫、タデ虫、ナラの虫、なかでも鮭の餌にもっともよいとされるフトミミズなどがあるが、とてもすべての名を挙げることはできない。なかには、草や藪からも、あるいは、空の鳥からも虫がわいてでると考える人もあるほど、多くの種類があるのだ。しかし、これらについては、これ以上は言わないことにしよう。ただ、どんな虫で釣るにしろ、使用まえにしばらく飼って、泥をよく吐かせておくのがよい。そこまでの準備ができない場合、手早くそれをやるには、一晩、水につけたのち、たとえばフトミミズなら、ウイキョウ（フェンネル）と一緒に餌袋のなかに入れておく。しかし、シマミミズの場合、水のなかに一時間以上つけてはならない。そしてすぐにウイキョウのなかに入れて、急場の用にまにあわせる。しかし、十分に時間もあって、それを長く飼っておこうというときには、素焼きの壺《つぼ》に苔を十分に入れて、そのなかで飼う。苔は夏場で三、四日おきに、冬場で一週間か八日ごとに、新鮮な苔と取り換えてやる。取り換えないまでも、少なくとも苔をとりだして、きれいに水洗いして、手でよくしぼって水を取り去って、もとに戻してやる。そして、ミミズが、ことにシマミミズが弱ってきて痩《や》せてくるような場合、これを回復させるには、ミルクかクリームを少量、一日にスプーン一杯程度を苔のうえに垂らしてやるとよい。また、そのクリームに卵一個をよくかき混ぜて加え、それをボイルして与えると、それがミミズを太らせ、長持ちさせてもくれる。注意することは、シマミミズの真中近くの鉢巻がふくらんでくるようだと、これは病気の徴だから、よく気をつけていないと、死んでしまう。そして、苔については、さまざまな種類をあげることができるが、鹿の角に似た苔、ヒカゲノカズラがいちばんよい。ヒースの原野に生えているが、なかなか見つからない苔だ。ただし、やわらかく、白いのは除く。そして、乾燥がはげしく、どうにもミミズが手に入らないという難局にあたっては、クルミの木の葉を水の中で手もみにするか、あるいは、水に塩をくわえて、水に苦みか塩気をあたえる。それを、夜になるとミミズがよく出てくる場所にまいておくと、やがてミミズは地面に姿をあらわす。さらに言い添えておくと、ある人によると、苔とミミズに加えて、袋のなかに樟脳《しょうのう》を入れておくと、これが強力な、実に誘惑的な匂いをだすことになり、そのために魚は不利に、釣師はそれだけ有利になるというわけだ。

さてつぎに、ミミズをどのように釣鉤に通すか、つまり、中通し錘《おもり》の仕掛けで鱒を釣るとき、できるだけ面倒をさけるとともに、あまり釣鉤をなくさないようにするには、どう通せばよいか、それについて話してみよう。すなわち、手釣り（脈釣り）で川底の鱒を釣る場合だが、これについて、できるだけわかりやすく、取り違えのないように、手ほどきすることにしよう。

大きなフトミミズの場合、真中よりすこし上で釣鉤をさし、そして真中よりすこし下で釣鉤を外に出す。そうしたら、ミミズをずりあげて、釣鉤の鉤元《ちもと》の上に出す。ただしこの場合、鉤先がはじめに進入するのはミミズの頭部の側からではなく、尾の側からである。したがって、刺した鉤の先は頭の方向に出てくることになる。こうして、鉤元の上にミミズをずりあげたら、今度は鉤先をミミズの頭頂から刺して、最初に鉤先を外に出したあたりまで通してくる。そうしたら次に、軸の上に、つまり鉤元の上にずりあげておいた部分を下に引きさげて、その状態で釣る。そして、ミミズ二匹を刺して釣ろうというときは、一匹目のミミズを鉤元から引きさげるまえに、二匹目を刺す。二、三匹ほど使って練習してみれば、私の言うやり方がよくわかると思う。これを習得すれば、それが非常に役に立つことがわかり、私に感謝したくなるはずだ。このやり方なら、川底で仕掛けを操作しても、根掛かりすることがないからね。

さて次は小バヤ（ミノー）だが、これが容易に見つかり、捕まえられるようになるのは、三月か四月になってからだ。その頃になって初めて、ミノーは川に姿をみせる。冬のあいだは、自然はこの小魚に、川に近い溝にもぐりこみ、姿を隠すように教えているからだ。そこでなら、ミノーは、川と違ってすぐには腐らない水草や泥のなかに姿を隠すとともに、自らを暖かくしておくことができるのだ。ところが冬のあいだに流れる川のなかにいたとすると、この季節によく起こる激しい増水に容赦なく攻めたてられて、水車場や堰の止まりまで一気に押し流されるはめになる。さて、これらのミノーについては、まず知るべきは、いちばん大きいのが、いちばんよい餌とは限らないということがある。第二に、中型の大きさで、できるだけ体色の白いミノーがもっともよい。そして次に、そのミノーの餌は、流れに対して逆引きしたとき、くるくる回転するように釣鉤に装着しなければならないということがある。それも、すばやく回転させるためには大きな釣鉤に着けなければならないが、その方法はこんな具合になる。ミノーの口のなかに釣鉤をいれ、エラから外に出す。そして、エラから二、三インチ（五

〜七㎝）釣鉤を引きだして、再びその釣鉤を口のなかに入れ、鉤先とカエシを尾のところから外に出す。そして、釣鉤と尾のまわりを白い糸できれいに巻きとめる。こうすれば、ミノーは水中ですばやくまわってくれるようになる。そうしておいて、釣り糸を引いて二度目に釣鉤を魚の口に通したときの釣り糸の弛みをとっておく。糸の弛みを引き締めておけと言ったのは、そうやってミノーの頭を固定するとともに、ミノーの胴体をできるだけ釣鉤にまっすぐに沿わせようというためだ。そうすれば、やってみればわかることだが、流れを横断して、あるいは、流れに逆らって、そのミノーを引いてみると、よく回転することがわかるだろう。そしてもし、すばやく回転しないようであれば、その尾の部分をすこし右に、もしくは、左に曲げてみるとよい。そうやって、すばやく回転するまで試してみることが大切だ。なぜなら、回転しないようでは、一匹だって釣れないかもしれないからだ。それに、回転が速すぎるということはあり得ないのだから。さらに知っておいて欲しいことがある。それは、ミノーに事欠く場合、小ぶりのドジョウかトゲウオ、あるいは何であれ、小型の魚ですばやく回転するものなら、それでよい。さらに、こういうことがある。小魚に塩をしておくのだ。その方法によれば、三日か四日、あるいはそれ以上のあいだ、餌を使える状態にしておくことができる。そのための塩としては、粗塩がいちばんだ。

そして、ここで言っておきたいことがある。年季の入った釣師ならその多くがよく知っていることだが、時によって、また、川によって、ミノーが一匹もとれないことがある。そこで、言っておきたいのだが、そんな場合のために、私は（あとでご覧にいれるが）人造のミノーを持っている。それを使えば、人造の羽虫（フライ）と同じように魚が釣れる。それは見事な腕前を持つある麗人によって、本物のミノーをかたわらに置いて、こんな具合に作られたものだ∴

ミノーの胴体は布でできており、その上を針で次のように刺繍してある∴ミノーの背には非常に暗い色合いのフレンチ・グリーンの絹糸を刺し、腹におりるにしたがって、緑を薄くしていって、できるだけ本物のミノーに見るような陰影を表現する。腹部にもまた針で刺繍をするが、一部は白い絹糸で、そしてまた別の部分は銀色の糸を刺す。その尾とヒレは鳥の風切り羽根の軸を薄くそいで作ってある。目には黒い、小さなビーズを二個、頭も本物に似せて陰影をつけ、各部がすべて実に精密に刺繍してあり、かつ精確に実物を模している。それには、いかに鋭敏な目をもつ急流の鱒といえども、欺かれてしまう。さあ、見てごらんこのミノー、よかったらこれをお貸しするから、これにならって、二、三個作ってみられるがよい。問題なく釣りに携行できて、しかも見事な働きをしてくれる。言い添えると、大型の鱒がはげしくミノーに襲いかかるさまは、まるで、勇み立つ鷹がウズラにつかみかかり、あるいは、グレーハウンドが野ウサギに襲いかかるような具合だ。一六〇匹ものミノーが鱒の腹からでてきたという話を聞いたことがあるが、はたして鱒が本当にそれだけ多くのミノーをむさぼり食ったのか、それとも、その鱒を私の友人にくれた水車小屋の男が、捕まえた鱒の口の中に無理やりに押し込みでもしたのだろうか。

さて今度は羽虫（フライ）、鱒釣りによく使う三番目の餌についてだ。羽虫には木の実とおなじで、非常に多くの種類があるから、ここではそのいくつかを挙げるにとどめよう。まず、ダン・フライ、ストーン・フライ、レッドフライ、ムアフライ、トーニーフライ、シェルフライ、クラウディもしくはブラキッシュフライ、フラッグフライ、ヴァインフライ、またその他にも、毛虫や青虫などからの羽虫、それにベアフライなどもあり、名前を挙げるにも、それを覚えてもらうにも多すぎるほどで、また、それらの繁殖の仕方ときたら、実に多岐にわたり、驚くばかりで、話す私がすぐに呆然としてしまうばかりか、聞く側のあなたをもうんざりさせてしまいそうだ。

しかし、お約束いただいた忍耐にあまえて、キャタピラー（イモ虫）もしくはパーマーフライ（毛虫）、つまりは幼虫たちについて少し話してみましょう。それはこんな話の中で、たとえ通り一遍ではあっても、これら数多くの羽虫やイモ虫や微小な生き物たち、太陽と夏が、河畔や草地を美しく飾りたてているこうした小さな生き物たちについて話すことは、いかに大変な仕事であるかをお分かりいただけるかもしれない。それもこれも我々釣師のレクリエーションと思索するという楽しみに寄与しているものたちだ。思うに、釣師ではない者には分からないこうした楽しみを、だれよりも楽しんでいるのは私自身だろうね。

プリニウスの見解では、これらの多くは、春になって木の葉におちる露から生まれるということだ。また、ある種のものは草や花にのこる露から生まれ、あるいはまた、アブラナやキャベツにのこる露から生まれるという。そうした類の露が濃くなり、凝縮されてくると、太陽の生成熱によってそのほとんどは孵化《ふか》し、三日のうちに生き物になるという。それらには、形と色にいくつかのちがいがある。あるものは固くて丈夫だが、あるものは滑らかで、柔らかい。あるものは頭に角をもち、またあるものは尾に角があり、まったくないものもある。また、毛のあるもの、ないもの、あるものには一六本の脚があり、あるいは、それより少ないもの、また脚のないものなどがある。しかし（わが国のトプセル[3]がその The History of Serpents のなかで実に詳細に観察したように）、脚をもたないものたちは、地の上、あるいは、大きな葉の上を移動するに際して、海の波の動きに似た動きをして移動している。

3 Edward Topsell（?～一六二五）The History of Serpents（1608, London）。

また、彼の観察するところでは、あるものは別の毛虫の卵から生まれるということだ。そして時がくると、それらは蝶に変じる。そして今度は、それらの卵が翌年には毛虫になると言っている。そして、あるものの主張するところでは、植物にはそれぞれにつく特有の羽虫もしくは毛虫があって、その植物がその虫を生み、育てるということだ。私もこの目で見たことであり、したがって、確言できることだが、小さなエンドウの莢《さや》ほどの大きさの青虫で、一四本の脚を持つのがいた。腹に八本、首の下に四本、尾の近くに二本だ。イボタノキの垣根にいたのだが、それをとってきて、大きな箱の中に入れ、そこにイボタノキの小さな枝を一、二本入れてやると、その青虫はまるで犬が骨をかじるように、激しくそれをむさぼり食った。そうやって元気に五、六日生きていて、二、三度は体色を変えるところまでいったが、面倒を見させていた者の何かの不手際で死んでしまい、羽虫になることはなかった。しかし、もし生きていれば、この虫が人の言う捕食虫になっていたことは疑いないだろう。捕食虫とは、夏の日に川沿いを歩いていて目にする光景だが、餌にしようというのだろうが、小さな虫に取りついているあの虫のことだ（訳者：トンボのことか）。よく目にすることだが、非常に大きな捕食虫がいる一方で、思うに、食われるためだけに造られたような非常に小さな虫がいる。何から生まれてくるのか私にはわからないが、その命は、自然によって一時間を超えないように意図されているということだ。しかし、その短い命さえ、他の虫によってか、あるいは事故によってか、このようにさらに短くされてしまうのだ。

自然の創造物に関する熱心な研究者たちが、これらの毛虫や羽虫について観察したところについて語りだしては、話に終わりが来ないところだが、それでも、アルドロヴァンドゥス[4]、それにわが国のトプセル、およびその他の者たちがパーマーフライあるいは毛虫について言っていることを話しておこう。ある虫たちが特定の草や葉で満足しているのに（大方の考えでは、その虫たちに生命と形をあたえる葉自体が、また彼らに特有の食物と滋養をあたえ、そして虫たちはふつうその葉を住処にもしているのだという）、そうではない虫がいる。彼が見るところでは、この虫は放浪虫あるいはパーマーワーム（巡礼虫）と言われるが、そのわけは、よく動きまわる習性と、一定しない食べ物、つまり、他の虫たちと違って、ひとつの場所を決まった住処とはせず、食べ物も一種類の草あるいは花と決まってはいず、大胆にかつ無秩序にあちらこちらと動きまわり、ひとつの食べ物やひとつの居場所に辛抱できないところから来ている。

4　Ulysses Aldrovandus（Ulisse Aldrovandi 一五二二〜一六〇五）、イタリア、ボローニャの医師、博物学者。

とは言っても、この毛虫の色そのものが、ある人も言うように、とても優雅で、美しいのだ。そこで、他を知るためにも、ひとつを取り上げて説明してみよう。その虫については、いずれ来月になれば、ヤナギの葉を餌にしているところをお目にかけるつもりだが、それを実見すれば、私の説明に寸分たがわないことが分かることだろう：

《その唇と口はいくらか黄味を帯びていて、両目は炭のように真っ黒、その額《ひたい》は紫色、その足と体の後部は緑、その尾はふたつに分かれていて黒色で、体全体には赤っぽい斑点が首から肩にそって見られ、それはセント・アンドゥルーズ・クロスもしくはX文字に似た形をして交差している。そして、背中には尾にいたるまで白い線が走っている。そして、それらすべてがこの虫の全身を非常に美しいものにしている》

私が観るところでは、時がくるとこの虫はものを食べなくなり、冬近くになるとオーレリア[原注]（蛹の外皮）という奇妙な殻というか外皮のようなものに被われ、そういう状態で冬中なにも食べずに、一種の死んだような生活をおくる。そして、他の数種が翌年の春になると色々な羽虫や害虫になるように、この毛虫はその時がくると色彩あざやかな蝶に変じる。

原注　サー・フランシス・ベーコンの A Natural History（1651）の実験728と90を参照。

さて、弟子どの、もうそこに川が見えてきた。我々の朝の歩きもここで終わりだ。そこで私の話もここで終わることになる。ただ、ここのスイカズラの生垣の下に腰をおろして、ピーターが君に貸してくれた竿に釣り糸を取りつけているあいだ、私が言ってきたことを少々確認しておくために、デュ・バルタスの言葉を繰り返しておこうか：

神は生き物それぞれに繁殖の力を与え
満たすだけではよしとされず
その英知の力をもって　多くの生き物を
ヴィーナスの行いなしに命なき物より造られた
そうして冷たい水気がサラマンダーを生み
百の歳をもつこの水の子は

自らを産んだ水にひとしく
燃えさかる炎とはいえ　ただひと触れで消す

5　伝説のトカゲ、サラマンダーはきわめて体が冷たく、よく火に耐え、消してさえしまうと言われた。

そうして火炎の炉のなかに
燃える翼をもつ羽虫ピロースタ[6]が生まれる
火がなければそれは死に　火のなかで喜び
ものみな滅びる火のなかにそれは生きる

6　火の中で生きると言われた伝説上の昆虫。

そうしてゆるやかな牛飼い座は　はるか眼下の氷の島に
木々から孵《かえ》るガチョウの子を見る
その多産の木の葉が水に落ちると
すぐに転じて生きた鳥になるという

そうして廃船の腐った板切れは転じて
エボシガイとなる　ああ　変貌の不思議よ
初めは緑の木であったものが　壊れた船体となり
先ごろまではキノコであったものが　今はカモメとなって空を飛ぶ

猟師　いや、まったく師匠、今朝のウォーキングは実に楽しく、また驚きでした。ところで、いつ毛鉤の作り方を教えていただけますか、鱒がいちばん好きな毛鉤を。それにその使い方についても。

釣師　弟子どのよ、時間はいま五時を過ぎたところだ。九時まで釣りをして、それから朝食にしよう。あそこに見えるオオカエデ[7]のところに行って、根元の洞《うろ》に飲み物のビンを隠してきてくれないか。その時間になったら、そこで豪勢な朝食としよう。塩引きの牛肉とラディッシュを少々、私の釣りバッグのなかに入れてある。それこそ、すかせた腹にこの上なくうまい、最高の朝食を保証するよ。その時に、毛鉤の作り方と使い方を教えることにしよう。それまでは、ここに君の竿と釣り糸があるから、それを手にとって、まずは私のやり方を見て、その通りにやってみることだ。さあ、誰がまっさきに魚を釣るかだね。

7　Sycamore-tree, Sycamore-maple セイヨウカジカエデ。

猟師　ありがとうございます。師匠のやり方をよく見て、できるだけ教えの通りにやってみます。

釣師　ほら、見てごらん。いい魚をかけたよ。これは鱒だね。そこの網を魚のしたに差し入れてくれないか。釣り糸には触れないように、触れるとすべて失くしてしまうからね。やあ、うまくやってくれた。ありがとう。さあ、つぎを狙おう。ほら、また食いついた。弟子どの、すまないが、竿を置いて、またさっきのようにランディングを手伝ってくれないか。さあこれで、夕食にうまい魚がでてくるのは間違いなしだね。

猟師　それは嬉しいことですが、こっちは全く運なしですよ。きっと、師匠の竿はいい竿で、仕掛けもいいものなんでしょうね。

釣師　そんなことはない。じゃあ、私の道具を使ってみなさい。私は君のを使うから。ほら、ごらん。また来たよ。さあ、さっきと同じように手伝ってくれ。そら、また食いついた。ああ、なんだ。切れてしまった。糸が半分といい釣鉤までも。

猟師　そればかりか、いい型の鱒も一匹。

釣師　いや、鱒を失くしてはいないよ。誰にしても、手にしていないものを失くすことなどあり得ないわけだからね。

猟師　師匠、私には最初の釣具でも、二度目のでも釣れませんよ、全くの運なしですね。

釣師　ほら、見てくれ。また来たよ。これでもう三対（六尾）になった。朝食に向かう間に、ひとつ短い話をしよう。ある学生がね、これは説教師というべきだろうが、ある教区の説教師になるべくその認可を得るための説教をやることになっていた。そこでこの男は仲間の学生から説教文をひとつ借りてきた。その作者たる同僚が最初に説教したときには、最大の讃辞をもって迎えられたやつだ。ところが、その借り手は一字一句そのままに、最初の説教師がやった通りに読んでみたのだが、こちらの方は集会で読んだそのままますべてが完全に嫌われてしまった。そこで、説教文の借手は貸手に苦情をもちこんだところ、こんなふうな答えがかえってきた：確かにバイオリンを貸すには貸したが、その弓を貸しはしなかった。いいかね、私の言葉で誰もが音楽を奏でることができるわけではないのだよ。その言葉は私の口にあわせて書かれているからね。そういうことなんだ、弟子どのよ。説教中の不適切な発音や言葉のおかしなアクセントが、それを駄目にしてしまうわけだ。同じように釣り糸の扱いが悪かったり、釣る場所が一尺ずれたりするだけで、骨折り損になるわけだよ。いいかね、君は私のバイオリン、つまり君の目の前で私が魚を釣りあげた竿と仕掛けを手に持ってはいるのだが、私の弓を持ってはいない。つまるところ、まだ手と糸を適切に動かす術を知っていないし、それを目標地点に導く術も知らないのだ。そして、忘れてはいないだろうが、前に言ったように釣りはアートなのだから、稽古やたゆみない観察、あるいは、その両方によってこれを習得しなければならないものだ。しかし、次のことは幼虫の類で鱒を釣るときの原則として記憶しておいてほしい。鉛についてだが、釣りをする川の流れに相応の鉛の量にすることだ。すなわち、大きな荒い流れでは、静かで小さな流れの場合よりも、鉛を多めにつけて、ちょうど餌ができるだけ川底近くまで沈み、しかも常に動いている状態を維持できる量の鉛にする。多すぎてはいけない。

さて、お祈りをして朝食にしようか。どうかね、弟子どのよ、老いた釣師の配慮は。この肉の味はどうだい。食事にいい場所だろう、ここは。このオオカエデが太陽の暑さをさえぎってくれるからね。

猟師　なにもかも結構ですね。私の胃袋もこれまた結構至極ですよ。それにつけても、かの敬虔なレシウス[8]の言葉が真実であることを思い出しますね。曰く《貧しいもの、しばしば断食をおこなうものこそ、裕福な者や大食いの者にくらべて、食べることにより多くの楽しみを見いだすものだ。金持ちや大食いは胃袋が空っぽになる前に、また食べ始めるし、もっとくれと言う。そういうやり方では、空腹が貧しい者にもたらす楽しみを自ら奪い去ってしまう》。だから私としては、あなたのあの言葉を心からそうだと思いますよ。《酔っぱらった領主であるよりも、礼儀を知り、節度があり、地に足がついていて、温和な貧しい釣り人であることを選ぶ》というあなたの言葉をね。でもまあ、そんな領主のいないことを望みますがね。ただ、私として確かなことは、これまで何度も非常に金のかかった食事に列席したことがありますが、この食事の半分の満足さえ得たことはありません。それには神とあなたに感謝します。

8　Leonard Lessius（一五五四～一六二三）、フランドルのイエズス会の神学者。

それでは、師匠、お約束のあの毛鉤の作り方とその使い方に話を進めていただけますか。

釣師　もちろん、そうしよう。それは、約束によって君に支払わなければならない負債だからね。そのことで君が必要以上に恩に着なくてもよいように、熟練の釣師が最近私に教えてくれたやり方を存分に話すことにしよう。その人は誠実で、じつに素晴らしいフライ・フィッシャーだ。[9]

9　Flie-fisher, Flyfisher　この時点ですでにフライ・フィッシャーという語が使われている。

まず、人造の羽虫（フライ）には、水面で釣るものに一二の種類があることを知ってもらいたい。さらに、これらを使うに、もっともふさわしい時とは、風がひゅうひゅう鳴って、水面が荒れていて、本物の羽虫が見られず、いたとしても水面に留まっていられない風の日がよい。最初の毛鉤は三月のダン・フライだ。[10]その胴（ボデ

Thomas Stothard R.A. Augustus Fox sc.

The Sycamore Tree（オオカエデの下で）

イ）はダン・ウール（茶色がかったグレーのウール）で、ウイングにはヤマウズラの羽根をつかう。二番目はもうひとつダン・フライ。胴は黒いウール、ウイングは黒い雄ガモの羽根で、尾の下の羽根から作る。三番目は四月のストーン・フライ（カワゲラ）。胴は黒いウールで作り、ウイングと尾の下を黄色にする。そうして、ウイングは雄ガモの羽根で作る。四番目はラディ・フライ（赤っぽい毛鉤）で、五月の初めがその好季だ。胴は黒い絹糸に赤いウールを巻き付けて作り、ウイングは雄ガモの翼の羽根で作るが、去勢雄鶏の羽根でもよい。雄鶏の尾の手前で両側に垂れさがっているあの羽根だ。五番目は黄色もしくは緑がかった毛鉤で、これも五月に使う。胴は黄色いウール、そしてウイングには赤い雄鶏のハックル（蓑毛）か尾羽根を使う。六番目はブラック・フライ、これも五月のフライだ。胴は黒いウールで作り、その上にクジャクの尾の細い羽枝を環状に巻く。ウイングには頭に青い羽根をもつ茶色の去勢鶏の翼の羽根をつかう。七番目はくすんだ黄色の毛鉤で、六月に使う。胴は黒いウールで、その両側に黄色いウールで縁《ふち》取りをする。ウイングはノスリの羽根から取り、それを、麻をよく打ちほぐして繊維にしたもので巻きとめる。八番目はムアリッシュ・フライ（沼地の羽虫）で、やや黒っぽいウールで胴をつくり、ウイングは雄ガモの黒っぽい胸羽根でつくる。九番目は黄褐色のトーニー・フライ。これは六月半ばまでよい毛鉤だ。胴は黄褐色のウールで、ウイングは野生の雄ガモの白っぽい胸羽根を、たがいに外側にそり返るように取り付けて作る。一〇番目は七月の蜂の毛鉤（ワスプ・フライ）だ。胴には黒いウールを巻き、その上に黄色の絹糸を巻いて環状の節をつくる。ウイングには雄ガモかノスリの羽根を使う。十一番目は七月半ばによいシェルフライ（トビケラ）の毛鉤。胴は緑がかったウールの上にクジャクの尾の羽枝を巻いて節をつくる。ウイングはノスリの翼の羽根でつくる。十二番目は八月によい、黒っぽいドレーク・フライ（カゲロウの毛鉤）で、胴は黒いウール、その上に黒い絹糸を巻く。ウイングは黒い雄ガモの胸羽根でつくり、毛鉤の頭は黒くする。さあこれで、川に棲むすべての鱒をあざむき、判決をくだす十二の毛鉤の陪審員が出そろったことになる。

10 Dun：毛鉤によくでてくる色。薄いグレーから灰褐色まで、濃淡はいろいろある。カゲロウの亜成虫をダンという。その翅の色からきているると思われる。三月といっても、旧暦（ユリアヌス暦）のことで、新暦（グレゴリウス暦）にくらべると一〇日から一一日早い日付になる。

つぎに、フライ・フィッシング（毛鉤釣り）について、もう少し話してみよう。釣りに多大の時間を過ごしてこられたトマス・バーカー氏[11]が言っておられるようなことだが、私はこれに少し変化を加えてやってみようと思う。

11 Thomas Barker：The Art of Angling（一六五一）。ウォールトンはかなり頻繁にこの著によっている。

はじめに、竿は軽く、非常に柔らかなものがよい。いちばんよいのは二本継ぎだと思う。そして釣糸は、ことに釣鉤からすぐの三、四節については、多くても馬素（馬の尾の毛）三、四本を超えない程度にしておく。ただ、それから上の方では、もう少し強くしてもよいだろう。しかし、鉤素を馬素一本にして釣りができるようになれば、魚が毛鉤に出てくる（ライズ）回数はもっと増えるだろうし、もっと多く魚が釣れるようになる。それから、道糸を長くし過ぎると扱いに困るから、これをやらない。たいていの人がこれをやってしまうのだ。そして、釣りを始めるに際しては、風を背に受けて毛鉤を投げること。[12]そして、陽が射している場合は、太陽にむかって釣り下りながら、竿先は下流方向にむける。このようにすれば、自分自身と竿の影が魚を驚かすことを最少にすることができる。というのも、ちょっとした影にも魚は驚くし、それで釣りが台無しになってしまうのだ。この点には十分に注意しなければならない。

12 この頃の毛鉤釣りでは、まず風を背に受けることが基本になる。なぜなら軽い馬素ラインでは向かい風のなかでは投げられないからだ。それ次第で川下に向かって釣るか、川上に向かって釣るかが決まってくる。馬素ラインを使う日本のテンカラ釣りの場合も風に向かってはひどく投げにくかった。

三月の中頃になると（それまでは、まともな人なら鱒を釣るべきではない）、あるいは四月になって、薄暗い日よりだったり、少々風があったり、曇っていたりする日などには、前に話した毛虫状の毛鉤、パーマー・ワームがよい。しかし、これには様々な種類がある。というより、様々な色の違いがある。これらのフライと、メイフライ（カゲロウ）とがあらゆる毛鉤釣りの基本をなすもので、その作り方はこんな具合だ。

まず初めに、釣鉤の内側に沿って馬素ラインを添え、[13]その上から絹糸でラインをしっかり巻きとめる。それから、ハサミを用意して、ウイングとして自分がよいと思う大きさに、またそれと同時に、釣鉤の大小も考慮して、ブラウン・マラード（雄ガモの胸羽根）を切りとる。そうして、切りとった羽根の外側を釣鉤の上におき、羽根の先端はシャンク（鉤の軸）に向けて置く。そうしたら、馬素ラインを巻きとめた同じ絹糸で、三、四回巻きとめる。そして、絹糸をきつく締めておいてから、雄鶏もしくは去勢鶏の首のハックル（蓑毛）か、あるいは、ふつうこの方がいいのだが、チドリの冠毛をとって、片側の羽枝を取り除く。そして、そのハックルと絹糸、あるいは刺繍糸、金糸もしくは銀糸をとり、これらを釣鉤の曲がり（腰）のところ、すなわち、取り付けた馬素ラインのすぐ後ろにしっかり巻きとめる。つぎに、ハックルと銀糸もしくは金糸をもって、ウイングの方に巻いていく。この間、絹糸を持つ左右の手の指を交互に持ち替えながら絹糸を釣鉤に巻いていく。そうしながらも、止まるごとに、回すごとに、金糸にせよ何にせよ、毛鉤を作る材料がしかるべき位置にきちんと納まっているよう注意しながら巻き進めていく。そうしてうまく巻けているようなら、頭（ヘッド）をつくり、すべてを固く巻き留める。そうしてから、ハックルをヘッドのところまで巻きあげてくる。そして、ハックルをしっかり巻き留める。つぎに、針かピンでウイングをふたつに分ける。そして絹糸をウイングのあいだに、たすき掛けにまわす。そしてつぎに、親指でウイングの先端が釣鉤の曲がりの方向を向くようにおしまげて、釣鉤の軸に三、四回糸を巻き、均整を確かめる。すべてがきちんとして、満足のいく出来であれば、ここで巻き留める。

13　この時代の鉤はアイ付き（環付き鉤）ではないから、毛鉤を作るにあたっては、まず鉤素（ハリス）部分になる馬素を結わえつけなければならなかった。ハリス部分になる馬素（馬尾毛）はおよそ50㎝くらいだったと考えられる。日本ではハリス部分にはテグス（天蚕糸）が使われた。

正直言って、不器用な人間に上手にフライを作らせるような、そんなうまい方法はないのだが、それでも教えてやれば、工夫する釣師なら少し練習することによってかなり上達することはできる。しかし、毛鉤の作り方を覚えるいちばんよい方法は、この道のアーティストが毛鉤を作るところを見せてもらうことだ。そうして、工夫する才のある釣師なら川のほとりを歩いていて、その日、水面にどんな羽虫が落ちているかに注意して、もし鱒がある種の羽虫に飛びつくのを見たら、その虫を一匹捕まえてみることだろう。そのとき釣師は常に釣鉤をぶら下げて釣りに備えているだろうし、いつもバッグを持っていて、その中には熊の毛や若い牝牛の茶色か地味な色の毛、それに雄鶏か去勢鶏の蓑毛《みのげ》、毛鉤の胴をつくる数色の絹糸と刺繍毛糸、雄ガモの頭の羽根、黒もしくは茶色の羊毛、豚の毛、金糸と銀糸、絹糸を数色（これは毛鉤のヘッドを作るためにことに地味な色合い）。そしてまた、小鳥のいろんな色の羽根と、まだら模様の鳥の羽根。そうした一切合切をバッグのなかに用意しておいて、その場で毛鉤を作るのだが、最初はうまくいかなくても、いずれはうまくいく。それも、だれも教えられないくらい、申し分のない完成度に達することだろう。そして、その毛鉤がうまく当たり、鱒の群れに行き当たり、どんよりした日和《ひより》と、いい具合の風に当たれば、大変な大釣りに恵まれることになり、ますます毛鉤作りのアートにのめり込むということになるわけだよ。

漁師　でも師匠、もし、いい風が吹いてくれなかったら、ラップランドにでも出かけて行って、正直者の魔女からいい風のひと吹きでも買って来なけりゃいけませんね。あちらでは風をいっぱい、それもずいぶん安く売っているそうですからね。

釣師　そんなところへは御免だね。この木の下から出るのも嫌だね。ほら、雨が降りだしたじゃないか。あの雲の具合では、もうすぐに煙が立つようなにわか雨がくるはずだよ。だから、ここにじっとしていれば、このオオカエデの木のおかげで濡れずにすむよ。そのあいだにも、思いつくままに、鱒のフライ・フィッシングについて考えるところをもっと話してみよう。

さて、その風についてだが、なんと言っても、南の風がいちばんだということを覚えておこう。こんなことが言われている：

――――南の風吹いて、
魚の口に餌吹き入れる。

その次に、西風がよいとされている。そして、東の風が最悪だといえば、三番目が何の風かは言うまでもないだろう。そうはいっても、ソロモンが言うように、《風の様子を気にする者は、決して種まくことはない》というわけで、風のことであまりに頭を悩ます者も、東の風で極端に寒くなっているのでないかぎり、少々迷信的にすぎると言えるだろう。人も言うように、《よい馬に毛並みの悪いのはいない》のだからね。私も言ったことがあるのだが、曇りの日で、あまり寒くさえなければ、風なんか吹きたいように吹かせておけばいい、気にすることはない。それでもこのことはルールとして気に留めておこう。それは、私なら意図的に風下側に立って釣りをするということだ。そのわけは、魚は川底近くにおり、川底近くを泳いでいるものだからね。それも、夏よりも冬はことにそうなのだ。また、寒い日並みには魚はいつも川底に沈みたがり、それとともに、風下側によってくる傾向があるのだ。

ところで、フライ・フィッシングについてもっと話してあげるという約束だったが、それには十分な時間がありそうだね。見てごらん、五月の溶かしバター[14]のように重い雨だよ。では、メイフライ（カゲロウ）から始めようか。この毛鉤の胴は、緑がかった色か、やなぎ色の刺繍毛糸でつくる。その胴の上にワックスをひいた絹糸を全体に巻いて胴を黒っぽくする。あるいは、黒い馬素で環節をつくる。あるいはまた、場合によっては、銀糸で環節をつけてもよい。ウイングはその季節にこの羽虫が見せる色をまねる。いやむしろ、その日の水面に見る羽虫の色といってもよい。あるいはオークフライ（Oak-flie = snipefly シギアブ）の場合、黒い胴の上にオレンジ色か黄褐色の毛糸を巻いて縞につくり、雄ガモの茶色の胸羽根でウイングをつくる。そして、これらふたつのフライ、すなわち、メイフライとオークフライとがもっとも優秀なフライだということを覚えておこう。さて、再び言っておこう、できるだけ水際からはなれて釣ることが大切だ。これは毛鉤釣りの場合も、餌釣りの場合もおなじことだよ。そして、流れを釣りくだる。毛鉤で釣る場合は、もし可能なら、水に接するのは毛鉤だけにして、道糸は水面に触れないようにする。水面に毛鉤を動かしながら、あるいはまた、水面下に毛鉤を打ち込みながら、自分も常に流れをくだりながら釣っていく。バーカー氏はパーマーフライを数種類あげて推しておられるが、それらは、銀糸や金糸で環節をつけたものだけでなく、胴全体を黒、もしくは赤にして、赤いハックル（蓑毛）を巻いたものがよいと言っておられる。そのほかに、ホーソンフライ（hawthorn-flie ケバエ）を作るのもよい。これは全体を黒につくり、大きくはしない。とても小さな毛鉤だ。小さいほどよい。あるいは、オークフライ。胴はオレンジ色と黒の刺繍毛糸、ウイングはブラウン。あるいは、クジャクの羽根で作った毛鉤は明るく晴れた日にすばらしい。そして、携行する道具袋のなかには、クジャクの羽根と、バッタをつくるための羊毛や刺繍毛糸などのボディ材を忘れてはならない。気に留めておいてほしいことだが、一般的に、毛鉤は小さいほどよいということがある。さらに、明るい毛鉤はふつう暗い日にもっとも活躍し、黒っぽくて、極小の毛鉤は明るく、晴れた日によいということを記憶しておこう。そして最後に言い添えると、いつの場合も、道具袋を点検することだね。自分の好み、あるいはその日の状況に応じて、袋のなかの毛鉤の材料の色を明るくしたり、地味にしたりしておくことを忘れてはならない。

14 May-butter 無塩バターを初夏の太陽に二〜三週間さらしておいて、それを傷薬として使ったという。It rains May-butter. 激しく雨が降る。

さて次に、本物の羽虫を使う釣りについて話してみよう。これも素晴らしい釣りで、とても楽しいものだ。餌にする羽虫はこんな具合にして見つける。メイフライ（カゲロウ）はふつうこの五月（メイ）に、あるいは五月前後に川岸近くで見つかる。ことに雨の日に見つけやすい。オークフライは、五月の初めから八月の終わりまで、ナラ（オーク）かトネリコの木の幹にとまっているのが見つかる。これは茶色がかった羽虫で、見つけやすい虫だ。ふつうは頭を下向きに、つまり、木の根の方に向けてとまっている。小さな黒い虫、ホーソンフライは、芽吹いたあとのサンザシ（ホーソン）の藪の中ならどこにでもいる。チャブ釣りのところで見せたように、こうした虫を短いラインで水面をちょんちょんと叩いて釣るのもよい。また、木の陰や深い穴にひそむ魚をバッタで狙うのもよい。それも、常に水面に動かして、あたかもそれが生きているようにあやつり、そして自身は姿を見られないように注意する。鱒がいるところなら、これで楽しみが得られるはずだ。それも、暑い日、ことに暑い日の夕方にいい釣りができるものだ。

さて、弟子どのよ、私のフライ・フィッシングの話もこのにわか雨とともに終わりにしよう。雨も終わったようだからね。ほら、見まわしてごらんよ、あの牧草地、なんて気持ちのよい眺めなんだ。それに、土の匂いもかぐわしい。こんな日々と、こんなに美しい花々をめでて、あの気高いハーバート氏[15]はなんと言っておられるか、それを引いてみようか。そうして、この楽しさを神に感謝し、川まで歩いて、静かに腰をおろし、それから、鱒をもう二、三匹掛けることにしようか。

甘美な日よ　ひんやりとした　静かな　明るい日よ
天と地の婚礼の日だ
甘い露は夜へと落ちていくおまえに涙する
　おまえの死すべき定めを悲しんで

甘美なバラよ　その花の色は激しく　あでやかだが
見つめる者は思い余って涙をぬぐう

15　George Herbert、その詩 The Temple より。

おまえの根はいつも墓のなかにあり
　そして　おまえは死なねばならないから

甘美な春よ　美しい日々とバラの花に満ちて
甘美なるものの詰められた小箱よ
だが私のなかに響く調べはおまえにも終章があるという
　すべてのものは死すべき身の上だから

ただ　美しく　気高い魂だけは
年を経た樹木のようにたわむことなく
世界のすべてが燃えさしになってしまうとも
　それはかりは生きつづける

猟師　これは、師匠、見事なフライ・フィッシングのご教授と、この快適な日の心地よい楽しみをありがとうございました。神にも人にも無礼をはたらくことなく過ごすことができました。そしてまた、ハーバート氏の詩をもって終わるお話の美しい終章にも感謝いたします。このお方は釣りを愛しておられたと聞いておりましたが、まことにそうであったろうと思います。その魂が釣り人にふさわしいこと、師匠が愛され、あんなに称讃してこられた原始のキリスト教徒とおなじ魂の持主であったことがうかがわれます。

釣師　いや、これはうれしい、私の釣りの手引きと、話とをそんなに喜んでくれるとはね。

ところで、ハーバート氏の詩を気に入られたのだから、ここで氏に学ぶことを明言し、しかも見事に実践しておられる、敬虔にして学識のある聖職者が我々の祈禱書について書いておられることを見てみようか。君にも気に入ってもらえると思うよ、この人は私の友人であり、そして、もちろん釣りを敵視する人ではないからね。

なんと　本をたよりに祈るのか　それがいつもか　いや　悪くはない
　感謝の心と
　祈願の心も
　時と場所ばかりが
　自由なのではない
祈りの形も自由だ　読むのも　そらんじて言うのも
　同じであるはずだ
　心の祈りを口にだして言うものには

ひそやかに　ただ独りして
　祈るものは
　みずからの思うとおりに
　その選ぶとおりのやり方で
その心のもっとも親しい愛を
そのもっとも他より隠されているときに
　ひそかに見たまうお方に

伝えることができるのだ

しかし人に道を教えるものは
教会の祈りのなかで　それを聞くものが
おそれずに心のうちを言葉にあらわし
アーメンと唱えるよう
また　心からささげた祈りが
冒瀆になるなどと
疑うことのないよう
導かなければならない

あつい信仰こそが文字に命をあたえるのだ
なぜいけないのか
権威が与えた言葉は
尊敬されてはならないのか
なぜそこに利点を見ないのか
よい祈りなら　平凡なのがさらによい
教会の言葉と意味に従う祈りは
すべての祈りの先に立つ

クリストファー・ハーヴィ[16]

16　Christopher Harvey（一五九七〜一六六三）、信仰詩 The Synagogue の作者。祈禱書を擁護した詩。反ピユーリタンの詩人・英国国教会聖職者。

さて、弟子どのよ、そろそろ、水のなかに置き竿にしてきたところに戻る頃合いだね。好きな方を取るがいい。どちらの竿に釣れているか、賭けは五分五分だ。

さらに言わせてもらうと、竿を置きっ放しにして、伏せ針にしておくこの手の釣り方は、お金を利殖にまわすようなものだよ。どちらにしても、持主は何もしないで寝ているか、食べているか、楽しんでいるかするときにも、働いてくれているわけだからね。ちょうど、さっき、我々がこのオオカエデの木の下で、憂いを忘れて、静かに腰をおろしていたように。まるで、ヴェルギリウスのティトゥルスや彼のメリボエウスが大きなブナの木の下でやったようにね。どんな人生も、いいかね誠実な弟子どのよ、どんな人生も、幸福とか楽しいとかいっても、分別のある釣師の人生に優るものはないのだよ。法律家が仕事に奔走し、政治家が陰謀にそなえたり、企んだりしているあいだにも、我々はクリンソウの咲く川岸に腰をおろして、鳥の声をきき、いまそこに音もなく流れている銀色の川のような静謐《せいひつ》のなかに身をゆだねている。まさしく、いいかね、釣りというものは、バトラー博士がストロベリーについて言われたように、《もちろん神はさらによい果実をつくることがおできになったのだが、あきらかに神はそうはなされなかった》ということなのだ。そこで、私に言わせていただくなら、《神は釣りよりも静かで、穏やかな、罪のないレクリエーションをお造りにはならなかった》となるのだよ。

いいかね、弟子どのよ、以前のことだが、こうしてこの桜草の土手に腰をおろして、草地を眺めていたとき、こんな想いをいだいたものだ。それはフローレンスの町を前にしたときのチャールズ皇帝[17]と同じような感慨だ。《聖なる祝日以外の日に見るのは、もったいないくらいの素晴らしさだ》。そのとき、この同じ草の上にすわっていたとき、私はその想いを詩に表してみた。それは《願い》と題するものだが、それをここに披露してみよう。

17　神聖ローマ帝国皇帝カール五世（一五〇〇～五八）、一五三〇年にフィレンツェを落とした。

釣師の願い

この花咲く野に私は時を過ごしたい
水晶の流れは私をなぐさめてくれるにちがいない
そのさらさらと流れる調べを
竿を手にして私の心は楽しみたい
ここにすわって　山鳩に目をやると
しとやかな妻を愛の営みにさそっている
あるいはまた　向こうの岸辺に西風の
快適な息吹を胸いっぱいに感じ
あまい露が野の花々に接吻し
そして四月の雨に洗われるのを見る
ここで私の妻ケナ[18]の歌をきき
そこにはクロウタドリの子育てを見て
ヒバリの巣作りを見る
ここに疲れた心を休ませ
衰えた思いを地より舞いあがらせ
死すべき人間の欲望の彼方におく
　こうして　裁判沙汰から自由の身となり

宮廷の騒ぎを逃れて　私はひとりここで楽しむ

18　Kenna：一六四七年に結婚したウォールトンの二度目の妻 Anne Ken（一六一〇～六二）

それとも　愛犬ブライアンと　手には一冊本をもち
ショーフォードの小川の辺りをぶらぶら歩き暮らそうか
そこらで犬と一緒に腰をおろして　弁当をつかい
日が昇り　また沈むのを見る
次の日も　またそこに朝をむかえ
瞑想して時をすごす
　釣り三昧に日をおくり　願うところは
　墓所へとたどる穏やかな小道

この詩をつくり終えて、この場を後にしたところ、ある釣り仲間があのスイカズラの垣根のもとに腰をおろしていた。いずれ君にも知り合って欲しい釣師だ。私も彼の傍らに腰をおろしていたところ、ほどなくして、とても愉快な出来事にでくわすことになった。それを君に話そう、まだ雨もやまないようだからね。

この垣根のちょうど反対側にジプシーの一団がすわっていた。そして、その近くには乞食の一団がおなじく腰をおろしていた。そのときジプシーはその週に稼いだ金を分けようというところだった。いずれ、盗んだシーツやらニワトリ、占いごとや手品など、この不思議な集団お得意の手練手管をつかって手に入れたものだろう。その週にかき集めた金の総額というのが、勘定してみると、二〇シリング少々しかなかった。そして、半端の分は仲間うちの貧しいものに分けてやることに話がついた。さて、残りの二〇シリングについては、彼らの社会の身分に応じて、四人のお偉方で分けることになった。

そこで、第一の、つまり最有力のジプシーがみんなの納得のうえで、二〇シリングの三分の一をとることになった。それは誰にも分かるとおり、六シリングと八ペンスということになる。

二番目のジプシーは、二〇シリングの四分の一をとることになった。それは、五シリングということでみんなが承知した。

三番目のジプシーは、二〇シリングの五分の一をとることになった。それは、四シリングということでみんなが承知した。

四番目の最後のジプシーは、二〇シリングの六分の一をとることになった。それは、三シリングと四ペンスということでみんなが承知した。

そこで計算してみると、
六シリング八ペンスの三倍は・・・・・・二〇シリング
同じく五シリングの四倍は・・・・・・・二〇シリング
同じく四シリングの五倍は・・・・・・・二〇シリング
同じく三シリング四ペンスの六倍は・・・二〇シリング

ところで、この金を分けていた男は、いかにもジプシーそのものという人間で、ひとりひとりに所定の金額を配ったあとで、自分も一シリングをいただいてしまったのだ。
それはこういうことになる、
六シリング八ペンス
五シリング〇ペンス

四シリング〇ペンス
三シリング四ペンス

これを合算してみると、一九シリング〇ペンスということになる（英国旧貨では一二ペンス＝一シリング）。ところが、四人のジプシーたちは、金を分配した男が一シリングを手にしたのを見ると、誰にしてももっと要求する理由はないにもかかわらず、そこは殿さま方や高貴なお方と変わりはない、めいめいしきりに得をしたその男をうらやんだ。ついには、その男と口論になり、それぞれその一シリングは自分のものだと言いだしたのだ。その争いの様子ときたら、ジプシーが互いに信義に厚いことを知るものにとっては、とても信じられないくらいのものだった。といっても、この二〇年ばかりの世の中の有様を見てきた我々には、金というものがひどい悪さをするものだとはよくわかっているがね。しかし、ジプシーも馬鹿ではない。裁判沙汰にはしなかった。そこで、彼らの立派な仲間のペテン師やいかさま師、また今は亡き我らがイギリス版グスマン[19]のような仲間を仲裁役と裁定役にたてて事を収めたのだ。そうして彼らはスイカズラの垣根を後にして、占い事やいかさままで、さらに金を稼ぐべく次の村の宿をめざして発っていった。

19　出典は《The English Guzman; or the History of that Unparalleled Thief James Hind（1652）》、もと王統派の軍人、街道強盗。スペインの作家マテオ・アレマン Mateo Alemán によるピカレスク小説《Guzmán de Alfarache（1599）》からきている。その英訳は一六二二年《The Life of Guzman de Alfarache（1622）》。

ジプシーたちが行ってしまうと、乞食たちのあいだから、同じくらい大声の論争が聞こえてきた。《マントを脱ぐのと、脱がせるのとでは、どっちが簡単か》というのだ。ある女乞食がそれは同じことだと言った。それなら、脱ぐと脱がせるは同じことか、と訊かれてそれは否定された。そしてまた別の女乞食が言った《脱がせるほうが簡単よ》、放っておけばいいのだからと。放っておいて、どうやってマントを脱げるのか、と反駁されて彼女は自分の間違いを認めることになった。あれや、これやで、およそ二〇もの質疑応答がなされて、それがいかにも乞食らしい理屈と熱意でやり取りされた。それはまさしく頑強な教会分離主義者（訳注：ピューリタン）の議論にも負けないばかりで、それが九人の詩の女神よろしく一斉に、脱ぐだの、脱がせるだのとがなり立てたものだから、互いに相手が何を言っているのかさえ分からない有様になった。そこでついに、ひとりの乞食がすみ出て、聴衆にこうしてはどうかと提案した。ベン・ジョンソンがその[20]《乞食の茂み》のなかで乞食仲間の王としたクローズ親方が、たまたま今晩、ロンドンへ向かう街道沿いのウォルサム辻にほど近い居酒屋《待伏せ屋》に泊まることになっているから、ここで何だかだと時間つぶしをやっていないで、いっそ今晩、すべてをクローズ親方に任せようじゃないか、親方は公正な裁きをする人だからね。それまでは籤《くじ》でも引いて、つぎの歌と歌い手を決めて楽しんでいよう、と言った。そこで、一同はこの動議に賛成し、籤はその場のいちばん若い娘、正真正銘の乙女の手におちた。その娘が歌った歌はフランク・デイヴィソンが四〇年前に作った歌で、乞食たちがこぞって彼女に唱和してそのリフレインを歌った。その歌をあげるが、まずはそのリフレインを。

陽気はいいぞ　乞食よ　騒げ
この残飯でこの日はたりる

おれらが鳴らす愉快な拍子にくらべたら
ヴィオラの音などよくはない
おれらが集うそのときは　楽しみなんぞ望むまま
乞食の暮らしは王にもまさる
飲み　食い　歌い　眠たきゃ眠る

20　《乞食の茂み》Beggars' Bush は Ben Johnson の作ではなく、John Fletcher（1579 ~ 1625）によるもの。

行きたいとこには　どこへも行くよ
そうすりゃ枷《かせ》もまぬかれる
　陽気はいいぞ　乞食よ　騒げ
　この残飯でこの日はたりる

この世界　おれらのものさ　おれらだけのもの
思いのままよ　この世界
金など出さずと　なんでも我がもの
野原も通りも　乞食がいっぱい
　陽気はいいぞ　乞食よ　騒げ
　この残飯でこの日はたりる

百の群れなす虫けらどもが
おれらのガウンにとまっていようと
そのうちひとつが刺そうものなら
神命よろしく　たちまち一ころ
なんでも乞食の思いのままさ
おれらばかりが命やすらか
　陽気はいいぞ　乞食よ　騒げ
　この残飯でこの日はたりる

猟師　いや、師匠、愉快なお話と歌をありがとうございました。作者はじつにうまく作っていますが、師匠もよく覚えておいででしたね。

釣師　ところで、今夜のために約束した例の輪唱歌を忘れないように。地元の善人コリドンが君の輪唱と私の歌を当てにしているからね。私も歌の方を急いでおさらいしておかないとね、何しろ覚えたのがずいぶん昔のことで、忘れてしまったところもあるのでね。さあ、雨もやんだようだ。川までゆっくり足慣らしに歩くことにしようか。鱒に貸し付けておいた例の置き竿が、さて、どんな利息をあげてくれているか。実際、高利貸しよろしく、我々の利益と彼らの破滅のために長いあいだ貸し付けておいたわけだからね。

猟師　わあっ、師匠、見て、魚だ、魚。あれっ、師匠、逃げられた。

釣師　いやあ、あれは本当にいい魚だったね。あの竿をつかんだのが私だったら、君がやられたように、竿をのされて切られることにはまずならなかったのにね。私がやっていれば、竿のしなりの範囲内におさえられただろうよ。もっとも、その魚が長さも体高も大物で、ウェアのジョージ亭の主人リカビーが絵にして掛けたような一エル（四五インチ、約一一〇㎝）に近い大魚なら、ちょっと話はちがって、竿をその大物鱒に向かって放り投げて、鱒に持って行かせるがね。そうして、後になってから鱒を回収するということになるわけだよ。[21] このやり方は、育ち過ぎの巨大魚にたいして、私がいつもやる方法だ。これからは君もこのやり方を覚えておくといい。言っておくが、いいかね、弟子どの、釣りはアートだよ。まあ、少なくとも、魚を捕まえるアートだからね。[22]

21　このやり方については、第二部において、コットンは否定する。

22　ウォールトンは主張する、釣りはただの気晴らしではなくて、アート、学んで修得する技芸なのだと。

猟師　ところで、師匠、聞くところによると、師匠の言う巨大鱒とは鮭だということですが。

釣師　実のところ、それに対しては、私も何とも言いようがないのだよ。田舎のほうでは、野ウサギは毎年その

T. Stothard R.A. Aug. Fox sc.

Master and Scholar（師匠と弟子）

性を変えると信じている人も多いからね。それに、学のある人たちにもそういう考えは多いのだ。野ウサギを解剖してみると、それを信じるに足る多くの理由が見つかるということだ。野ウサギが性を変えるという話が、それほど驚くにはあたらないということには、こんなことがある。メリック・カソボン博士が、信じられること、信じられないことを述べたその著書のなかで明言していることがある。それは、碩学の医師でもあるガスパー・ペウセウスの話として、年に一度、その形態においても、その挙動においても、部分的に狼に変わる民族があるというのだ。そこで、この魚だが、淡水にきたときは鮭であって、それが海に戻らなかったために体色を変え、種類としても別物に変わったのか、私には何とも言いようがない。ただ確かなことは、その形、体色、斑点など、すべて鱒の特徴をそなえているのだよ。にもかかわらず、鱒ではないと考える人も多くいる。

猟師　師匠、いま私が掛けた鱒は死んでしまうのでしょうか。おそらく腹の中に釣鉤が残っていると思いますが。

釣師　それはこういうことだ。釣鉤がよほど喉のなかに深く刺さってでもいないかぎり、あの魚が死ぬことはまずないよ。少し時間がたてば、水のなかだから、錆びて、すり減ってしまうよ。小石が馬の蹄《ひづめ》にはさまったようなもので、ちょっとした痕《あと》がのこる程度だ。

それでは、私の竿のほうを見てみようか。ほら、私の竿にも掛かっている。でも、こいつは頭でっかちのチャブだね。これだって悪くはないか。仲間のピーターと善人コリドンのいる宿へもどる途中、誰か貧しいものに喜んでもらおう。さあ、もう一度、君の釣鉤に餌をつけて、置き竿にしておこう。また、雨が落ちてきたよ。例のオオカエデの下に避難して、もっと釣りの話をしようか。私としては、どうしても君をアーティストにしたいのだからね。

猟師　ええ、師匠、どうかそのようにお願いします。

釣師　さて、腰をおろして、落ち着いたところで、もう少し鱒釣りについて話しておこう。その後で、鮭について話すことになる。それから、パイクの話だ。

鱒釣りには、昼間の釣りとともに、夜の釣りがある。そして、夜には、最良の鱒が隠れ家からでてくる。その鱒の釣り方としては、フトミミズを一匹、いやむしろ二匹つけて、流れの幾分ゆるやかなところを釣る。なぜなら、流れがあると、餌が魚に気づかれないということがあるからだ。つまり、場所としては、速い流れの近くにある静かな水面、あるいは淀みのことだ。そうした水面で餌を前後に動かしてやる。もし、その淀みに良型の鱒がいれば、食いついてくるはずだ。ことに、月のない闇夜がよい。そんな夜には、鱒は大胆になって、水面近くに浮いてきて、カエルやミズネズミ、ハツカネズミなど、自分と空のあいだを泳ぐものの動きをうかがっている。年数を経た巨大な鱒は、自分がひそむ隠れ家近くのそうした静かな水面に、少しでも波紋がたったり、動いたりすると、それらに襲いかかるのだ。そうした巨大な鱒は、敏感であるとともに、臆病でもあるので、いつもは隠れ家から泳ぎでることはなく、陽のあるうちはそこにじっと潜んでいるものだ。それは、臆病ものの野ウサギがその巣に潜んでいるようなものだよ。どちらも、日中に餌をとることは滅多になく、ふつうは夜中に餌をとるのだ。そして、夜になると、巨大鱒はきわめて大胆に餌をとるようになる。

そして、この鱒を釣るには丈夫な糸を使わなければならない。釣鉤も小さいものではいけない。それに、夜は日中の釣りでよくあるのとはちがって、鱒が釣鉤を吐きだすことはあまりないから、飲み込むだけの余裕をあたえることだ。それほど暗くない夜の場合は、明るい色の毛鉤で釣る。魚がでたら、すばやく合わせる。いや、毛鉤どころか、巨大鱒はときには死んだハツカネズミや布の切れ端、あるいは何であれ、水を横切っているか、動いているように見えるものには飛びついてくる。こうして夜釣りは効果的な釣り方ではあるけれど、私はあまりやってはいない。それは、夜の釣りには、我々二人がいま楽しんでいるような、昼間の釣りの様々な楽しさが何もないからだ。

言い添えておくと、ハンプシャー州といえば、流れの速い浅瀬と、澄んでいて、気持ちのよい流れと、それに鱒の豊富さにかけては、イングランド随一と思われるところだが、そこでは夜中に鱒を獲ることが多いのだ。それは、松明《たいまつ》や麦藁《むぎわら》を燃やす灯火を使うもので、鱒を見つけると、鱒用のヤスまたはそれに類似の道具をつかって鱒を突き刺す。こうしたやり方で彼らは実に多くの鱒を獲るのだ。この目の見るまでそんなことは信じたくなかったが、それを見た今でも、このやり方はまさか好きにはなれないね。

猟師　でも、師匠、夜になると、鱒には我々が見えないのですかね。

釣師　いや、見えるし、聴こえるし、匂いだってわかる。夜も昼も同じだよ。ゲスナーの観るところでは、カワウソは五マイル離れたところからでも水中の魚を嗅ぎつけるということだ。それがどうも真実であるらしいことには、サー・フランシス・ベーコンがその《博物誌 A Natural History 792》おいて、水が音の伝達の媒体となっていることの証明として次のように言っている、《水中のごく深くで、石と石を打ち合わせると、その近くに立っている人には、水のせいで音が小さくなることもなく、その音が聴こえる》。彼はまたほかにも同様の実験を提案している。それは、非常に長いロープに錨を結んで、それを海中の岩や砂の上に落としてみる実験だ。そして、このことが、この大学者によって、このように見事に観察され、かつ立証されているところを見ると、私としても、ウナギは雷鳴を耳にすると、川床を離れて動きだすという話を信じないわけにはいかなくなった。それも、ある人たちが考えるように、かならずしも雷によって引き起こされた大地の振動によって動きだすのではないと思う。

　私はかつて、ベルを鳴らしたり太鼓を叩いたりすると、池の鯉がきまった場所に餌をもらいにやってくると言った男を笑ったことがあったが、サー・フランシス・ベーコンのこの説明（実験792）を知って、件の御仁には許しを請わざるをえない羽目になってしまった。ともかく、私としては釣りに際しては、できるだけ物音をたてないよう心がけている。少なくとも、サー・フランシス・ベーコンが論破されるまではね。その論破の仕事はだれなりとご自由にやっていただいて結構だ。

　ただ、彼はおかしなことを言っていると考えられても困るから、君に言っておくが、この見解は我らの碩学、ハックウェル博士[23]によっても信じられているようだ。彼はその著書《神の力と摂理の弁護（Apology of Gods Power and Providence）》の三六〇ページのなかでプリニウスを引用している。それによると、ある皇帝は自分専用の池をいくつか持っていたが、そこで飼われていた何尾かの魚は、それぞれ自分の名を呼ばれると、姿をあらわして泳ぎ寄ってきたというのだ。また、聖ヤコブの書によると（第一章および七章）、あらゆる海の生き物は人間によって飼い慣らされてきた、ということだ。再びプリニウスによれば（前掲書九巻 - 35）、ドゥルスス[24]の妻アントニアは一匹のヤツメウナギを飼っていたが、その鰓《えら》のところに宝石を、つまりイアリングをさげてやっていたということだ。そして、周囲の人たちも実に心やさしい人たちで、日頃かわいがって飼っていた魚が死ぬと、涙を流して悲しんだということだ。こういった報告は、それを聞くたいていの者にとっては、すばらしいことに思えるが、それはまた、マルティアリス[25]からもさらなる裏付けが得られそうだ（第四書エピグラム30）。彼はこう書いている。

釣り人よ、罪なく立ち去れ

釣り人よ　罪なきことを望むなら　控えるがよい
ここに泳ぐのは聖なる魚たちだ

23　George Hackwell（一五七八～一六四九）。オックスフォード、エクセター・カレッジの学寮長。引用書は一六二七年ロンドン刊。

24　Nero Claudius Drusus（前三八～前九）ティベリウス帝の弟。

25　Marcus Valerius Martialis（四〇頃～一〇三頃）、スペイン出身のローマの風刺詩人。皇帝とはローマ皇帝ドミティアヌス（五一～九六）。

この魚たちはその皇帝を知り　その手をなめにやってくる
世界の支配にその手より偉大なるものはないと知るからだ
いやさらにまた　この魚たちは名を持っていて
呼ばれると　それぞれ主人のもとに泳ぎよる

さて、以上の知識をさらに役立てるために、私としては、釣り人に忍耐心を持てと忠告したい。悪態をつかないことだ。魚に聞かれでもすれば、釣れなくなってしまう。

それでは、つぎの話にうつるとしよう。これは確かな話だが、ヘレフォードシャーのレムスターという町に近い牧草地では、その地で草を食む羊は、その隣の草地で育つ羊よりも太っており、かつ、毛並みのよいウールを産することが知られている。それはこういうことだ。その特別の草地で草を食んだ羊は、前年の別の草地にいた場合よりも毛並みのよいウールを産し、その同じ羊が元の草地にもどると、また以前のような粗い毛を生やし、それをまた毛並みのよいウールの草地にもどして、その地の草を食わせてやると、毛並みのよいウールを生やすようになるというのだ。だから、私がつぎに言うことも本当だと信じてもらいたい。私がある草地のなかを流れる川で釣る鱒は、白っぽくて、弱々しく、食べてもまずい魚であるのに対して、隣の草地を流れる川で釣る鱒は、強力で、紅く、元気があり、また、食べてもずっとうまい。そういうことがあるのだ。信じて欲しいのだが、弟子どのよ、私はある特別の草地を流れる川で、その形といい、色つやといい、見とれてしまうような鱒をたくさん釣ったことがある。私はその嬉しさに、ソロモンとともにこう結論したものだ、《その時季には、それぞれみなが美しい》と。

さて次に、約束では鮭について話さなければならないところだが、お許しを願って、アンバー、すなわちグレーリングについて少し話しておこう。この魚は、その姿も食性も、きわめて鱒に似ているので、君に少々の忍耐をお願いして、短い講義をやってみよう。そして、その後で鮭に移らせていただきたい。

第6章　アンバーすなわちグレーリングの話とその釣り方

釣師　アンバーとグレーリングは、ニシンとイワシが違う程度には違うと考える人がいる。他の国ではそういうことがあるかもしれないが、イングランドに関するかぎり、両者に違いはなにもなく、違うのは名前だけだ。アルドロヴァンドゥスによると、それは鱒の種類だという。ゲスナーのいうところでは、彼の国スイスでは、あらゆる魚のうち、もっとも美味なる魚とされている。そしてイタリアにおいては、五月のグレーリングはその価値がきわめて高く、売買において、どんな魚よりも高値で売られるということだ。チャブをならず者と呼ぶフランス人は、レマン湖のアンバーの方は騎士アンブル（謙虚なる騎士）と称している。彼らのグレーリングを尊重すること、これは並みではなく、グレーリングは黄金を餌にしていると言っているほどだ。彼らの言うところでは、有名なロワール川ではグレーリングが多く獲れるが、その腹からしばしば砂金が見つかるというのだ。またある者の考えるところでは、グレーリングは水生のタイムを餌にしており、水から最初につかみ上げたとき、そのせいでタイムの匂いがするという。彼らがそう考えるのには合点がいく。我々のキュウリウオ（smelt）も、水から釣りあげて最初につかんだとき、スミレのような匂いがするものだ。このことは真実だと私は思う。アルドロヴァンドゥスはこう言っている、鮭やグレーリングや鱒、それに透明で速い流れに生きるすべての魚が、彼らの母なる自然によって、あのように精密な形と好ましい色合いに造られているのは、ひとえに、我々を自然との楽し

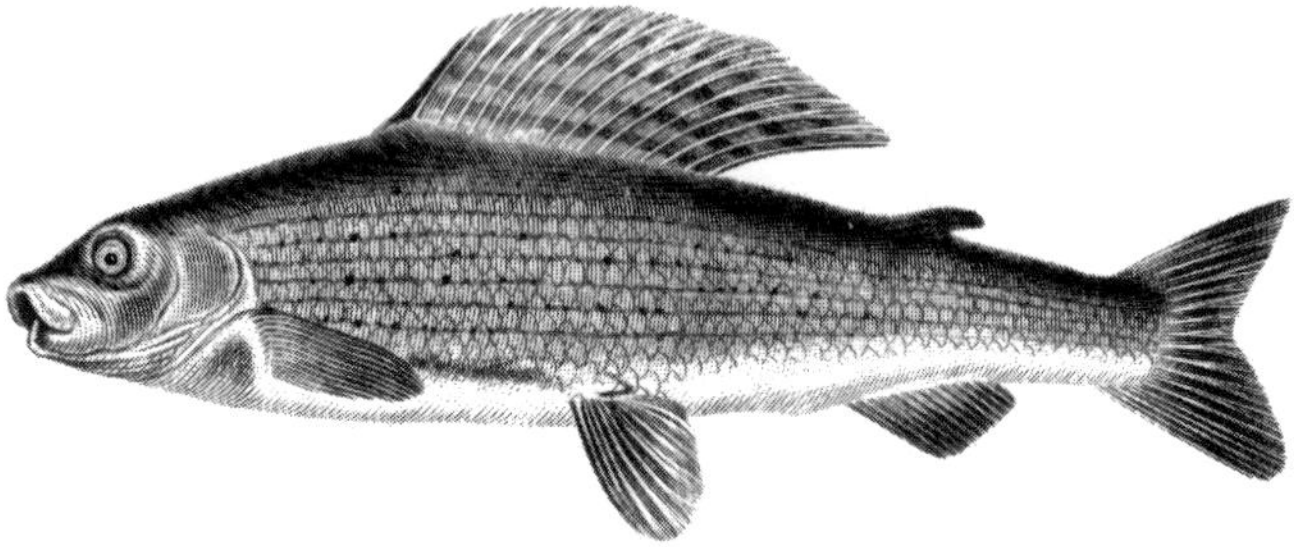

Grayling グレーリング

く、満たされる饗宴に招じるためなのだと。それが真実であるか、否か、それを争うのは私の意図ではない。ただここに確かなことがある。アンバーに関して書いている者はだれもが、非常に薬効のある魚だと言っている。そして、ゲスナーが言っている。アンバーまたはグレーリングの脂肪と蜂蜜少々とを小さなグラスにいれて、一日か二日、陽にさらしたものは、赤い目の充血、かすみ目など、眼病にはなんであれ非常によく効くということだ。法王の侍医サルヴィアニは、アンバー（umber＝影）という名はその素早い泳ぎ、あるいは、姿を消すその速さ、それは魚というよりむしろ影か亡霊のようだというところに由来すると言っている。その風味については、もっと多くを語ってもよいのだろうが、ここはセント・アンブローズの話にとどめておこう。教会がまだ断食日を遵守していたころの、ミラノの名高い司教であったセント・アンブローズは、この魚を《花の魚》あるいは《魚のうちの花》と呼んでいた。司教がこの魚を好むことこのうえなく、その料理を前にしては、長い講釈をたれることなしには皿を次にまわすことがなかったということだ。だが、私はそうはしていられない。次は、この美味い魚をどうやって捕まえるかという話だ。

まず言っておこう、この魚は鱒ほどの大きさに成長することはない。最大のものでも、一八インチ（約四五㎝）を超えることはめずらしいほどだ。グレーリングは鱒と同じような川に棲んでおり、ふつう、鱒に使うのとおなじ餌で釣り、釣り方も鱒の場合とおなじだ。すなわちグレーリングも、小魚、幼虫、羽虫などを餌にしている。ただし、それほど頻繁に小魚に食いつくことはない。毛鉤にじゃれたがる魚で、鱒よりももっと単純な性質で、したがって毛鉤に対してはずっと大胆な魚だ。同じ毛鉤に二〇回も出てくることがある。掛けそこねても、またすぐにライズするという調子だ。グレーリングは、インコという奇妙な異国の鳥の赤い羽根で作った毛鉤でよく釣れるが、またブヨや小さな蛾のような毛鉤にもよくでてくる。それでなくとも、大きすぎさえしなければ、たいていの毛鉤にはライズしてくるものだ。グレーリングは、冬の間は、じっと身を潜めているが、四月も半ばを過ぎ、五月になって暖かな月に移っていくと、元気溌剌《はつらつ》としてくる。すらりとした優美な姿になり、その肉は白く、その小さな歯は喉のなかにならんでいるが、その口は柔らかく、どんな魚よりも掛けてから逃げられてしまうことの多い魚だ。この魚は、あの愛らしいダヴ川やトレント川、その他、ソールズベリー近郊を流れる小さな川には数多く見られるが、鱒のようにどこにでもいる魚ではない。しかし私にとっては、食べるにも、釣るにも、鱒ほどの魚ではない。というわけで、この魚の話はここで終わりにして、鮭の話とその釣り方に移ることにしよう。

第7章　鮭の話とその釣り方について

釣師　鮭は淡水魚の王者と考えられている。そして、かならず海につらなる川で生まれる。しかし海からは高く、遠く隔たっているので、そこにはもはや塩水も汽水も認められない。鮭はたいていの川において八月には産卵す

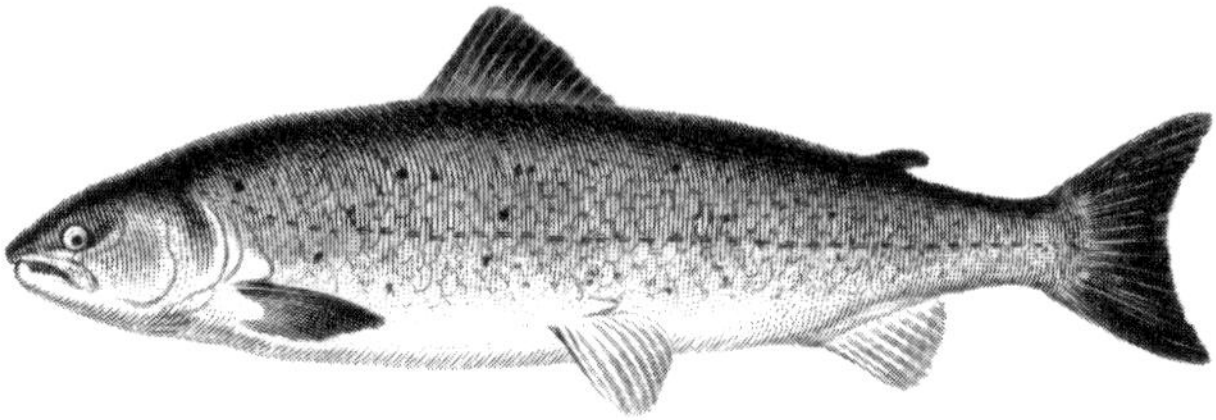

Salmon: サケ

ると言われている。ある人によれば、鮭は安全な砂利床に穴を掘り、そこに卵を産みつける。そして、オス鮭がその自然の役割を終えたところで、きわめて巧みに砂利や小石で穴を覆い隠してしまう。それからは、その場を創造主の庇護のもとにゆだねる。そして主はその冷たい元素のなかにやさしい熱をそそぎこまれ、卵が温められ、卵のなかに生命がうまれ、翌年の春には鮭の稚魚になる。

鮭は淡水において彼らの定められた時を過ごし、自然の役目を終えると、オスもメスも冬がくる前に海への道をいそぐ。しかし、水門や堰にはばまれたり、淡水中に迷ってしまったりすると、そういう取り残された魚は次第に弱ってきて、やせ細り、食べるには適さず、キッパーと呼ばれる燻製ニシンのような状態になってしまう。つまり、下顎に鷹のくちばしのような形に軟骨が発達し、これが鮭の摂餌を妨げてしまうのだ。そうして取り残された魚はやせ衰えていき、やがては死んでしまう。海から離れても、こうして一年を生き延びることはあるということだが、それでも風味を失い、味はなくなり、血も力も失って、やせ細り、二年目には死んでしまう。そして、海につながる川にたくさん見られるスケガーと呼ばれる小さな鮭は、海に戻りそびれたこうした虚弱な鮭から生まれたもので、その数は多いものの、大きく育つことはまずないと言われている。

ところが年老いた鮭も海にたどりつくと、燻製ニシンかと思わせた軟骨もすり減り、あるいは鷲がその嘴《くちばし》を落とすと言われているように、抜け落ちてしまう。そして体力を回復し、次の夏になると、かつて自分を楽しませてくれた同じ川にどうにかして戻ろうとする。そこで、ある人がおもしろいことを言っている。名もあり、金もある人たちが夏の家と冬の家の両方を有するように、鮭は夏のために淡水の川を、冬のためには海を有して、そこで暮らすというのだ。しかしその一生は、サー・フランシス・ベーコンがその《生と死の歴史＝History of Life and Death》のなかで言っているように、一〇年を超えることはないという。さらにこう言われている。鮭は海で大きく育ちはするが、脂がのるのは淡水のなかだけだということだ。また、海を遠く離れるほど、脂がのり、かつ美味になるとも言われている。

さて次にこういうことがある。鮭は淡水の川をでて海に入るに際して、非常に困難な移動を余儀なくされるのだが、それよりも大変なのは、産卵のためや、かつての楽しみを得ようとして、塩水から淡水の川に移動するときだ。その目的のために、鮭は水門を越え、堰を越え、もろもろの川のなかの障害を越え、時には想像を超える高さをも越えて川にもどってくるのだ。ゲスナーの言うところでは、そういった場所の高さは水面から八フィートにもおよぶということだ。そして、わが国のカムデンはその著書《ブリタニア》のなかで、同様の驚くべき事実が、ペンブルクシャーのタイヴィー川の落ち口に見られると言っている。その落ち込みは真っ逆さまで、きわめて高く、これを越えて海から川に入ろうとする鮭を見て、人はその勢いと無謀に立ちつくし、感嘆してしまうのだ。その光景とその場所の高さがあまりにも際立っているので、その場所は《鮭跳び場》として広く知られるようになった。それについて、私の旧知の友であるマイケル・ドレイトンから次の詩を引いてみよう。彼はその《ポリオルビオン Poly-Olbion》のなかでこう言っている。

そして　鮭が淡水の流れを求めて泳ぎよるとき
（その習性によって年ごとに海からこの地へやってくるのだ）

それは産卵の季節が近づいて川をさかのぼるとき
そこにタイヴィー川が流れ落ち　高い滝をつくっている
そびえ立つ岩々は流れを押しとどめ
まるで流れ下るなと言うようだ
その滝下に今しも辛苦の魚がたどりつき
力をつくしても無駄に終わると知ったとき
鮭はその尾を口にくわえ　弓なりに体を曲げるや
満月のように引き絞り　ひょうと己《おのれ》を投げ上げると
端から端までたわんだ棒が　人の手を離れて弾け跳ぶように
鮭は跳び上がった
最初の跳躍が失敗すると　すぐに二度目の跳ねをやる
すばやく体を引き絞り　ひたすらに跳躍をこころみて
行く手をはばむ流れの向こうに跳び出すまでは
決して諦めはしない

マイケル・ドレイトンは鮭の跳躍あるいは宙返りについて以上のように言っている。

次に私が話すことは、ゲスナーをはじめ他の人々にも言われていることだが、イングランドの鮭ほど食べてうまい鮭はないということだ。我々の北部地方にも、テムズ川の鮭と同じくらい脂がのって、大きな鮭が獲れるところがあるにはあるが、その味にかけてはテムズの鮭の比ではない。

そして前にも言ったように、サー・フランシス・ベーコンによれば、鮭の寿命は一〇年を超えることはないということだが、ここでは鮭の成長がきわめて急激だということについて話してみたい。鮭は海にはいると、カマツカ程度の大きさであった鮭の子から、ガチョウの子がガチョウになるくらいの短時日にりっぱな鮭に成長すると言われている。その概要が認められたのはこんな具合だ。海に泳ぎくだる途上の若い鮭を堰で捕まえ、その尾のところにリボン、もしくは前もって決めておいた目印のテープや紐などを結びつけておく。それから、ふつうは六カ月後のことになるが、同じ場所で、同じ目印をつけた、海から帰ってくる鮭を捕獲したことによってそれが確かめられたのだ。同じような実験はツバメの若鳥に関しても試みられたことがある。ツバメは六カ月の留守のあと、同じ煙突に帰ってきて、巣をつくり、その夏の住まいを構えることが知られている。こうしたことから多くの人々は、鮭も一般に自分が生まれた川に帰ってくるものだと考えるようになった。それは、同じ鳩舎から放たれた若い鳩が、もとの鳩舎に戻ってくるようなものだ。

さて、さらに知っておくべきことがある。産卵期の鮭のオスはふつうメスよりも大きいが、メスよりも顎が曲がっており、メスに比べると淡水の川で越冬する耐性は劣っている。その時期のメスはオスよりは痩せておらず、よさそうに見えるが、水っぽくて、美味くはない。

しかしそれも、例外のない規則はない、というとおり、この国では冬期に食べて美味い鮭と鱒のとれる川が少数だがある。確かなところでは、モンマスシャーのワイ川の例がある。そこでは、カムデンのいうとおり、九月から四月までが美味い時期になる。とはいえ弟子どのよ、あれやこれやその他の話については、限られた時間ではあまりに広範にわたるので、礼儀に従って、ここは省略しなければならない。そこで次に鮭の釣り方にとりかかることにしよう。

それに関して、まず知っておかなければならないことがある。通常、鮭は鱒のようにひと所にあまり長いあいだ留まっていることをせず、前に言ったように、ひたすらに水源をめざしてのぼっていこうとする。また、鱒やその他の多くの魚とちがって、水際や岸すれすれ、木の根の陰にへばりついていることはなく、川の中の深いところ、広いところ、ふつうはその中心の、川底に近いところを泳いでいるものだ。したがって、そういう辺りを釣らなければならない。それには、鱒の場合に同じく、ミミズやミノー（人によってはペンクという小魚）、あるいは羽虫をつかう。

ここで注意すべき点がある。鮭は、時にはあるにしても、滅多にミノーに食いつくことはなく、羽虫にでることもあまりない。それよりもミミズにでることの方がおおい。なかでもよいのはドバミミズ（フトミミズ）で、これは使用前に七日か八日のあいだ苔のなかに入れておいて、よく泥を吐かせておく。その期間を倍にして十六日、二十日、あるいはそれ以上にするとさらによい。そうすれば、ミミズはさらにきれいになり、丈夫に、活発になり、釣鉤に刺して長持ちするようになる。長いあいだ保存しておくには、涼しいところで、新鮮な苔のなかに入れておくとよい。そのなかに樟脳を入れておくとよいという人もいる。

さらにこんなことがある。多くの人が竿先に針金の環《わ》をとりつけて、そのなかに釣糸をとおし、鮭が掛かるとその環をとおして必要なだけ糸がでていくという釣り方をしている。そしてその目的のために、竿の中ほどに、あるいは竿の手元に糸巻の輪[1]をとりつけている人もある。これについては、あれこれ言葉で説明するよりも、一見するほうが分かりやすいだろう。

1　リールのことだろうが、これをウォールトンが使ったようには思われない。

さてここで、秘訣といってもよさそうなことを、ひとつご披露しよう。私はこれまで、今は神とともにある、鱒釣りと鮭釣りの名手、老オリバー・ヘンリーと釣りをしてきたものだったが、この人は釣りにあたってバッグから三、四匹のミミズをとりだすと、それをポケットのなかの小さな箱に入れておいたものだ。そうして、三〇分かそこら経ったところで、取りだして鉤につけるというやり方をしていた。その訳を尋ねたところ、その答えは《ただ、次に餌をつけるときに備えて、一番いいのを選び出しておくだけだ》というものだった。他の人たちも、私も実際に目にしたことだが、彼は釣りを共にした私や他の誰よりも多くの魚を釣ったのだ。それもことに鮭の場合がそうだった。ところで最近のことだが、私はこの人がもっとも親しくしていた、内輪の友人のひとりから聞かされたのだが、彼がミミズを入れていた小箱には、搾りだすか、何かに浸すかして抽出した木蔦《きづた》の実の油が二、三滴たらしてあったというのだ。箱のなかに一時間ばかり入れておかれたミミズは、魚にとっては抵抗しがたい類の魅力的な匂いをまとうもののようで、その匂いのとどく範囲にいる魚は否応なく食いついてくるのだという。私がその話を聞いたのはそれほど以前のことではないが、まだ自分で試したことはない。しかし私はいかにもありそうなことだと思う。読者にはサー・フランシス・ベーコンの《博物誌 A Natural History》にご注目いただきたい。そのなかで彼は、魚が音を聴きとるだろうことを、また恐らくは疑いなく匂いを嗅ぎとるだろうことを論じている。ゲスナーが言う、カワウソは水中で匂いを嗅ぐことができるということは、確かだろうと思う。そして、私は魚もまた水中で匂いを嗅ぐだろうとは思うが、そうした疑問に決着をつけるのは釣りを愛好する者か、もしくは釣りの手腕を向上させたいと願う人に残された課題だ。

この他にも二つの実験についてお伝えしよう（ただし私は試してはいない）。それについては、素晴らしい釣師であり、よい友人でもある人が書き記してくれたものを、その文面のままに披露することにしよう。しかしそのなかの後半に関しては、彼いわく、それはちょっと口にしたくないくらいよすぎるので、一般に流布することのないよう、学者用語（ラテン語のこと）で記すということであった。

《樒の木に生えるウラボシ（シダ）を蒸留して、悪臭のするオイルを抽出する。これにテレビン油と蜂蜜をまぜる。それを餌に塗ってやると、魚は間違いなくこれに惹《ひ》きつけられる》

そして学者用語の後半というのはこうだ：《ツタの太い枝に傷をつけると、きわめて甘い匂いのする、粘着性の白っぽい香油がにじみ出てくる》。これはどんな魚にとっても非常に甘美なものであるが、また、阿魏《あぎ》（イラン原産セリ科の薬用植物）も同様の働きをする。と、まあこんな具合だ。

私はこの手の話はあまり信用しないのだが、ありそうなことだとは思っている。それに、化学に詳しいサー・

ジョージ・ヘイスティングスをはじめ何人かの人たちが、それらは非常に有効であると肯定している。しかしこの話はここまでにしておこう。とくにこの場ではそうしておこう。

鮭の話を終えるまえに、鮭は一種類だけではないことを述べておこう。つまり、《ティコーン Tecon》と称されるものや、場所によっては《サムレット Samlet》あるいは《スケガー Skegger》といわれるものがある。しかし、こういった魚や、名前はあげないが他の何種類かの魚は、ニシンとイワシが違うように、別の種類であるかもしれない。それは、私の考えるところでは、それぞれ生まれた川に応じて違うのだと思う。しかしこうしたことは、私などよりも暇もあれば才能もある人たちの研究にまかせるべきものだろう。

さて最後に、もう少しだけ我慢を願ってこれだけをつけ加えておこう。その盛期の鱒と鮭は、水から引きあげてそれらが生きている間は、鱒にはあざやかな朱点が、鮭には真っ黒か黒っぽい斑点がその魚体にさらなる自然の美しさを与えている。思うに、そうした自然の美しさは当節ご婦人方が自慢する化粧や付けぼくろの類の到底およばないところだね。それではここで鱒と鮭の話を終わりにして、パイクの話に進むこととしよう。

第8章　ルースまたはパイクに関する話とその釣り方について

釣師　ルースまたはパイクと称されるこの屈強の魚は、鮭が王者と称されるのに対して、こちらは淡水の暴君とされている。あるものは生殖によって生まれるが、生殖によらないものもあることは疑いない。すなわち、博学のゲスナーが間違っていなければの話だが、ピカレル藻といわれる水草から生まれるというのだ。彼はこう言っている。この草にねばねばする物質が加わって、それをある特別な月の太陽の熱が温めると、そしてその場所が本来それに適した性質の池であるならば、その水草がパイクになるというのだ。疑いなく、このようにして種々のパイクが生まれてくる。あるいは、人間には知りようのない何らかの仕方でどこかの池にもたらされるのに違いない。その事実に関しては我々が日々目にしていることだ。

サー・フランシス・ベーコンは、その著書《生と死の歴史》のなかで、パイクは淡水魚のなかでいちばん長生きすると言っている。それでも、普通には四十歳を超えることはないだろうとしている。他方、十歳を超えることはないと考える人もある。ところがゲスナーの言うところでは、一四四九年にスエーデンで捕らえられたパイクはその首のまわりに首輪がつけられていて、そこにはフレデリック二世がその池に放したと記してあった。それはパイクが捕まった時から二〇〇年以上も前のことになる。そのことは首輪にギリシア語で刻まれていたが、それを当時のウォルムスの司教が訳したことによって判明したのだ。しかしこの話はここまでにしておこう。ところで、歳を経た巨大なパイクは見かけこそ堂々としているが、味の方はそこまでには至らないようだ。それよりも小さいか、中型のパイクのほうが、たいていの世に知られた食通に言わせると、味の点でははるかに優れているということだ。それとは逆になるが、ウナギに関しては、年数をへた、大きなウナギの方が、味もよいということである。

どんなパイクであれ、あまり長生きすると、飼い主にとっては負担が増すことになる。というのは、パイクの生命は、自分の同族もふくめて、幾多のほかの魚の犠牲において維持されているからだ。そういう点から、物書きのなかには、パイクを《川の暴君》もしくは《淡水の狼》と称する人がいるわけだ。その理由は、パイクが恐れ知らずで、貪欲で、むさぼり食う性質であることからきている。その過激さ加減は、ゲスナーの語るところでは、ある男が水を飲ませようとしてある池にラバをつれて行った。その池はパイクが他の魚をぜんぶ食い尽くしたと言われている池だったが、パイクがラバの唇に噛みついてきた。パイクがしっかり噛みついて放さなかった

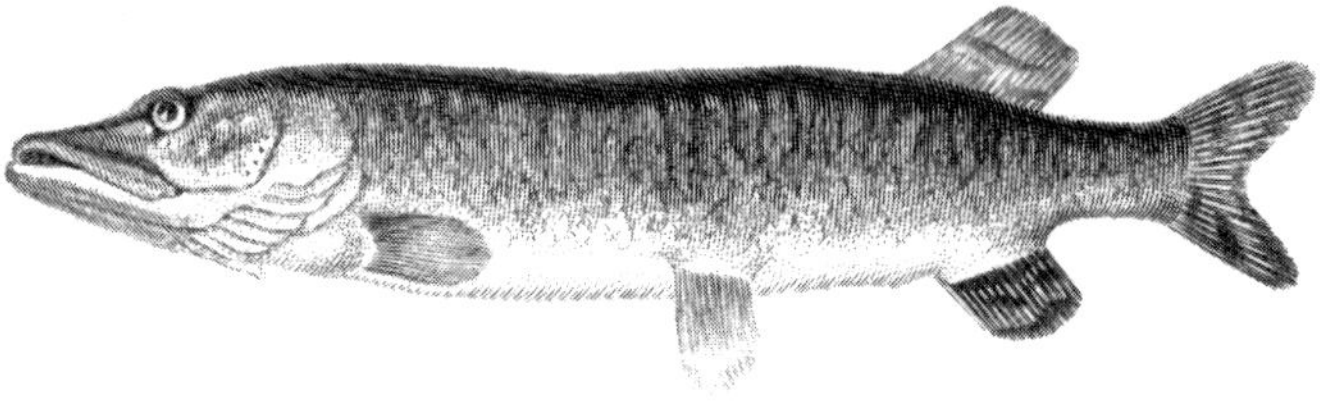

Pike パイク

ために、ラバは水からパイクを引き抜いてしまった。そんな巡り合わせで、ラバの飼い主はパイクを釣りあげるという成行きになったという。同じゲスナーがこんなことを言っている。ポーランドである娘が池で洗濯をしているとき、パイクに足を噛まれたことがあったという。また、コヴェントリーからあまり遠くはないキリングワースのとある婦人にも同じようなことがあったと聞いている。私の友人シーグレイヴ氏、この人は前に話したあのカワウソを飼い慣らしている人だ、その彼から確かな話として聞いたことだが、極度の空腹状態にあったパイクが、あるとき彼のカワウソが捕まえて水から引きあげようとしていた一匹の鯉をめぐって、そのカワウソと争っていたというのだ。こうしたことを話してくれた人の名を君には明かしたが、その人たちは、いいかね、みな信用できる人たちだ。そこで、ここはある賢人の言葉を引いて締めることにしよう。いわく《腹には耳がないから、言うことを聞かない》とね。

以上のような話が信じられないとしても、つぎの話は明白すぎて疑いようがない。パイクは自分の仲間まで食べてしまうのだ。それも自分の腹より大きく、喉を通りそうにもないものまでも一部を飲み込んで、後を口中の残しておいて、飲み込んだ部分が消化されるのを待って、それから口のなかに残っている部分を飲み下して消化する。こんなふうにして、少しずつ順送りにしていく。このやり方は、牛やその他ある種の動物に似ていなくもない。そうした動物は、食べ物を口からすぐさま腹に送ったりはせず、まずどこかその中間にある場所に送る。それから、噛むなり、消化するなりしていく。それは《食い戻し》といわれている。さらにパイクは空腹時ではなくても、食いつくことがあるのは疑いのないところだ。たとえばそれは、ある人が言っていることだが、近くで餌を見せてじらせてやると、怒って飛びつくことさえあるということだ。

さらにこんなことがある。パイクは毒のあるものをも食べるが（たとえば、ある種のカエルなど）、それでも毒に当たることはなく生きつづけるということだ。それは、ある人によれば、パイクにはその体内にあらゆる毒素に対する生まれつきの解毒剤があるというのだ。それにパイクは不思議な熱をもっていて、我々には冷たく見えるけれども、その熱によってどんな魚の身であっても自らに変調をきたすことなく消化し、順次こなしていくことができるというのだ。

また、別の人たちの見るところでは、パイクは殺してからでないと、毒ガエルを口にすることは決してないという。そして殺してからは、産卵期に毒のあるカエルに対してアヒルがやるように、水のなかで上に下にひっくり返しながら徹底的にカエルを洗って、食べても危険がないようにしてから、食べるのだという。ゲスナーによると、あるポーランドの紳士が信じてくれと念を押して彼に話したところでは、パイクの腹のなかにガチョウの子が二羽はいっていたことがあったというのだ。まったくパイクという生き物は、極度の空腹時には池を泳いでいる犬にさえ飛びかかって、これをむさぼり食うのだ。それに類する実例には事欠かない。前にも言ったように、《飢えがやってくると腹は聞く耳もたぬ》というわけだからね。

パイクはまた孤独で、陰鬱で、不敵な魚だといわれている。陰鬱とは、泳ぐのも、休むのも、いつも独りで、ローチやデイスやその他の魚のように群れで泳ぎ、仲間と一緒にいることがないからだ。不敵といわれるのは、影を恐れず、人を見ても、人に見られても、恐れることがないからだ。その点は鱒やチャブ、その他どんな魚とも違っている。

また、ゲスナーの観るところでは、パイクの顎の骨と心臓と胆嚢とは、いろんな病に薬効があるという。あるいはまた、止血の効能があり、高熱をしずめ、おこりを治し、疫病の伝染をくいとめ、また駆逐するなど、多くの点で薬効があり、人間の幸福のために有益だという。しかし、彼のいうところでは、パイクの噛み傷には毒があり、治りにくいということだ。

さらに知られているところでは、パイクという魚は、何度も子を産むドジョウのような魚と違って、一年に一度しか子供を産まないという。それはたとえば、ある種の家鳩などは、ほとんど月ごとに子を産むのに対して、パイクが魚類のなかの猛魚であるように、鳥類のなかの猛禽である鷹は、十二カ月のうちに一度しか子を産まないのと同様だ。そして、パイクの産卵時期は、寒暖の具合によって二月の終わりごろから、幾分おくれて三月になるのが普通だ。そして、その産卵の仕方はこうだ。オスとメスのパイクは、ふつう二匹で一緒に川からでて、溝か掘割の奥に入っていく。そこでメスが卵を産み、オスはその間ずっと産卵するメスの辺りに付き添って離れないでいるが、メスに触れることはない。

これについてもっと話してもよいところだが、物好きにも程があるとか、あるいはさらに悪くとられるのもなんだから、ここは我慢して次のことを聞いていただくだけにしよう。パイクのうち食べて最上級のものは川で獲れるパイクで、次によいのは大きな池または湖で獲れるもの、一番よくないのは小さな池のパイク、ということだ。

先にすすむまえに、言っておかねばならないことがある。それは、パイクとある種のカエルとのあいだには、根深い悪感情が存在するということだ。この点はボヘミアの司教デュブラヴィウス[1]の読者ならわかっていることだろう。彼はその著書《魚と養魚池》のなかで、自らの目で見たことで、どうしても読者に語らずにはいられなかったとして、次のように言っている:

1　Jan Dubravius モラヴィア、オルミュッツの主教（一五五三頃）、その著書《De Piscini》の英訳は《A New Booke of Good Husbandry》（一五九九）。ウォールトンはここから引いている。

《著者とトゥルゾー司教がボヘミアのとある池の畔《ほとり》を歩いていたとき、パイクが一匹、岸近くの水にひどく眠そうな様子で浮いていた。そのとき一匹のカエルがパイクの頭に飛び乗った。その膨らんだ頬と見開いた目つきに、カエルの悪意と怒りがありありと見えた。カエルは脚をいっぱいに広げて、パイクの頭を抱え込んでしまった。そしてすぐにその足と歯でその柔らかい目の辺りを引き裂いた。パイクは苦痛のあまり水のなかを上に下にのたうち回り、水草に体をこすりつけるなど、あらゆる手段でその敵を振り払おうとした。しかしそれもすべてむなしく、カエルは勝ち誇ったようにパイクの上にまたがって小突きまわし、苦しめつづけた。そしてついにパイクの力は尽きて、カエルはパイクもろともに水の底に沈んでしまった。間もなくカエルは水面に浮かびあがってきて、ケロケロと鳴いた。それは、勝利を喜んでいるかのようだった。それから程なくしてカエルはその隠れ家に帰っていった。この戦いの始終を目撃した司教は漁夫をよんで網をもってくるよう言いつけ、何としてもパイクを引きあげ、どういう結果になったかを明らかにしようとした。パイクが引き揚げられた。パイクの両眼はえぐり取られて、食い尽くされていた。二人が怪訝に思い始めたところ、漁師は驚くことはない、パイクはよくこんな目に遭うのだと言った》

この話（デュブラヴィウスの著書、第六章にある）をある友人にしたところ、彼いわく《そんなことは、ネズミに猫の目を引っ掻きださせるようなもので、ありそうもない話だ》と言った。しかし彼は漁をするカエルの存在を考えていないのだ（これをダルマチア人は水の悪魔と称している）。このカエルについて同じように不思議な話をしてもよいのだが、むしろこの話にしよう。確かな話なのだが、水へビを非常に怖がるカエルがいて、水へビに出会う恐れのある池を泳ぐとき、そのカエルは葦の茎を横なりに口にくわえて泳ぐのだ。そうすれば、たまたま蛇に出会ったとしても、口にくわえた葦の茎が蛇の邪魔になってその威力と悪意からカエルを守ってくれるというのだ。そのうえ、逃げるとなれば、普通にはカエルのほうが泳ぎも速いからね。

さて、次に言っておこうか。水生のカエルと陸生のカエルがあるように、ヘビにも水生と陸生がある。それについては次のような話がある。陸生のヘビは、古い堆肥の中やどこか同じような温かなところで産卵して、卵を孵す。そして小さなヘビが生まれる。ところが毒のない水生のヘビは（こうした自然の秘密の偉大なる観察者に確かなこととして聞いたのだが）卵を孵化するのではなく、小さなヘビをそのまま生みだすということだ。そうした小さなヘビを母親はそこに見捨てることはせず、子ヘビと一緒に過ごし、なにか危険を察知すると、子供みんなを自分の口のなかにくわえ込んで、恐ろしい危険を逃れて泳ぎ去っていく。そして危険がすべてなくなったと判断したところで、また子ヘビを外にだしてやるのだ。こういう珍事を我々釣師はときおり目にして、それを人に話したりもするのだ。

ところで私はいったいどこへ行こうとしているのか。デュブラヴィウスの話を思い出しているうちに、つい我を忘れてしまっていた。だからもうここで止めて、約束どおりパイクの釣り方について話そう。

パイクが餌にするのは、ふつうは魚かカエルで、時に自らの草とされるピッカレル・ウィードという草を食べる。これについては、この草からパイクが生まれると考える人のあることを以前に君に話しておいた。そうした人たちの述べるところでは、パイクが放流されたはずのない池であるにもかかわらず、パイクがたくさん見つかることがあるというのだ。そういった池には、あの草もまた大量に見つかるのだ。パイクを産み、かつそれがパイクを養うという例の草だ。しかし、そうして生まれたパイクが、その後は他のパイクのように生殖によって子を産むものかどうか、その辺のことは、私などが及ばぬほど詮索好きであり、暇もあるという人たちの探求にお任せすることにしよう。そしてこちらはパイクの釣り方に話をすすめよう。その釣り方は、《ぶっ込み釣り》でもよいし、《引き釣り》でもよい。私がぶっ込みというのは、固定された餌のことで、釣り場を離れたときでも、一カ所にあって位置を変えない置き鉤にした釣り方のことだ。他方、引き釣りというのは、釣師が竿を持って動き、常に移動する釣り方のことだ。これら二つの方法について、次のやり方を話しておこう。置き鉤につかう餌は、魚であれ、カエルであれ、生き餌がいちばんだ。ただ、死んだ餌であっても釣れないことはない。生き餌を長持ちさせるには、次の方法がよいかもしれない。いやむしろ、この方法によるべきだと思う。

まず、生き餌にする魚としては、ローチかデイスなど（訳注：コイ科の小魚の類）がいちばんよく、パイクの食欲をそそる餌だと思う。そして、釣鉤に刺していちばん長持ちする餌はパーチだ。それにはまず背鰭《せびれ》を切りとっておく。これは魚を痛めずにできる。次に、できるだけ先の尖ったナイフを使って、頭と背鰭のあいだに切れ込みをいれてやる。それは、技と注意力の許すかぎり小さく、魚を傷つけずに、鉤元《ちもと》に巻いた針金を通してやるための穴だ。そうして、針金を魚の背に沿って、背の皮と身のあいだを縫って尾の方に向かって通していき、そして今度はその針金を尾の近くにつけたもう一つの切れ目から引きだしてやる。そうして、その部分を糸で結わえてやるのだが、必要以上に強くしめて魚を傷めないよう注意する。魚を傷めないために、人によっては、前もって探り針のようなものを使って穴をあけてやり、針金を入れやすく、かつ引きだしやすくする人もあるが、こういうことに関しては、私が言葉であれこれ言うよりも、時間をかけて少し経験してみるほうが飲み込みやすいだろう。したがって、ここではこれくらいに留めておいて、次にカエルの餌をどうやって鉤に装着するか、その方法について話しておこう。

猟師　でも、師匠、たった今、カエルには毒を持つものがあると言われたではないですか。触っても危険はないですか。

釣師　確かに危険はある。しかし、カエルに関しては、いくつかの決まり事というか注意事項を話しておこう。まず知っておくべきは、カエルには二種類あるということだ。つまり（私のこういう表現が許されるなら）、獣《けもの》カエルと魚カエルとでもいうべきものがあるのだ。獣カエルとは、陸上で生まれ、そこに棲むカエルのことをいう。そのカエルにもまた数種類があり、色もまた様々だ。まだらのカエルがおり、また緑がかったカエルがいる。黒っぽいものがおり、茶色がかったものもいる。緑のカエルは、これは小さいのだが、トプセルによれば毒があるとされている。毒があるのは蟇《ひき》もそうだ。つまりヒキガエルだ。これはふつうには陸に棲み、陸で繁殖する。非常に大型で、骨ばっている。ことに、この種類のメスは大きい。時には水のなかに入ることもあるが、頻繁ではない。陸生のカエルのなかには、産卵によって繁殖するものがあるとトプセルは言っている。そして他には、泥土《でいど》や地上のホコリから生まれるカエルがあるが、冬になると泥土にもどり、そして次の夏になると、その当の泥土がまた生き物に戻るのだという。これはプリニウスの説だ。そして、カルダーヌス[2]はカエルが雨となって降るという理屈づけを試みているが、私にそれを左右できるものなら、降ってくるのは水生のカエルだけにして欲しいところだね。その種のカエルには私の考えでは毒がないからだ。ことに、二月か三月あたりに溝の中のねば土と、そのなかの黒っぽい卵から生まれる本来の水生カエルには毒がない。その繁殖期ごろには、オスとメスのカエルはさかんに跳びはねては、ケロケロ鳴いて、にぎやかに騒ぐ。ところがこれは、陸生のカエルまたはヒキガエルには全くないことだ。さてこの水生のカエルを餌にしてパイクを釣ろうという場合、できるだけ体色の黄味がかったカエルを選ぶのがよい。パイクはいつもこの色のカエルが大好きだからだ。そして、カエルは次のように扱って、できるだけ生きたまま長持ちさせてやる。

2　Cardanus：Girolamo Cardano（一五〇一～七六）イタリアの医師、自然哲学者、数学者。著書《De Subtilitate Rerum（英訳 The Subtlety of Things, 1550）》。

釣鉤をカエルの口のなかに通してやるが、これは四月から八月までなら、簡単にできる。それ以降は、口が徐々に閉じていき、少なくとも六カ月の間は閉じたままで、ものを食べなくなってしまう。それでも生きているのだが、それがどうやってなのか、御名を《不可思議》と申される天上の御方のほかに知る者はない。さて、釣鉤をとおすわけだが、つまりは、鉤に巻いてある針金を口にとおして、それを鰓《えら》から引きだす。それから、細い縫い針と絹糸をつかって、カエルの脚の上部をひと縫いして、脚を針金にゆわえつける。つまり、カエルの脚をその上部関節より上のところで鉤元《ちもと》を巻いた針金にゆわえつけてやる。その作業にあたっては、カエルを大切に扱ってやりなさい。つまり、できるだけ傷つけないように、長く生きるようにやってやることです。[3]

3　こんな箇所と、またカワウソの扱いなどから、たとえばバイロンのようにウォールトンの残酷さを非難する者もある。確かに、釣師はカエルでなくとも、生きているミミズから始まって、バッタ、小バヤなど、あるいは海釣りにおいても、生き餌を使って釣りをする。《罪のないスポーツ》とは言えない側面のあることは確かだろう。日本でもほぼ同様の仕方でカエルを鉤につけてナマズ釣りをした。

さて、置き鉤に生きた魚もしくはカエルを装着する方法を説明したところで、つぎに、このように餌を装着した置き鉤をどのように扱うべきか、あるいは扱うことができるか、そのことを話さなければならない。それはこんな具合にやる。釣鉤を道糸に結びつける。その長さは一四ヤード（約一二・八ｍ）に満たないとしても、一二ヤード（約一一ｍ）より短くしてはならない。その道糸をパイクが潜んでいる淀みか、いそうなところ、あるいは、よくやってくる場所の近くにある木の枝に結びつける。次に、何でもよいが二股の棒きれを見つけて、それに道糸を全部巻いてしまう。ただし、一ヤードか、もう少々程度の長さを残しておく。そして、その二股の棒きれの一方の先端に切れ目を入れてやる。そこには意図する以上に道糸が棒きれから解けだしていかないよう、道糸を挟んでおく。二股の棒きれは、パイクが食いつくまでは、ほかの魚やカエルがきても、水のなかに引きずりこまれない程度の大きさのものを選んでおく。さてそこでパイクがやってくると、パイクは軽くはさんでおいた二股棒の切れ目から道糸を引きはずし、必要なだけの糸を引きだしていき、餌をくわえて自分の居場所にもどり、餌を飲みこむのだ。そして、この置き鉤を一定の場所にとどめておいて、風や何かの影響で岸のほうに吹きやられることがないようにするには（というのも、水の中央でこそパイクはもっとも釣れやすいから）、鉛の錘か、石やタイル、あるいは泥炭の塊を紐にぶらさげて、これを二股棒といっしょに水に投げ込んで、水底に着地させておけば、これが一種の錨の働きをして、パイクが食いつくまでは、二股棒が動いて意図した場所からそれだすことはない。これは、いろんな置き鉤を試してみるには、非常によい方法だと私は思う。

　あるいはまた、こんな具合にして、生きた魚やカエルの餌を鉤にさして、風のある日に釣ろうという場合は、糸を木の枝か藁束に結びつけて風のままに池や沼を動きまわらせてやると、そこがパイクのいる池であるなら、自分は岸にいながらにして釣りを満喫することができるのだ。あるいは、この生き餌の仕掛けをガチョウやアヒルの体か翼に結びつけて、池を泳ぎ回らせても、同じような楽しみが得られるだろう。または、三、四匹の生き餌を、浮袋や木切れや、乾草、蒲《がま》の葉の束などに結びつけて、川に浮かべて流してやると、自分は川岸をのんびり歩いてくだりながら、パイクが食いつくのを待つという楽しみ方もできる。その他の釣り方は、実際に釣りをしながら覚えていただくことにしよう。生き餌の釣りの話をこれ以上つづけるには、もう時間がなくなってしまったからね。

　さて、死んだ餌をつかってパイクを釣るには、私か誰か、この釣り方をやる人といっしょに一日釣りにいって覚えるのがよい。死んだカマツカやハヤを釣鉤につけて、これを水中で上下に動かして釣る方法は、あまりに簡単すぎて、わざわざ時間をとって教えるようなことでもないからね。しかし、話をはしょる埋め合わせに、秘訣だといってある人から聞いた話をしよう。それはこうだ。

《キヅタの脂《やに》をラヴェンダー油に溶かし、これを死んだ餌に塗って、パイクがいそうなところに投げてやる。これをしばし水底に沈めておいてから、水面にむかって、かつ、上流にむかって引いてやる。するとパイクは、まず間違いなく、並みならぬ貪欲さをもって、この餌を追ってくる》

　またある人の言うところでは、ゴイサギの腿の骨の髄液を餌に塗ってやると、これはどんな魚にとっても大きな誘いになるということだ。

　こうした方法を私はまだ試したことはない。これはしかし、ある著名な友人が、いいことを教えてやろうといって、話してくれたものだ。このパイクの釣り方に大した効果がないとしても、捕まえたパイクの焼き方のほうは、間違いなく素晴らしいものだ。これは自分でもやってみたが、そこらにありふれたものとは違うところがよい。ただし、このやり方にあたって注意すべき点は、パイクが小さくては駄目だということだ。少なくとも、半ヤード以上、あるいはそれ以上の大きさでなければならない。

《まず、鰓のところでパイクを開き、必要であれば、腹の方向にも少し切れ目をいれる。その切れ目からワタをぬく。肝臓はとっておいて、タイムとスイート・マージョラム、それにウインター・セイヴァリーを少々くわえて、みじんに叩いておく。これにピックルスにした牡蠣をいくつかとアンチョビーを二、三匹くわえる。これは両方とも丸のままいれる（アンチョビーはいずれ溶けてしまうが、牡蠣のほうはそのまま残したいからだ）。さらに、これに一ポンドの無塩バターをくわえるのだが、その前に、バターには刻んだハーブを混ぜて、すべてによく塩をしておく。パイクの大きさが一ヤード以上である場合は、一ポンド以上のバターを加えてよいが、それより小さい場合はバターも少なくてよい。これらにナツメグを一、二片まぜて、それをパイクの腹のなかにいれる。そして、可能なら、パイクの腹を縫い合わせて閉じてやり、バターが洩れ出ないようにしておく。それができないとしても、できるだけ腹のなかに残るようにしておく。鱗《うろこ》は取らないでおく。つぎに、パイクの口から金串をさして、尾のところから出す。そして次に、四、五本、あるいは六本くらいの、木を割いた木片、もしくは、非常にうすい薄板と必要な量の布テープ、もしくは紐を用意する。パイクの体を頭から尾までを薄板でおおい、その上をテープで巻いて押さえてやるが、パイクの肉がくずれたり、金串から落ちたりすることのないよう、いくらか密に巻いておく。急がずに、ゆっくりと焼き[4]、おりおりに赤ワイン、アンチョビー、バターを混ぜたタレをかけてやる。また、汁の受け皿の上にたれ落ちる汁もすくってかけてやる。十分に焼けたところで、魚を結わえていたテープを解くなり、切るなりしてやるが、その下には盛り付け用の皿を用意しておく。腹のなかに詰めて焼いたソースもいっしょに、魚を皿の上におく。つまり、この時点では、パイクの身はくずれていず、完全な姿を保っている。そうして次に、パイクの腹の中のソースと受け皿に残るソースに最上のバターを適量だけくわえ、そこにオレンジ三、四個分のジュースを絞る。最後になったが、パイクの腹に牡蠣をいれるときに、ニンニク二片ほどをいっしょに入れておいて、あとでパイクを焼き串から外すときに、それらを丸のままとりだしてもよいし、または、盛り付ける皿に前もってニンニクをすり込んでおいて、それでソースの香りを増してやるのもよい。ニンニクを使うかどうか、それはお好み次第とする。M.B.》

4　この部分はRoastと書いてあるが、オーブン釜で焼くのか、遠火で焼くのかはっきりしないが、いずれにしても直火をあてて焼く方法ではなく、下に受け汁用の平鍋（パン）を置いて、金串を支えて焼く仕方だと思う。直火の場合には焼き汁を受ける皿は置けない。

この料理はあまりによすぎるので、これを賞味するのは釣師か本当によい人間だけに限りたいところだよ。もちろん君はその両方を満たす人だと思うから、こうして秘密を共にしたというわけだ。

さて次に、これも言わせてもらおうか。ゲスナーによれば、スペインにはパイクはいないということだ。そして、最大のパイクは、イタリアのトラシメーネ湖で獲れるということだ。そして、それには譲るにしても、二番手はイングランドのパイクで、そして、そのイングランドでは、リンカンシャーがなかでも最大のパイクを誇っている。それをいうなら、サセックス州のごときは、四種類の魚を誇っている。すなわち、アランデルのヒメジ、チチェスターのロブスター、シェルシーのザルガイ、そしてアマリーの鱒がそうだ。

しかし、この話にこれ以上の時間をかけるのはやめて、コイの話とその釣り方、そしてその料理法にうつることにしよう。しかし料理法は釣ってからのお楽しみだね。

第9章　コイの話とその釣り方について

釣師　コイは川の女王だ。堂々としていて、食べて美味く、とても利口な魚だ。だが、元々は土着の魚ではなく、イングランドに長く棲みついていたわけでもない。しかし今ではしっかりこの国の魚になっている。言われているところでは、この魚はマスカルというお方によって、当地にもたらされたということだ。この人は当時はサセックスのプラムステッドに住んでいたという人で、なるほど、この州は国中のどこよりもコイの多いところだ。

覚えておいでだろうが、さきにゲスナーの言を引いた。スペインにはパイクがいない、というところだ。疑いなく、およそ百年か、それに足すこともう数年前かもしれないが、このイングランドにもコイのいない時代があった。そのことはサー・リチャード・ベイカー[1]によれば確かなことのようである。彼の《イングランド国王年代記》のなかに次のような詩句がある。

1　Sir Richard Baker（一五六八頃〜一六四五）：《A Chronicle of the Kings of England（1643）》の中に、一五二四年のこととしてこの記述があるということだが、一四九六年刊の《Treatyse of Fysshynge wyth an Angle》にはすでにコイへの言及がある。

ホップも七面鳥も　鯉もビールも
イングランドにやって来たのは　みな同じ年

そして、まちがいなく、海の魚のうちでは、水から出すとニシンがもっともはやく死ぬように、淡水の魚では鱒がいちばんはやく死ぬ。そして、ウナギを除けば、コイがいちばん苦難にたえて、自らの棲む元素（水）の外

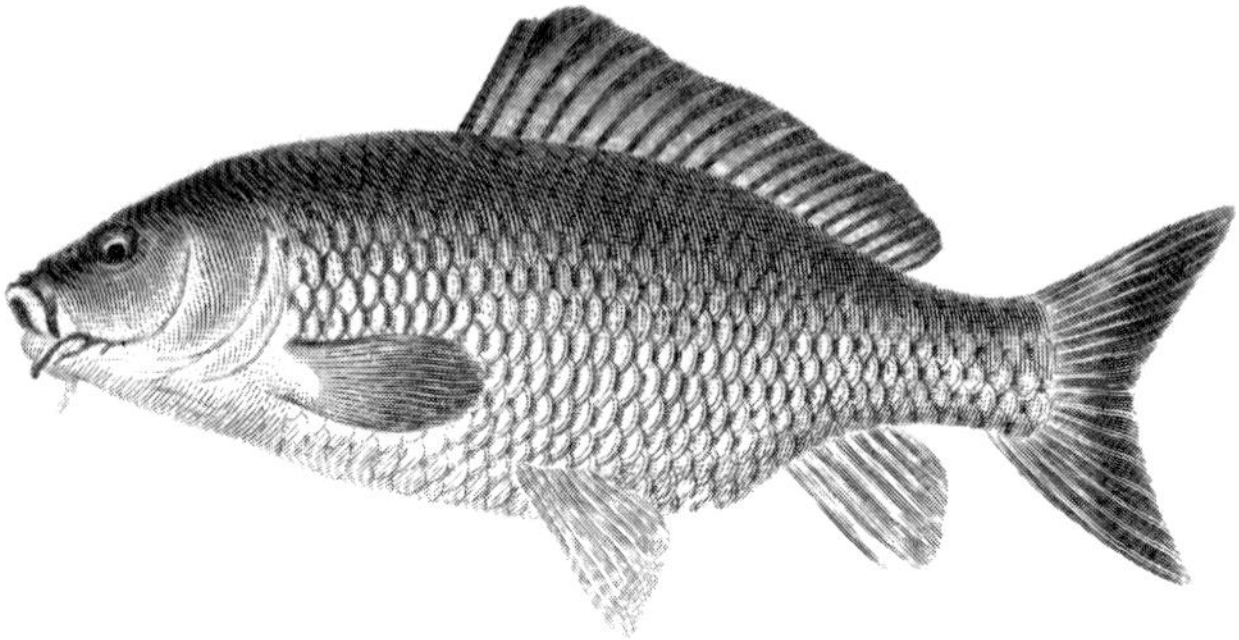

コイ

にあっても、いちばん長くもちこたえる。したがって、コイが外国からこの国にもたらされたという話は余計にありそうなことに思われる。

コイとドジョウは年に数か月の繁殖期をもつことが知られているが、パイクやその他おおくの魚の場合、そういうことはない。この点は、飼いウサギと野ウサギの比較によって部分的には知られている。同じように、十二カ月のうち九カ月の産卵期をもつ種類のアヒルがいる一方で、一カ月に満たないあいだしか卵を産まないアヒルもいるのだ。また、コイの多産をさらに信じさせてくれる例として、こういうことがある。釣り上げたコイで白子のないオスや、抱卵していないメスを見ることは、滅多にないか、まったくないくらいだし、たいていの場合、たくさん入っているものだ。ことに夏のあいだはずっとそうだ。そして、コイは、流水で産卵することがあるにしても、流水よりも、池の中でのほうが、はるかに産卵がうまくいくことが知られている。しかし、最高の味覚の持主によれば、川に棲むコイのほうが、はるかに味がよいということだ。

そして、池によっては、ことに水温の低い池では、コイが産卵しないことがあるという。しかしながら、いやしくも産卵の行われているところでは、数えきれないほどのコイが生まれる。アリストテレスとプリニウスがこう言っている。コイは年に六回産卵して、その卵をむさぼり食うパイクやパーチがいなければ、草やショウブや水草に産みつけられた卵は、一〇日か一二日ほどして、孵化するということだ。

コイは、十分に泳ぎまわる広さとよい餌のあるところなら、巨大な大きさと長さに成長する。優に一ヤードを超えることもあると聞いたことがある。魚に関する著作のあるジョヴィウス[2]によれば、イタリアのリリアン湖（コモ湖）では、五〇ポンド以上の体重に成長するという。これは、いかにもありそうなことだ。というのは、クマは、子をはらんだと思うと、その子はすぐに生まれてくる。しかし、生まれてきても、長くは生きない。ところが、それとは反対に、ゾウは母親の胎内に二年間いるのだという（ある人によれば一〇年という）。そうして生まれると、二〇年をかけて成獣にそだち、一〇〇歳にいたるまで生きるということも知られている。ワニもまた非常に長命であることが知られているが、それよりも注目すべきは、その長い一生のあいだずっと成長し続けるという点だ。そこで私は、コイのなかにも、場所によっては、成長し続けるのがいるのではないかと思う。ただし、私が見たなかでは、二三インチ（約五八cm）を超えるものはなかった。それにしても、巨大で、見事な魚だった。しかし、間違いなく、これよりもはるかに大きなサイズのコイがいるということだ、しかも、このイングランドに。

2　Paulus Jovius：Paolo Giovio（一四八三〜一五五二）：イタリア、ノチェラの司教、歴史家。著書《De Romanis Piscibus（On Roman Fish）》。

さて、コイの繁殖数には驚くべきものがあるが、土壌やその他すべての環境が同じであるにもかかわらず、なぜコイの繁殖する池と、そうでない池があるのか、その理由はだれにもわかっていないようだ。そして、繁殖と同様に、その衰退もまたはなはだ不可解なのだ。書かれたものを読みもし、また、信頼に値するある紳士から聞いたことでもあるのだが、そのお方の知るところによると、ある人が六〇余匹のコイを家の近くのいくつかの池に放したことがあった。それらの池には杭が打ってあり、また持主がしょっちゅう池の付近をまわっていたものだから、コイが盗み出されることはあり得ないことだったという。それから、三、四年たって、その持主は池を干してみた。さぞかし、子供が生まれて、増えていることだろうと期待していたのだ。そのために、こういう場合の決まり事として、この人も、メス一匹に対して、オスを三匹の割合で入れておいたのだ。ところが、三、四年たって彼がそこに見たのは、若いコイどころか、親のコイさえ残ってはいなかったのだ。同じような話だが、ある人がほとんど監視するようにして池を守り、同じくらいの時を経て、池をさらってみたところ、入れた七〇か八〇匹の大きなコイのうち、残っていたのは五、六匹でしかなかったというのだ。この人は、本当は、もうしばらくのあいだ池のかいぼりはやらないでおこうと考えていたのだが、夏のある暑い日、大きなコイが一匹、頭にカエルをのせて水面近くを泳いでいるのが目についた。それで、池を干してみようという気になったのだ。ところがまあ、七〇匹か八〇匹のコイのうち、その池には五、六匹しか見つからなかった。それも、病気になって、痩せこけて、しかも、どのコイの頭にもカエルがしっかり取りついていて、よほどの力で引き離すか、殺しでもしないかぎり、離れようとしなかったそうだ。私にこの話をしてくれた紳士によると、自分の目でそれを見たということだ。そして、彼の考えでは、不思議にも消え失せてしまったという例のコイも、こんなふうにしてカエルに殺されて、食われてしまったに違いないという。私もそうだろうと思う。

いまはウスターシャーに居住する、ある信頼できるお方が私に話してくれたことがある。それは、オタマジャクシがパイクの首のまわりに数珠繋がりに連なってぶら下がり、パイクを殺すところを見たというのだ。それは食べるためなのか、それとも恨みから来ているのか、その点は私には謎としか言いようがない。

たまたまこういう話に入りこんでしまって、まだ話すことはあるのだけれども、思いのほか長くなってしまった。しかし、君にはそれほど長くはないかもしれないから、コイについて、もう三つか四つ、短い話をして、それから釣り方に移ることにしよう。

コイの寿命については、サー・フランシス・ベーコン《生と死の歴史》によれば、一〇年に過ぎないということとだが、もっと長生きすると考える人もいる。ゲスナーの言うところでは、パラティネート侯国（訳注：ドイツ、ババリア地方）においては、一〇〇年以上も生きるコイが知られているという。しかし、大方の言うところ、コイはパイクとは違って、歳を経て大きくなるほど食べて美味いということにされている。そして、コイの舌はそのえり抜きの美味さに加えて、高価であることが知られている。ことに金を出しても買おうという人たちにとってはそうだ。ところがゲスナーは言っている。他の魚と同様に、コイには舌がないというのだ。ただ、口のなかにある肉質の部分が何か舌に似ているということだが、それは正しくは口蓋突起と呼ばれるべきだという。しかし、それがきわめて美味であることはまちがいない。それにコイは前に言ったように、その口がなめし革のように滑らかな、歯は喉のなかにある類の魚で、いったん顎に鉤が掛かると、それがはずれて逃げられることは滅多にない。

コイの寿命は一〇年しかないというサー・フランシス・ベーコンの考えを言ったが、ヤーヌス・デュブラヴィウスはその著《魚と養魚池》のなかで、コイは三歳で産卵を開始し、三〇歳までそれを続けると言っている。さらにこうも言っている。その産卵期である夏に、太陽が大地と水を暖めて、コイのために産卵の環境をととのえてやると、三、四匹のオスのコイが一匹のメスにつきまとうようになる。そうしてメスが気のありそうな様子をみせると、水草のなかや、ショウブのあいだにメスを追いまわす。するとメスは水草のなかに卵を産みおとし、卵はしっかり水草に付着する。そうしたあとで、オスは卵に白子をかける。それから間もなくして卵は生きた魚となるのだ。そして君に言ったように、コイの産卵期は一年の間に数カ月あると考えられている。大方の信じるところでは、ウナギをのぞいて、たいていの魚はこのようにして繁殖する。そして、メスが産卵という自然の務めをはたした末に消耗していると、二、三匹のオスがメスを助けて水草の中から連れ出してやり、メスの両側につきそいながら励まして水の深みへ護りとどけるということだ。こんなことは、あまり意味のない詮索趣味だと思われるかもしれないが、世の中には金と時間を使ってでも、内部が見えるようにガラスで蜂の巣をつくり、蜂がどのようにして生まれ、どんな仕方で巣をつくるか、またどのように彼らの王（女王蜂のこと）に仕え、その国家をどのように治めるのかを観察することに価値があるとする人もいるのだ。しかし、すべてのコイが生殖によって生まれるわけではなく、パイクのあるもののように、別の仕方で生まれるものもあると考えられている。

医者たちによると、コイの胆汁と頭の中にある石（訳注：イシモチなどの頭部にみられる耳石のことか）には、非常な薬効があるということだ。また、イタリア人がコイの腹子をユダヤ人に売って大きな利益をあげていることは疑いないところである。それをユダヤ人は赤い色のキャビアもどきに作りあげている。なぜなら、彼らの法によれば、チョウザメにはウロコがないことから不浄とみなされており（レビ記11章に見られるとおり）、その腹子を食べることが禁じられているからだ。

ゲスナーから引いたり、デュブラヴィウスがその《魚の話》のなかで度々触れているアリストテレスから引いたりすれば、まだ話すことはたくさんあるのだが、それでは君を満足させるどころか、むしろ混乱させてしまうかもしれないから、釣り方のほうに進むことにして、コイの習性や繁殖、あるいはこの魚に関する付随的な事柄についてはこれ以上の時間はかけないことにする。しかし君にはここで、前に言ったことを想起してほしい。すなわち、コイはきわめて賢い魚で、捕まえるのは容易ではないのだ。

コイを釣ろうという時の最初の心得として、辛抱強い心構えをもって臨まなければならないことを言っておきたい。ことに、川のコイを釣ろうという場合がそうだ。私の知るある腕利きの釣師が、一日四時間から五時間、それも三、四日のあいだ休みなく熱心に川のコイを狙ったあげくが、一度のアタリさえなかったということがある。そして、知っておいてほしいのだが、池によっては、川に劣らず釣るのが難しいコイがいる。それは、餌が豊富にあって、水が粘土色をしている池の場合だ。しかしそれとても、前に言ったように、例外のない規則はないということを想い起こしていただこうか。そこで、すべての釣師には、ことにコイの釣師には、希望と根気を持っていただくことにして、つぎに、どんな餌でコイを釣るべきか、そのことを話そう。ここでまず知るべきは、釣りの時間帯は早朝か夕刻のいずれかでなければならないことだ。言っておくが、暑い日のコイ釣りに際して（寒い日にコイが食いつくことは滅多にない）、朝が早過ぎたり、夕方が遅すぎたりするということはない。なかには、きわめて細かく四月一〇日はコイたちにとっては破滅の日だという人もある。

コイはミミズにも、練り餌にも食いつく。そして、私の考えでは、湿地か草地にいる青みがかったミミズがいちばんよい。だが、どこのであっても、あまり大きくないものであれば、たぶん同じように使えるだろう。それに、緑色のアオバエの幼虫もよい。そして、練り餌に関しては、歯痛の薬とおなじくらい種類がおおい。しかし、なかでも甘味のある練り餌がいちばんよいことに疑いはない。つまり、蜂蜜か砂糖のはいっている練り餌のことだ。それも、この利口な魚をうまく欺くためには、釣竿をつかって自分の腕をためす数時間前か、あるいはもっと前に、目当ての池や場所に練り餌を投げ込んでおくことだ。さらによいのは、一日、二日まえに練り餌を数回に分けて、小さなペレットにして投げ込んでおくと、釣りの当日になって望みどおりの楽しみを得る見込みはさらに増すというわけだ。また、池が大きい場合には、思いどおりの釣りをするために、目当ての場所にコイをおびき寄せておくことが大事だ。そのためには、その場所に麦芽の滓《かす》や、血と牛糞もしくは糠《ぬか》とを混ぜたもの、あるいはまた生ゴミや鶏の腹ワタなどを投げ込んでおく。それに加えて、釣りの餌にする例の甘い小さなペレットも少々投げ入れておく。そして、この小さなペレットは釣りの最中にも少しずつ投げ込んでやるとさらに効果がある。

さて、その練り餌の作り方だが、こんなふうにやる。ウサギかネコの肉を細かく切る。それに豆の粉をくわえる。これが容易に手に入らないようなら、他の粉でまにあわせる。これらを混ぜあわせ、それに砂糖か蜂蜜をくわえるが、蜂蜜のほうがよいと思う。これを乳鉢のなかでよく混ぜ合わせる。あるいは、時々は自分の手のなかでこねて（手はきれいにしておく）、そして一個、二個、あるいは三個なり、使いやすい数の団子にしておく。ただしそれは乳鉢のなかで十分にこねて、鉤につけても水でくずれ落ちない程度の粘り強さにしておくが、あまり固くするのもよくない。もしくは、餌もちをよくするために、練り餌のなかに白か黄色がかった羊毛を少し混ぜ込んでおくのもよい。しかし、これも多すぎてはいけない。

そしてこの練り餌を他の魚に使うために、一年中保存しておこうという場合は、これに混じりっ気のない蜜蝋と澄んだ蜂蜜とを加え、火の前で温めながら手でこね合わせて団子にしておく。こうすれば、一年中、保存しておくことができる。

さて、ハエの幼虫（訳注：サシ）でコイを釣ろうという場合だが、ここに図示する程度の大きさの、小さな緋色の布切れを用意して、これを、ロックオイル（岩油）と言われることもある、いわゆる石油に浸すなり、あるいはこれを塗るなりして、石油をしみ込ませておいたその布切れを鉤に刺しておく。そうして、その幼虫を釣りの二、三日前から、内部に蜂蜜を塗った箱もしくは角筒のなかに入れておいて、それを取りだして、できるだけ生きて長持ちするような仕方で鉤に通してやる。こんなやり方で釣るのも、この利口な魚には他のやり方に劣らず効果的だろう。しかしこの場合にも、釣っているあいだに白パンか黒パンを少し口の中に入れて、くちゃくちゃやっておいて、それを池のなかのウキが浮いているあたりに投げ込んでやる。他にも餌はあるにしても、こうした餌を使って、集中して、根気よくやれば、これまでに私が試みたり、人から聞いたりしてきたどんな餌よりもよい結果を生むだろう。それでもここで言っておきたいことがある。白パンをちぎって、これと蜂蜜とをこねて練り餌にしたものもよいコイの餌になる。しかもこれはごく簡単にできる餌だ。さて、ここまでコイの話をしてきたが、次はブリーム（訳注：フナのような魚）の話ということになる。そんなに長ったらしいものにはならないはずだから、どうか引き続き耳を傾けていただきたい。

だがその前に、これほど釣るのが難しいコイを、その苦労と忍耐に値するほどうまい料理に仕上げるにはどうすればよいか、そのことを話しておこう。ただそれにも、やはり手間と費用がかかるけれど、それだけのことはあると思う。

《コイを用意するが、できれば生きているのがよい。水と塩でこれをよくこすり洗いする。ただし、ウロコはとらない。それから腹をひらく。そして、血とレバーもいっしょにコイを小さな鍋か楕円のゆで煮用の鍋に入れる（血とレバーは腹を開いたときにとっておいたもの）。次に、マージョラム、タイム、パセリをそれぞれ少量ずつ、それにローズマリーとセイバリーの小枝を一本ずつ、それらを二、三の束にまとめてコイの鍋に入れる。それとともに、タマネギをまるごと四、五個、塩漬けの牡蠣を二〇個、アンチョビーを三匹、それらも鍋にくわえる。それから赤ワインを鍋のコイがひたひたになるまで注ぎ入れる。赤ワインには味付けのために塩、クローヴ、メース、それにオレンジとレモンの皮をくわえておく。それがすんだら、鍋に蓋をして強火にかけ、そして十分に火がとおったところで、コイをとりだして煮汁とともに大皿にとる。最良の無塩バター四分の一ポンドを溶かし、それに煮汁をスプーン六杯分、卵の黄身を二、三個分、さらに刻んだハーブを少々くわえて、よくかき混ぜたものをコイのうえに注ぎかける。これにレモンをあしらって食卓にだす。美味この上なし》T博士による

第10章　ブリームの話とその釣り方について

釣師　十分に成長するとブリームは大型で、堂々とした魚体になる。川にも池にも生息するが池のほうに好んで棲む。生息地の水と空気が気に入ると、非常に大きく育つばかりか、豚のように肥満する。この魚は、ゲスナーによると、食べてはうまいが、あまり体によいというわけではないそうだ。成長には時間がかかるが、水が合うと猛烈な勢いで繁殖する。そのため魚が増えすぎて、多くの池で、他の魚を餓死させてしまうくらいだという。

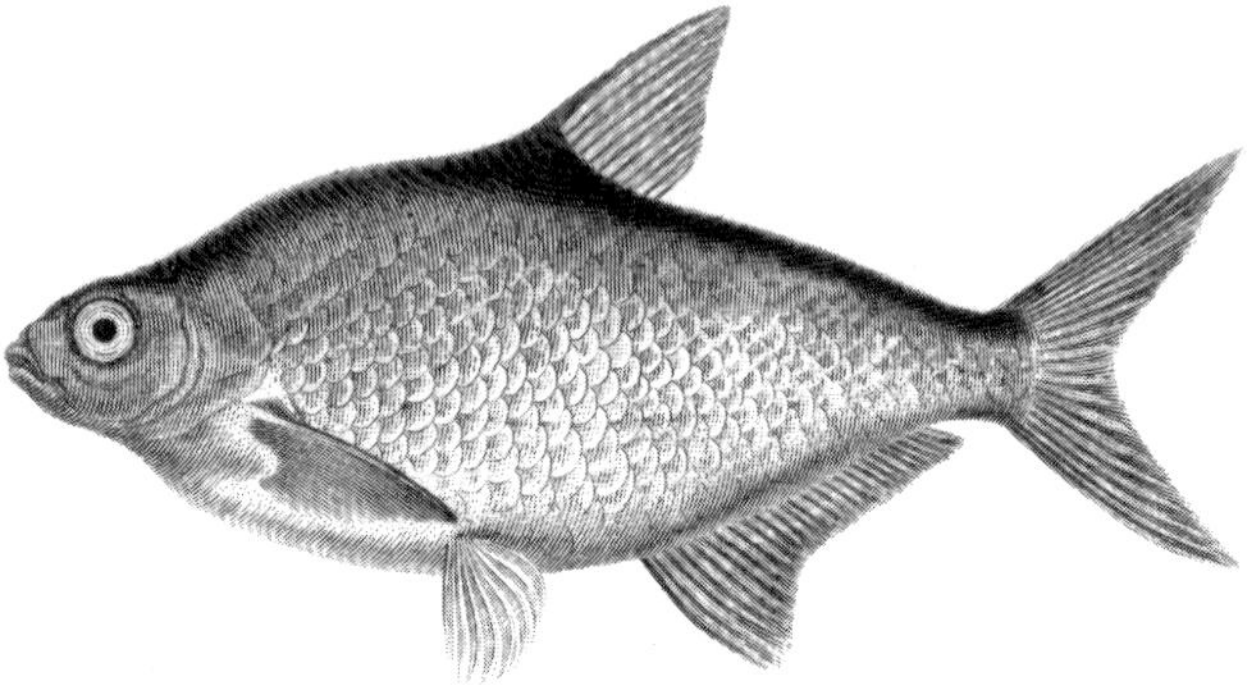

Bream. ブリーム

ブリームはきわめて体高のある魚で、尾は二股にわかれ、そのウロコは美しく整っていて、大きな目と、幅の狭い、吸いつくような口を持っている。二列の歯があり、咀嚼を助けるための菱形の骨がひとつある。成熟したオスには大きな精嚢がふたつあり、メスには大きな卵嚢がふたつあるということだ。

ゲスナーが報告するところでは、ポーランドのある池に、大型のブリームが大量に放流されたところ、翌年の冬にその池は丸ごと完全に凍結してしまって、水が一滴も残らないほどの状態になり、懸命に探してみたけれども、一匹の魚も見つからなかった。ところが春になって、氷が解け、暖かくなって、新鮮な水が流れ込んでくると、いなかった魚がまたすべて姿を現したというのだ。これはゲスナーが明言するところであって、私があえてこの著者の名をあげるのは、この話が、無神論者にとってのキリストの復活のようなもので、とても信じられないことに思われるからだ。それでも、蚕《かいこ》が繭《まゆ》から生まれでてくることや、その他おおくの昆虫の繁殖や再生を研究する人たちにとっては、いくらかなりとも信じられるのではないだろうか。また、一考の価値のあることだと思うが、サー・フランシス・ベーコンはその著《生と死の歴史》二〇頁のなかでこんなことを言っている。草本のあるものは年ごとに枯れ、かつ芽をだすものがあり、また、もっと長期を経て、これを繰り返すものもあるということだ。

この魚を珍重しないものもあるが、フランス人はことにこの魚ブリームを珍重している。それについてはこんな諺さえあるほどだ。曰く、《池にブリームを飼うものは、いつでも友を歓待できる》。そして知っておこう、ブリームのいちばん美味いところは、その腹と頭だということである。

ある人によれば、ブリームとローチは、同じところに卵を産みつけ、そこに魚精がかけられて混じり合う結果、雑種のブリームがあちこちに見られるということである。しかしそれらは、数ばかりは非常に多いものの、決して大きく成長することもなければ、味がよくなることもないということだ。

ブリーム釣りによい餌はいろいろある。第一に、黒パンと蜂蜜でつくった練り餌、また、ハエの幼虫サシ、あるいはサシに似た蜂の子がある。これらをオーブンのなかに入れるか、暖炉の前のタイルにのせて乾かし、その身を固くして使う。あるいはまた、水気のおおい土地に生えるタデやショウブ、イグサなどの根元にはサシに似た幼虫が見つかる。ブリームはこれに喜んで食いつく。あるいは、六月や七月には、脚をむしり取ったバッタにもよく食いつくものだ。また、水辺に生えるショウブの水中の茎には数種類の虫が見つかるが、それらもよい餌になる。こうしたものの他にも、もちろん、よい餌はたくさんあるだろうが、それでも、これぞというものをひとつ挙げてみよう。それはコイにも、ブリームにも、川においても、池においても、とにかく素晴らしい餌だ。これは、きわめて誠実な人であり、かつ素晴らしい釣師でもあるお方から教えられたことだが、君も、いずれその両徳を兼備されることを信じて、この知識をお分けすることにしよう。
一、できるだけ大きな赤ミミズをさがす。頭に鉢巻（節目）のないのがよい。夕刻の、雨の上がった畑道か白亜質の公有草地で、半リットルか一リットルほど獲ってくる。きれいな苔をよく洗って、ゴミを除き、水分をかたく搾りだしておき、それと一緒にミミズを素焼きの乾いた壺か小鍋のなかに入れる。そして、三、四日ごとに苔を新鮮なものと取り換えてやり、三週間から一ヵ月にわたってこれを続ける。そうすると、ミミズは透きとおってきて、活発に動くようになり、餌として最上の状態になる。

二、このようにして餌の準備ができたら、釣具を取りだして、釣りの用意をする。長い釣り竿を三本用意する。それに、絹糸もしくは絹糸と馬素を撚り合わせた道糸を三本[1]、もしくはそれ以上を用意する。それに同数のハクチョウあるいはガチョウの羽軸のウキも用意する。さて次に、下に示した形に作ったオモリを道糸の先端に結びつける。さらに鉤についている鉤素（ハリス）の結び環もオモリにつないで鉤をた

らす。鉤とオモリの間には一フィートか一〇インチ程度の長さをとる。オモリの重量は、ウキがすこし水中に沈むほどの重さに調節し、軽すぎてオモリが底をきるようではいけない。オモリは水底に着地させておく必要があるからだ。鉤素（ハリス）[2]の方は道糸より細くしてもよいが、後で触れるように、前もって取り除かないかぎり、コイやブリームが食いにくるまえに、必ずパイクやパーチがやってきて鉤を引きちぎるという危険がある。それでもよければ細くするのもよいだろう。ミミズはうまく鉤に刺してあれば、オモリについている鉤素の範囲内であちこち這いまわってくれる。すると魚はそれに誘われて、疑いもせず餌に食いついてくる。

1　道糸としては必ずしも馬素だけではなく、絹糸、および馬素と絹糸を撚り合わせたものも使われていたことがわかる。ただし、ハリス部分には絹糸は使われていない。柔らかすぎて、絡まりやすいからだろう。したがって、ハリスには馬素が使われた。日本で使われていた天然テグス（天蚕糸）はなかったようだ。

2　道糸をつくる馬素（馬尾毛）の一節をリンク（link）、鉤を結ぶハリス部分をリンク・フック（link-hook）と言っている。

三、さて、こんな具合にして、餌を準備し、道具を用意したら、さっそく川にくりだしてみよう。その場所は、夏の暑い午後の三時か四時ごろ、魚が群れをなして泳いでいたところだ。水中の深い淀みから泳ぎでていった魚が、ご推察のとおり、そのほとんどは川底の餌をもとめて四時ごろになると戻ってくるのだ。そんなときにも、一、二匹だが、仲間の魚が川底に戻ってからも、水面に居残って、泳ぎ回ったり跳ねまわったりしている魚

がいるものだ。それは、見張り役をしている魚と考えるべきだ。そこで、この見張り役がもっともよく泳ぎまわり、もっとも長くとどまる場所に目をつけることだ。そういった場所はふつう川のなかでいちばん広く、深いところであることがおおい。そんな場所で、あるいは、その付近で、川底に障害物がなく、魚を取り込みやすそうなところを選んで、前述のとおりに準備した仕掛けで川底をさぐる。それは、およそ、八フィートから一〇フィートの水深で、岸から二ヤードほど離れているところがいちばんよい。そして次に考えておくべきことがある。翌朝までにそこの水位は上がるだろうか、それとも落ちるだろうかということだ。それには付近の水車場の存在が関係するが、自分の判断でその場の水深をはかっておく。つまりその場は、あとになって川底に寄せ餌を落し込んで釣りをするところだから、半インチの誤差で水深をとっておく。つまり、投げ込んだオモリが寄せ餌の上に接するか、あるいは、その至近に着地して、しかもウキの頭が直立して半インチほど水面上にでるようにウキ下の糸の長さを調節するためだ。

このようにして、釣りの適所をみつけだし、そこの水深を得たら、家に帰って寄せ餌の準備にとりかかる。この寄せ餌こそは努力を結実させるものと考えなければならない。

寄せ餌

粗挽《あらび》きの甘い大麦の麦芽を、釣る川の大きさとその深さによって量は異なるが、一ペックから一ペック半（およそ九ℓから一三ℓ）ほど釜にいれて、一、二度で十分だが、煮立ててやる。次にそれを袋で濾《こ》して、濾した汁は桶に入れる（私はこの濾し汁を馬にやっているが、これは悪くない）。そして、袋と麦芽がほぼ冷めて、夕刻の八時か九時になったころ、川べりに持っていく。それ以前であってはならない。その寄せ餌を二握りに分けて両手で固くしぼり、それを川に投げ込む。寄せ餌はすぐに川底に沈んでいく。寄せ餌はこれから釣ろうという川底に確実に着地するよう気をつけて投げる。流れが強く、落ちた寄せ餌が動きそうな場合には、握った麦芽を一握りすこし上流側に投げ込んでやる。麦芽は両手で一握りずつ固く握りしめて、着水しても容易には崩れないようにする。

このようにして寄せ餌を川底に落ちつかせ、釣具を用意したら、道具入れのバッグとその他の釣具、それに寄せ餌を、夜のあいだ釣り場の近くに残しておく。そして、翌朝の三時か四時ごろに水辺に戻るのだが、あまり近づいてはいけない。そのわけは、彼らブリームのなかには油断ならない見張り番がいるうえに、彼ら自身も警戒をおこたらないからだ。

そして、物音をたてないように三本用意した竿の一本を手にとって、鉤に餌をつけ、それを寄せ餌の位置を越えたあたりに投げこんで、それを静かに、ゆっくりと自分の方に引いてきて、オモリを寄せ餌のおよそ真中に位置させる。

次に、二本目の竿をとって、最初の竿で投げた位置の一ヤードほど上流側に投げる。それから、三本目の竿では一ヤードほど下流側に投げこむ。そうしておいて、三本の竿を地面におく。ただし、自分自身は水際をはなれて、ウキの頭だけが見える位置まで後ろにさがり、そこでウキの動きをじっと見守るのである。魚が食いついたときには、ウキの頭が急に水中に消しこむ。しかし、そこであわてて竿にむかって走ってはならない。道糸が引き込まれ始めるのを確認してから、水際に這《は》いより、あるだけの糸をくれてやる。型のよいコイかブリームであれば、川の対岸のほうに走ろうとする。そこで軽くあわせをくれる。そして、竿をためて、しばらく萎《なや》してやる。ここで両者が強引に引っ張りあうと、間違いなく獲物を失うことになる。なぜならこうした場合、糸が切れるか、鉤が折れるか、鉤が外れるかするからだ。どうにかそこを持ちこたえたとしても、コイもブリームもなかなかの相手だ。素直に上がってはこない。とはいえ、コイのほうがブリームよりもはるかに強く、また威勢がよい。

魚と釣り方に関するこの手の話はまだいくらもあるのだが、紙に書かれたものよりも、実地の釣りで説明するほうがずっと分かりやすいだろう。ただ、次のことだけはぜひ知っていただき、常に心に留めておいてもらいたい。すなわち、パイクやパーチのいる川では、かれらが真っ先に食いついてくるから、これらを先に釣りあげてしまわなければならないという点だ。しかも多くの場合、かれらは非常に大きい。そして、川底の寄せ餌に向かって行く。それは、寄せ餌を食べるためではなく、寄せ餌に集まり、群がっている小魚を食べたり、追いまわしたりして遊ぶために寄ってくるのだ。

パイクの存在を事前に知って、これを釣りあげてしまおうという時に、ブリーム用の鉤では安心できない場合（私の場合、ブリーム用の鉤で一ヤードのパイクを釣ったことが何度もある。もっとも時には、パイクの方に運があって私の釣糸を半分もって行ったこともあったが）、そんな時にはこんな方法がある。

小さなブリークかローチ、あるいはガッジョンなどの小魚をとって、これを鉤につけ、それをコルク製のウキ下二フィートのところに生かしたままで、竿のあいだを泳がせておく。鉤先には小さな赤ミミズをつけておく。そうしておいて、白パンの欠片《かけら》を少し、あるいは寄せ餌を少しとって、竿のあいだに静かにまいてやる。もしそこにパイク氏がいるようなら、撒《ま》き餌に集まった小魚はパイクの姿に驚いて水面に跳びだしてくるが、生き餌にされた小魚のほうは間違いなくパイクに食われてしまうことになる。

こんなふうに朝の四時から八時まで釣りを楽しむ。曇り空で風のある日なら、終日、魚の食いがつづく。しかし、ひとつ所でずっと竿の番をするのは、いかにも長すぎる。その日の夕方の釣りの楽しみを損ないかねない。ところでその夕方の釣りとは、このようにする。

午後の四時ごろ、寄せ餌を投げ込んであるところにでかける。水際に着いたらすぐに、寄せ餌の残り半分を投げこむ。そうして、その場を離れておく。魚は夕食を食べに必ずやってくるから、それを待ちながら煙草を一服やっているのもよいだろう。そして、朝と同じように、三本の竿を水におろしておく。こうしてその日の夕方は、八時まで素晴らしい釣りを楽しむことになる。それから、寄せ餌の残りを投げこんでおいて、帰るということになるわけだ。そして翌朝は、また四時に三本の竿の置き場をおとずれて、最高の釣り時といえる四時間の釣りを楽しむ。それ以降は、君と友人がまたその気になるまで、魚を休ませておくことにしよう。

七月二十五日のセント・ジェームズ節から八月二十四日のバーソロミュー節までのあいだは、この釣りの絶好期だ。夏の餌に飽食して、ブリームはこの時期にいちばん太っている。

最後に言っておくことがある。三日か四日つづけて釣りをすると、魚は非常に臆病になり、警戒心がつよくなる。そうすると、一度餌をおろしても、一、二回、餌をつつくかどうかという程度になる。そうなったら、これはもう、釣場を二、三日休ませるしか手はない。そしてその間にやっておくことがある。それは、前に寄せ餌を落とし込み、ふたたび寄せ餌を投げ入れようという場所に使うために、芝土を切りとることだが、その表面の芝は短いのがよい。その大きさは丸い木皿と同じか、やや大きい程度にする。その芝土の上側、つまり緑の芝草の側に、縫《ぬ》い針と緑色の糸をつかって、できるだけ多くの小さな赤ミミズを一匹ずつ、ほとんど表面を被うくらいに結わえつける。次に、丸い板もしくは木皿を用意して、その中心に穴をあける。そして、その木皿の上にさっきの芝土をおいて、それに必要な長さの紐をとおし、これを長い棒に結びつける。そしてそれを川底におろしてやり、二、三日のあいだ、ゆっくり魚に食わせてやるのだ。そうしておいて、芝土をのせた木皿を引きあげ、そして釣りを再開すれば、またもとのレクリエーションを楽しむことができるというわけである。B. A.[3]

3　ここまでの釣り方を教えてくれた、きわめて誠実な、すばらしい釣師であるB. A. については不明。

第11章　テンチの話とその釣り方について

釣師　魚のなかの医師といわれるテンチは川よりも池を好むといわれているが、そのどちらよりも、水中の深い穴が好きだということが知られている。それでも、カムデンの言うところでは、ドーセットシャーのある川にはテンチがたくさんいるという。ただその場合も、川のなかのいちばん深い、静かな場所に引っこんでいることは間違いないだろう。

テンチのヒレは非常に大きく、そのウロコは非常に小さく、なめらかだ。目のまわりには赤い輪があり、その目は大きくて、金色をしている。口の両端からは小さな髭がたれている。そして、どのテンチにも、その頭のなかには小さな石が二個みつかる。それを外国の医者はおおいに利用している。その身は食用としてはあまり推奨できないが、外用の膏薬としてはおおいに利用されている。ロンデレティウスが言っている。彼のローマ滞在中のことだが、《ある重病人が足にテンチを塗ってもらったところ、病がおおいに癒えたのを見たことがある》というのだ。これは、彼の言うところでは、ユダヤ人たちによってある独特の方法で施された治療だという。こうしたユダヤ人たちの多くは、キリスト教徒にはまだ知られていない多くの秘術を知っているという。その秘術とは、かつて文字に記されることはなかったが、レバノン杉の大木から灌木にいたるまで、あらゆる事物の本質に通じていたとされるソロモンの時代以来、伝統的に父から息子へ、そして、世から世へと、書き物によらず伝えられてきた。うっかり漏れたということでもない限り、他の国にも部族にも、ほとんど知られることなく受け継がれてきたものなのだ。なぜなら、それを漏らすことは瀆神《とくしん》とみなされていたからだ。とはいえ、彼らユダヤ人によってか、あるいは彼ら以外の何者かによって、最初に伝えられたのはこんなことだったという。つまり、シラミを生きたまま飲み下せば黄疸は確実に治る、というのだ。このことや、その他さまざまな薬剤が彼らによっ

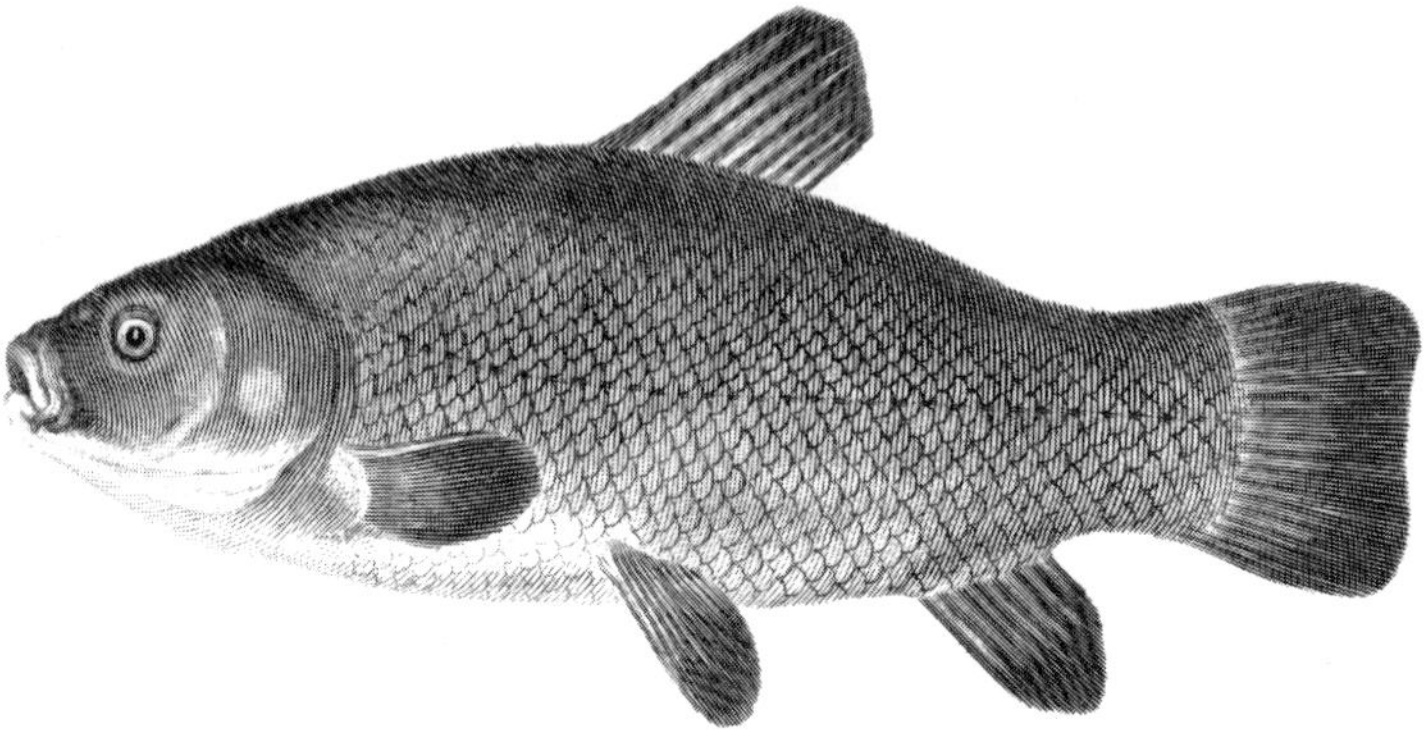
Tench. テンチ

て発見されている。あるいはそれは、天与なのかもしれない。我々が研究して得たものでないことは確かだからだ。

ところで、この魚は、食料になる以外にも、死んでからも、生きている時にも、人間にとって非常に有益だ。しかし、これ以上この件には口をださないでおこう。私の嘘のない、謙虚な釣りというアートはそのような厚かましさを教えてはいないからね。医術においても、天の御業においても、やたらに口を出してくる愚かな者たちは多すぎるほどいる。彼ら自身、隠された秘術を弄《もてあそ》ぶ資格があると考えているのだろうが、そうやっているうちに、その信奉者を破滅に追いやってしまうのだ。でも私は、これ以上は彼らに口出しなどしないで、もう少し賢くなるよう望むにとどめておこう。さて次には少し大胆に言わせてもらおうか。テンチは魚のうちの医者、ことにパイクの医者と言われている。パイクが病気になったり、傷ついたりしたとき、テンチが触れると治るというのである。暴君パイクといえども、自らの医者に対しては狼になることはなく、どんなに飢えていても、テンチを餌食にすることは控えるということだ。

自らのうちに、自他ともに癒す妙薬バルサムを生まれながらに持っているこの魚は、ひどく汚れた水の中や、水草のなかで好んで餌を食べている。しかし私は、その味は悪くないと思う。食べてみれば、君も同意するにちがいない。さてそれでは、ここまで君に色々話してきたこの魚ついて、少しだけ、ほんのわずかだが、その釣り方を述べてみよう。

テンチは黒パンと蜂蜜をまぜて作った練り餌に食いつく。また、沼ミミズやフトミミズ（ドバミミズ）にも食いつく。また、タールを混ぜた練り餌ならどんなものも好む傾向があるようだ。さらに、頭をとった小さなミミズにも食いつくし、そのミミズの先にトビケラの幼虫をつけた鉤にもよく食いつく。また、間違いなく、夏の三カ月のあいだは（寒い九カ月のあいだはあまり動かない）、ショウブなどにつく幼虫やハエの幼虫（サシ）にも食いつく。しかし、テンチについては、これ以上は自信をもって説明することができない。私自身この魚をあまり釣ったことがないからだ。しかし、誠実な弟子どのよ、君がこの魚を釣るときは、いつも幸運にめぐまれるよう祈っておこう。

第12章　パーチの話とその釣り方について

釣師　パーチはとてもうまい魚で、非常に貪欲に餌に食いついてくる魚だ。この魚は肉食魚の仲間で、パイクや鱒と同じように、非常に大きな口のなかに歯を持つ類の魚だ。いろんな他の魚を捕まえて、むさぼり食ってしまう。その背は盛りあがって山型をしており、鋭い、硬い棘をまとっている。その皮膚全体は厚く、がさがさした、硬いウロコに被われていて、他の魚にはまれなことだが、背には二カ所にヒレを持っている。きわめて攻撃的な魚で、自分の仲間さえ襲うことがある。こんなことはパイクさえやらないことだ。そうしたことからも、この魚が大胆不敵の嚙みつき屋であることが容易に信じられるというものだ。

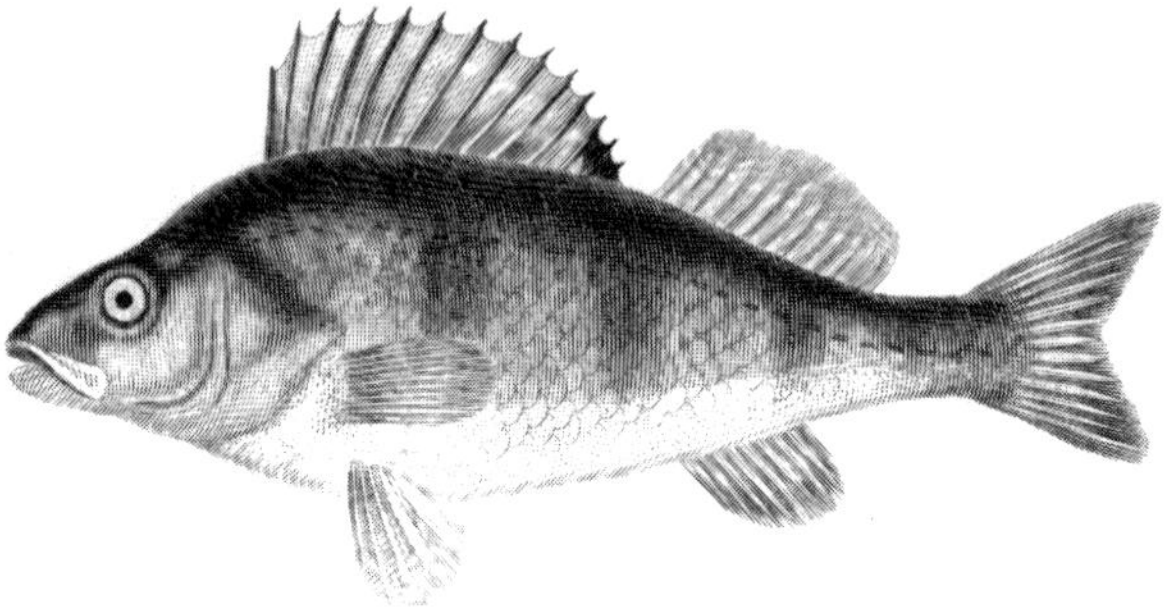

Perch パーチ

パーチはイタリアにおいて非常に高く評価されているとアルドロヴァンドゥスが言っている。特に小さいものほど味がよいということだ。そしてゲスナーは、パーチとパイクを、鱒よりも美味いとしており、いやそれどころかどんな淡水魚にも優るとしている。彼によれば、ドイツ人のあいだにはこんな言い方さえあるそうだ《ラインのパーチより身体によい》。そしてさらに言っている。川でとれたパーチはそれほど滋養に富んでいるので、医者はこれを怪我人や熱病におかされた人や、お産の床にある婦人に食べさせるということだ。パーチは年に一回しか産卵しない。医者たちは非常に滋養に富むと言っているが、他方、消化しにくい魚だと考える人も多い。ロンデレティウスの言うところでは、この魚は他の地よりもポー川とイングランド地方に多いということだ。そして、脳のなかには石が一個あり、それは他国においては、腎臓結石によく効くとして薬局で売られているという。以上は、学者先生たちが、淡水のパーチに寄せた讃辞の一端だが、この先生方は他方では、背鰭がひとつしかない海のパーチのほうが、もっと質がいいと言ってこれを推奨している。だが我々イギリス人はこの魚をあまり目にすることはないようだ。

パーチの成長は遅い。しかし、信頼できる情報によると、ほとんど二フィートの長さにまで成長するということだ。それを知ったのは、さる信頼できる筋が教えてくれたことだが、これほどの大魚が、それほど以前のことではないが、有徳の士にして釣りの仲間でもある（今もご存命と思うと同時に、そう願う）サー・エイブラハム・ウイリアムズによって、つい先ごろ、釣り上げられたというのである。この魚はずいぶん腹のふくらんだ魚であったということだから、自分の体長の半分くらいのパイクを呑み込んでいたのにちがいない。前に言ったように、この魚は恐れを知らない魚だから、パイクといえども、よほどの空腹状態にでもない限り、パーチに食いつこうとはしない。その不敵ぶりは、パイクを恐れさせ、自らを救うために、パーチはちょうど七面鳥がときおり尾羽を立てるように、鰭を逆立てて見せる。

だが、ここで弟子どのよ、パーチが勇敢なのは自らを守るためだけではない。前に言ったように、この魚は、餌を食うためにも向こう見ずなのだ。とはいえ、年がら年中、季節かまわず、餌を食っているわけではない。冬季にはきわめて食いがしぶい。それでも、暖かい日の日中なら冬でも餌を追う。どんな魚も、暖かい冬の日の、真昼にいちばん食いがよいということは知っておくべきことだ。ある人々の見るところでは、パーチは桑の木が芽吹くころにならないと、餌を追うようにはならないという。つまりこれは、春が来て、極端な寒気が去らないかぎり、釣れるようにならないということだ。多くの農家は、桑の木の花が咲くころになれば、もう霜がおりて早なりの果物に被害を及ぼすこともないと知っている。それで、パイクの餌付きについても同じようなことを言う人たちがいるのである。

それにしてもパーチはよく餌を食う魚だ。それも大胆に。だれかが面白いことを言っていた。ひとつの穴に二〇匹か四〇匹のパーチがいるとすると、次から次へ、その場を動かず、ぜんぶ釣りあげてしまうことができるというのだ。この人の言うところでは、パーチはこの世の悪人に似ていて、目の前で仲間や友だちが殺されても、怖がらないというのだ。それなのに、パーチは孤独なパイクとちがって、仲間と一緒にいることが好きで、群れをなして泳いでいる。

ところで、この大胆な魚の餌は、あまり多くはない。その意味は、この魚には好き嫌いがなく、次の三つの餌のうち、どれに対しても同じように食いつくし、それ以外のどんな餌であっても変わりがないということだ。その三つというのは、ミミズ、ミノー、それに小さなカエルだ。この小さなカエルは乾草をつくる頃にたくさん見つかる。そして、ミミズは、堆肥のなかにいるシマミミズがいちばんよいと思う。これを苔かウイキョウのなかでよく泥を吐かせておく。あるいは、牛糞のなかにいる、青っぽい頭をしたミミズにもよく食いつく。そして、ミノーの泳がせ釣りをやろうという場合は、当然、生きているミノーがいちばんよい。背ビレのところで鉤をとおすか、もしくは上顎に鉤をとおして、コルクウキでこれを中層に維持しながら、その上下を、あるいはもう少し下層を泳ぎまわらせてやる。このとき、コルクウキが小さすぎてはこれができないから要注意。カエルの場合も同様の釣り方をするが、この場合は、カエルの脚の皮を縫って鉤をとおし、鉤先を太腿の側にだして、そこで鉤を巻き留めておく。そして最後にこのことを言っておこう。パーチが食いついてきたときは、十分に時間をやることだ。これについては、間をとりすぎて駄目にしたという釣師はまずいないのだからね。さて、もうこのくらいで一休みしたほうがよさそうだ。ずいぶん長いこと喋りすぎて、くたびれてしまったよ。

猟師　いや、師匠、もう一匹だけ魚の話を。それに、まだ雨も降っているではないですか。我々の置き竿にした釣具は高利で貸し付けたお金のようなものですから、じっと坐って、ただ楽しく話をしている間にも、頑張って魚をかけてくれますよ。だから、どうかもうひとつ、魚の話をおねがいしますよ、師匠。

釣師　しかしねえ、弟子どのよ、君のほうには、何か、これと一緒にやるような話の持ち合わせはないのかね。私の話もだいぶ長ったらしくなって、退屈になってきた。君には優れた記憶力と快活な精神がおありのようだから、ここで何かひとつお願いできないものかね。

猟師　そういうことでしたら、師匠、ここでダン博士が作られた詩の一篇を朗誦しましょうか。これはダン博士が、柔らかな、調子のよい詩にも作るだけの価値はあると考えられて、自分にもできるよと、世の中に示されたのがこの詩です。私としては、余計にこの詩は好きですよ、川と魚と釣りに触れている詩ですからね。それはこんな調子です。

1　John Donne（一五七二～一六三一）、詩人、英国国教会聖職者、セント・ポール寺院の司祭。ウォールトンによる伝記がある。《The Life of John Donne》。

さあ　ここに来て　ぼくの恋人になってくれ
そうして二人でためしてみよう
金色の砂と水晶の小川の新しい楽しみを
絹の糸と銀の鉤をつかって

そこに川はささやき流れ
陽の光にまさるおまえの眼差しに暖められて
肌あざやかな魚は気づいてくれよと願いながら
そこらあたりを泳ぎまわる

おまえがその天然の浴槽を泳ぎ回ると
どこの水筋の魚もそれぞれに
なまめかしくおまえに泳ぎよる
おまえに魅せられるより　むしろおまえを魅惑しようと

もし日月の光に見られたくないのなら
輝くおまえは日月を暗くおおってしまう
おまえを見ることが許されていれば　ぼくには
日月の光はいらない　輝くおまえがいるのだから

人は竿を手にして凍えているがよい
貝殻や草にその足を切られるがよい
あるいは哀れな魚を欺き取り囲み
締め罠や網で捕まえるがよい

卑しいその手をぬるぬるした巣穴にさし入れて
眠る魚を岸辺に放り投げるがよい
おかしな奴よ　卑怯にも絹をほどいて毛鉤を作り
哀れや　まどう魚の目を欺くがよい

しかしおまえには　おまえにそんな企みなど要りはしない
なぜなら　おまえ自身がおまえの餌だから
その餌にも釣られないあの魚は
ああ　はるかに賢い　ぼくよりも

釣師　よく覚えておいでだった、極上の詩をありがとう。私も以前、聞いたことはあったのだが、君のめでたい記憶の力でよみがえるまで、すっかり忘れていたよ。さて、少し休ませてもらったから、お返しをさせてもらおうか。雨もまだ降っていることだから、ウナギの話を少々やってみよう。君が言うように、我々の釣具は、利殖にまわしたお金のようなもので、遊んでいても稼いでくれるからね。ここに静かに坐って、このスイカズラの生垣のかたわらで、もうしばらく楽しむことにしよう。

第13章　ウナギの話、およびウロコのないその他の魚に関する話と、その釣り方について

釣師　ウナギがもっとも美味な魚であることについては誰もが同意するところだ。ローマ人は、ウナギが饗宴のヘレナであると珍重し、またある者はこれを美味佳肴《かこう》の女王としている。しかし、ウナギの繁殖については、多くの人の見解は異なる。ある者は、他の魚と同様に生殖によって生まれるといい、また他の者はある種のミミズのように、泥から生じると言っている。一方、エジプトでは、ドブネズミやハツカネズミ、その他多くの生き物は、ナイル川の氾濫水を太陽が照らすとき、その熱によって生まれるが、ウナギもそれと同様だとする。あるいはまた、大地の腐敗物から生まれるとする者がある。その他にも様々な考えがある。ウナギが他の魚のように生殖によって生まれることを否定する者はこのように言う。だれか、ウナギの腹の中にかつて卵嚢や精嚢を見たものがあるかと。それに対してはこういう答えが返ってくる。それが生殖によることとは、卵嚢を見たに等しいくらい確かなことだ。というのも、ウナギには、他の魚と同様に生殖に適した器官がすべて備わっていることは確か

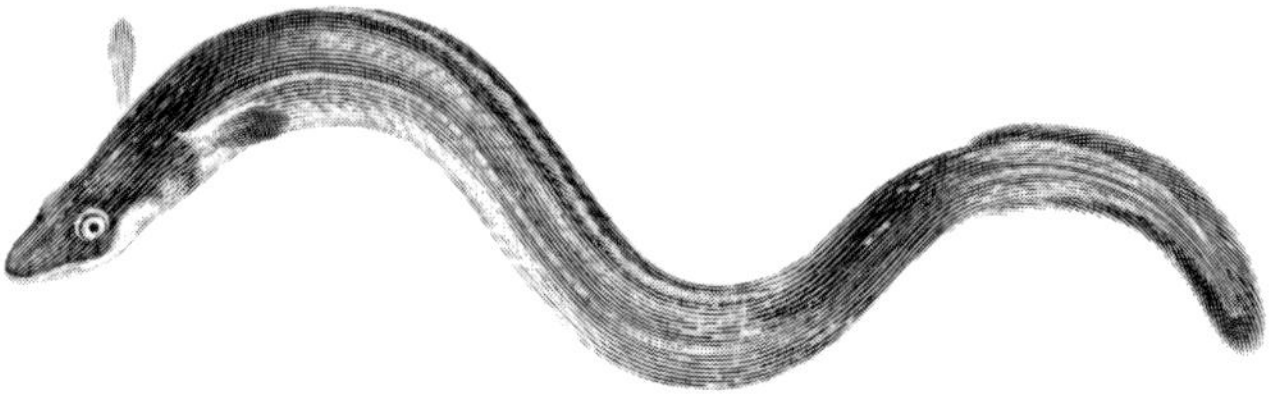

Eel. ウナギ

なのだが、それらは非常に小さく、しかもウナギは太っているので、容易には識別できないのだと言う。しかし、性別を見分けることはできるという。つまり、オスとメスの区別は、そのヒレの違いによって可能だというのだ。そして、ロンデレティウスは、ウナギがミミズのように絡みあっているのを見たことがあると言っている。

またある人の言うところでは、サー・フランシス・ベーコンによればウナギの寿命は一〇年を超えないということだが、その寿命がきて自身の体が腐敗すると、その腐敗から子供が生まれるということである。さらに別の人たちによると、真珠の産地においては、ねばねばした露の滴りが太陽の熱によって凝縮されて真珠ができるように、ウナギもまた五月か六月のある特殊な露が、その目的のために自然によって用意された池や川の岸に降りて、それが太陽に暖められると数日を経てウナギになるのだという。このようにして生じたウナギを太古の人たちはジュピターの子と呼んでいた。私は七月の初め、カンタベリー近郊のある川で、麦藁くらいの太さのウナギの幼魚が川の一部を被いつくしているのを見たことがある。こうした子ウナギは、陽射しのなかに漂う無数の塵も同然に、びっしりと水面を被っていた。同じようなことは、他の川についても聞いたことがある。たとえば、セヴァーン川がその例だ（そこではウナギの幼魚をエルバー yelver = elver と言っている）。そして、スタッフォードシャーに近い、とある池というか沼というか、そこでは夏のある決まった時期になると、無数にやってくる小さなウナギを目当てに近隣の貧しい住人が大勢やってくる。そして、この沼地のウナギをザルやシーツですくいとり、これを言わばウナギケーキとでもいうものに作って、まるでパンのように食べているということだ。ゲスナーによると、尊いビード師[1]の言によれば、イングランドには無数のウナギが生まれることからウナギ島と呼ばれる島があるということだ。しかし、ウナギがある種のミミズや蜜蜂やスズメバチのように、露や大地の腐敗から生じることがあるというのは、フジツボやガチョウの子が、太陽の熱によって生まれたり、廃船の腐った板から生まれたり、木々から孵化して生まれることを見ても、ありそうなことに思える。これらのことは、デュ・バルタスやロベル[2]が、真実として物語っている。また、わが国の学識深いカムデンもそう言っておるし、研究熱心なジェラードもその《植物誌》のなかでそう言っている。

1　Venerable Bede（六七三頃〜七三五）、修道士、文学、史学、神学の祖と言われる。ラテン語による《英国教会史》がある。

2　Mathias de L'Obel（一五三八〜一六一六）、フランスの医者、植物学者。長くイギリスに住み、ジェームズ一世の侍医となった。

ロンデレティウスの話では、海につながった川や海に近い川で生まれたウナギは（いつも淡水に戻りたがる鮭とは違い）、いったん塩水を口にすると、もう決して淡水に帰ろうとはしないということだ。私には余計にこの話は信じやすい。なぜなら、塩にした牛肉はウナギのいちばんの餌だということを知っているからだ。サー・フランシス・ベーコンは、ウナギに一〇年の寿命しか認めていないが、ヤツメウナギに関しては、ローマ皇帝に飼われていたヤツメウナギがよく人になれて、ほとんど六〇年にわたって飼われていたと《生と死の歴史》のなかで述べている。また、ヤツメウナギを飼っていた弁論家のクラッスス[3]がその死を悼んだというような、有益で、おもしろい話も紹介している。また、ハックウェル博士の著作のなかには、長年とても可愛がって育てていたヤツメウナギの死に、飼い主の雄弁家ホルテンシウス[4]が人目もはばからず嘆き悲しんだということが見えている。

3　ローマの弁論家、Lucius Lucinius Crassus（前一四〇〜前九一）。
4　ローマの弁論家・政治家、Quintus Hortensius（前一一四〜前五〇）。

万人の、あるいは、たいていの人の認めるところだが、ウナギはおよそ六カ月のあいだ（つまり一年のうちの寒いほうの六カ月のあいだ）、彼らが通常棲んでいる川や池のなかを動きまわることをせず、柔らかい土か泥のなかにもぐり込んで、多くが寄り添って冬をすごす。そしてその間は餌を食べることがない（それは前に述べたが、ツバメが冬の六カ月のあいだ木の洞のなかにいて、餌をとらない話と同様だ）。ウナギとツバメは、冬の寒さに耐えられないために、このようにするのだ。ゲスナーがアルベルトゥスを引いて言っているが、一一二五年のこと（この年は例年になく寒い年であった）、ウナギは自然の本能にしたがって、水からでて、牧場の乾いた地面に積んである乾草のなかにもぐり込んだということだ。そして、そこで冬を越そうとしたのだったが、厳しい寒さのためについに死んでしまったという。さて、我らのカムデンが言っている。ランカシャーでは、付近にまったく水気のないところで、鍬《くわ》をつかって魚を掘りだしたことがあるという。ウナギについてはもう少し、次のことだけを述べておこう。ウナギは寒さに弱い魚だと言われているが、暖かな天候では、水の外で五日間も生きていた例があったという。

さて最後に、魚の習性の熱心な研究家たちによると、ウナギには数種類があるという。すなわち、銀色のウナギ、緑色あるいは緑がかった色のウナギ（これはテムズ川に多く、グリッグ[5]と呼ばれている）、それに黒っぽいウナギがいて、このウナギの頭は普通のウナギよりも平たくて、大きい。そしてまた、ヒレの赤っぽいウナギがいるが、この国では滅多に捕まえられることはない（とはいえ、ときには捕まる）。こうした数種類のウナギは、ある人たちによると、その生まれ方は様々で、たとえば腐敗した土から生まれたり、露からであったり、その他にも前述のようにいろいろだ。しかし、ある者によると、銀色ウナギは確かに親から子が生まれるのだが、他の魚のように産卵によって生まれるのではなく、母親から直接に子の形をして生きて出てくるのだという。そのときの子ウナギの大きさは、ピンより太くもなく、かつ長くもないということだ。このことについては、私自身が多くの証言を得ているので、疑う余地はない。なんなら証明してもよいくらいだが、そこまでする必要もないだろう。

そして、このウナギについて、これまでにたくさん話してきたが、これを釣るにはいろんな餌がある。すなわち、塩漬けの牛肉、フトミミズ、シマミミズ、ミノー、ニワトリの内臓、あるいは魚の内臓など、ほとんど何でも餌になる。ウナギは食い意地のはった魚であるということがその理由だ。それでも、特にウナギの餌としてよいのは、非常に小さなヤツメウナギだ。これをプライド（pride）と呼ぶ人もいる。そして、暖かい月にはテムズ川でたくさん見つかる。他の川でも、泥の堆積したようなところに多く見られる。実際、それは、堆肥のなかにミミズが見つかるような具合にごく普通に見つかるものだ。

5 Grigs：子ウナギ、ウナギの子。O.E.D. にはウォールトンの一六五三年初版のこの部分が、テムズ川の銀色のウナギ、緑色あるいは緑がかった色のウナギ、として出ている。

次に注意すべきこと、それは、ウナギは日中にはめったに動きまわることがなく、姿を隠しているという点だ。したがって、通常は、前述の餌のどれかを使って夜間に釣るということになる。それには置き鉤で釣るというやり方がある。その際、釣り糸は岸か木の枝に結びつけておく。あるいは、釣鉤をたくさん結びつけた紐を対岸に向けて投げておくのだが、鉤には先ほど挙げた餌をつけておく。この紐には土の塊か、オモリ、あるいは石を結んだうえで、どこか決まった場所に投げ込んでおくのだ。そうすれば、朝になって、その場所でカギ鉤か何かをつかって、これを引きあげることができる。しかし、こうしたことは、言わずもがなの分かりきったことだ。それよりも、だれか心当たりの釣師と一時間でも釣りを共にしてみれば、その方がはるかに分かりやすいだろう。これは、この釣りの場合もそうだし、他の釣りの場合にもそうだが、一週間の講義を受けるよりも、ずっと分かりは早いのだ。そういう訳だから、ウナギの捕まえ方については、次の話で終わりにしよう。それはこうだ。夏の暖かい日に、私は穴釣りでもって、何本もいい型のウナギを捕まえている。そして、これは実におもしろい釣り方だ。

しかし君はまだ若年の釣師で、穴釣りとはどんなものか分からないだろうから、これからそれを教えることにしよう。覚えているだろうが、ウナギはふつう昼間には動きまわらないものだ。それは、水門や堰や、水車小屋などの板壁の下や、川岸の穴なんかがそうだ。そんなとき、ウナギはなにかの物陰にじっと身を隠している。それは、水門や堰や、水車小屋などの板壁の下や、川岸の穴なんかがそうだ。そこで暖かい日、水位がいちばん低くなる頃合いを見計らって、丈夫な、小さい鉤を一ヤードくらいの紐に結んで、そうした穴に差し込んでやる。あるいは、水車小屋の板壁のあいだや、大きな石の下、板の下など、ウナギが隠れて、身を守るによさそうなところならどこでもよい。そこへ、短い細い棒を使って餌を差し入れてやる。それも、そっと、無理せずに、入るかぎり奥深くに差し入れる。そして、まず間違いないことだが、その餌の見える範囲にウナギがいさえすれば、ウナギはすぐに食いついてくる。それも、間違いなく鉤を飲み込んでしまう。あわてて引っ張りだそうとしないかぎり、逃げられることはまずないから、そこは段々に引きだす。なぜなら、ウナギは穴のなかで体を折り曲げて、尻尾を岩に巻き付けているから、無理にやると引きちぎれてしまう。そこで、力をゆるめず、しかしあまり強く引きすぎないようにしながら、少しずつ外に引きずり出してくる。[6]

6 日本でもほぼこれと同じやり方でウナギを釣る。訳者もやったことがある。餌はドバミミズ。

さて、この長い講義を我慢づよく聴いていただいたお返しに、このウナギをもっともうまく食べる料理の仕方について話すことにしよう。

《まず、ウナギを水と塩で洗う。次に、肛門もしくは臍《へそ》のあたりまで皮を剥ぐ。あまり下方までは剥ぎとらない。そうしておいて、内臓をできるだけきれいに取りのぞく。ただし、水洗いしてはいけない。次に、ナイフで三、四カ所に切れ目を入れる。そして腹の中とそれらの切れ目のあたりに、ハーブとアンチョビーを一匹、それに少量のナツメグを擦りおろしたものか、細かく刻んだものを詰める。ハーブもアンチョビーも前もって細かく刻んで、良質のバターと塩とでまぜておいたものを詰める。それがすんだら、頭をぎりぎりのところで切り落とし、皮を全部もとに引き戻し、それを切り落とした頭の付け根のあたりでしっかり結び留めて、ウナギの水分が皮の外にもれないようにしておく。そうしたら、ウナギを布テープか縛り紐で金串に結わえつけ、ゆっくりとあぶり焼きにする。皮がやぶけるまで水と塩をふりかけながら焼き、やぶれたらバターをぬってやる。十分にあぶり焼きにしたら、腹に詰めたものと、垂れだしてきた汁をソースにする。　S. F.[7]》

7　S.F.については不明。

ウナギをこんなふうにして料理しようというときは、私としては、一六六七年にピーターバラ川で捕れたものと同じくらい長くて、太いウナギを使いたいところだ。その長さは一ヤードと四分の三あった。私の話が信じられないというのなら、ウエストミンスターのキング・ストリートにあるコーヒー店を訪ねてみるがよい。

ここで言い添えておくと、こんな具合に料理したウナギは非常に美味いばかりか、他のどんな料理法よりも体に害がないのだ。それでも医者たちはウナギが危ない食べ物だと言っている。そこでひとつ忠告させていただくと、ソロモンが蜂蜜について言っているように（箴言25）、《蜂蜜を得ても、暴食をせず、必要以上に食べてはならない。蜂蜜の食べ過ぎはよくないからだ》。さらに、無慈悲なイタリア人が言っていることをつけ加えておこう。《我らの敵にはウナギを食わせて、ワインはやるな》

ここでいま少し君の注意を乞うて話しておこう。アルドロヴァンドゥスをはじめ、いろんな医者はウナギを食用としてではなく、薬用として推奨しているのだ。もうひとつ。鱒やその他たいていの魚には食べるに旬というものがあるが、ウナギには決して時季外れということがない。少なくとも、ほとんどのウナギにはこれがない。

さてここで次に、形も習性もウナギによく似ていて、海と淡水の両方を行き来するヤツメウナギの類を話すのもよいだろう。たとえば、小型ヤツメ（lamprel）やヤツメウナギ（lamprey）、川ヤツメ（lamperne）などだ。あるいは、グロスター付近のセヴァーン川でしばしば捕獲される巨大なアナゴについて話すのもよいだろう。また、その珍味ゆえに、そうした魚がいかに珍重されているか、そんなことを話してもよいのだが、私が話す主題としてはあまり適切なものとは思えない。こういった魚は、我々釣師にとって、釣っておもしろい魚ではないからだ。そこで、戒律によってこれらを食うことを禁じられているユダヤ人と同じく、私としても、これには手をつけないでおこう。

ところで弟子どのよ、海の魚でフラウンダー（訳注：Flounder ヌマガレイ）という魚がいる。これは、淡水の川の奥深くまで迷いこんだあげく、帰り道が分からなくなって、そのまま淡水に棲みついてしまう魚だ。手の平大の幅で、長さはその倍ほどに成長する。この魚にも鱗がなく、その身は実に素晴らしい味をしている。そして釣師にも非常におもしろい魚だ。餌には小さなミミズならなんでもよいが、ことに、湿地や草地でとれる小さな、青っぽいミミズがよい。これによく泥を吐かせてつかう。この魚は食べると美味このうえない魚だが、鱗を欠いているために、前述したようにユダヤ人にとっては忌むべき魚だ。

ランカシャーには、土地の人々がおおいに誇りにしている魚、イワナがいる。その地のウィナンダー湖（訳注：Windermere ウィンダミア湖）という湖で捕れる魚だ（産地はそこだけだと思う）。この湖は長さが一〇マイルあり、カムデンはこの国で最大の湖だと言っている。ある人によると、その湖底は磨いた大理石を敷きつめたように滑らかだということだ。この魚は決して一五インチか一六インチ（約38～40㎝）以上に育つことはなく、鱒のような斑点があり、背骨のほかにはほとんど骨がない。釣師を楽しませてくれる魚であるかどうかは知らないが、君には一応知っておいてほしい魚だ。稀な魚であると同時に、著名な人々にきわめて高く評価されている魚でもあるからだ。

また、ギニアッド（Guiniad）という希少な魚についても、君を知らないままにしておくわけにはいかない。これについては、カムデンおよびその他の人たちの言うところを引くことにしよう。チェスター近郊を流れるディー川は、その水源をメリオネスシャーに発する。その川はチェスターに至る途中で、ペンブル湖（Pemble-Mere: Bala Lake のこと）という大きな湖を経由して流れている。ディー川には鮭が豊富で、ペンブル湖にはギニアッドが豊富であることが知られているのだが、それでいて湖で鮭が捕れた例はなく、川では一匹たりともギニアッドが捕れたことはないということだ。それではここで、次の話、バーベルに移ることにしよう。

第14章　バーベルに関する話とその釣り方について

釣師　バーベル（ニゴイの類）がバーベルと呼ばれるのは、ゲスナーによれば、その口元にバーブが、つまり口髭もしくは触覚のようなものが、鼻というか頬というか、その下に垂れていることによるという。この魚は前に話したが、例の口内が皮のように滑らかな類の魚で、いったん鈎掛かりすると、滅多なことでは鈎が外れることはない。しかし、非常に力の強い魚で、これの大型魚にあたると、竿も折られ、糸も切られることがしばしばだ。

バーベルは、姿もよく、堂々とした魚だが、栄養的にも、味の点でも、食べるに第一級の魚だとは考えられていない。とはいえ、まだしもオスのほうが、卵に害があるというメスよりもずっとましだという評判だ。そのことについては、いずれ話すことにしよう。

バーベルは羊のように群れをなしている。食べて最悪の時期は四月で、ちょうどその頃が産卵期だ。しかし、すぐに旬がやってくる。強い流れのなかで生きることができて、夏になると、流れの速い浅瀬を好む。水草の下に好んで潜み、かけ上がりの砂利床で餌をとる。豚のように鼻先で砂を掘り返して、そこを休み場にする。とは

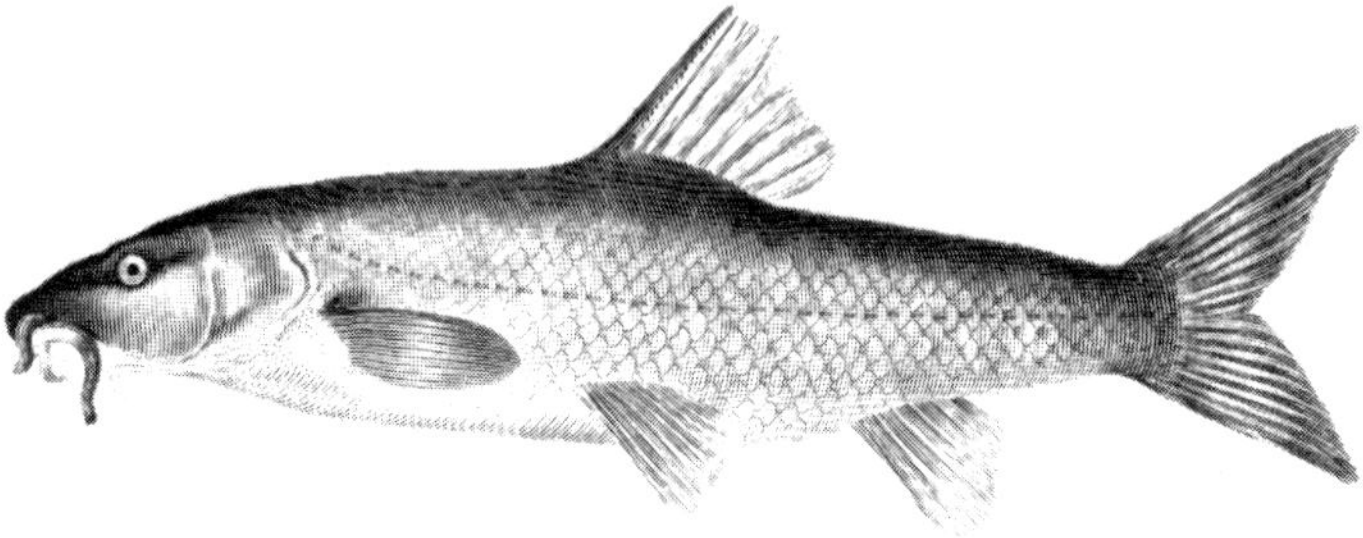

Barbel. バーベル

いえ、ときには深く、速い流れの橋際や水門、あるいは堰に戻ってきては、堆積物の陰や窪みのなかに潜み、水草や藻のなかにしっかり居場所をとる。どんなに流れが強くとも、そんな場所からこの魚を押し流すことはできない。生きとし生けるものが太陽のなかで自ら楽しむ夏のあいだの、これがバーベルの決まった過ごし方だ。だが、冬の訪れとともに、バーベルは急流と浅瀬をすてて、次第に川のなかの流れの穏やかな深みに落ちていく。このような場所で、またこの頃のことと思うが、バーベルは産卵をむかえる。そして、まえにも言ったように、オスの助けを借りて、二匹で掘った砂利の穴のなかに卵を隠し、他の魚に食われることがないよう、ともに掘りだしたその砂を二匹して埋め戻すのだ。

　ダニューブ川には非常に多くのバーベルがいて、ロンデレティウスによれば、時と所を得るならば、川近くの住民たちが、一度に荷車八台分も一〇台分ものバーベルを素手で捕まえることがあるというのだ。また、彼によると、この魚の味がよくなり始めるのは五月で、八月にはそうではなくなるということだが、この国では事情は異なるようだ。しかし、次のことに関するかぎり、彼の言うことには同意できる。バーベルの卵は、彼が言うように毒ではないにしても、危険な食べ物だという点だ。ことに、五月が危ないという。これは確かなことで、ゲスナーとガシウス[1]も、この魚の卵は魚自身にも悪い作用をし、ときには生命をも危うくするくらいだと明言している。この魚は、色も姿も美しく、小さな鱗がきわめて精緻に、規則正しくついている。その味は、前に言ったように、うまいというより、むしろ、まずくはない、というほうが当っているだろう。というのも、淡水魚のなかで最低とか最悪とかいわれるチャブとバーベルの悪評の幾分かは、料理法がまずいせいだと私は思うからだ。それでも、強力にして狡猾なバーベルは、釣り人にとびっきりのスポーツを提供してくれる。その強力と狡猾は、強引に走って物陰や穴や岸に頭を突っ込み、釣り糸の強度を危険にさらし、さらには尾で糸を叩いて切ろうとする。それは、プルタークの《動物の知恵》にあるとおりだ。しかも、その狡猾の様たるや、ちびちびと齧《かじ》って、鉤すれすれになるまでミミズをすすり取ってしまいながら、決して鉤を口に入れることはないのだ。

1 Gasius：イタリアの医師 **Antonio Gazio**（一四四九〜一五二八）

しかし、バーベルには餌については気難しいところもある。つまり、その餌はきれいで、新鮮でなければならない。ミミズにはよく泥を吐かせて、それに入れておく苔も、臭くなっていたり、古くなっていたりするものではいけない。食べるものに気難しいのだ。しかし、よく泥を吐かせたミミズには、どんな餌にもおとらず、大胆に食いついてくる。ことに釣りをする一晩か二晩まえに、大きなミミズを細切《こまぎ》れにして、目当ての場所に撒き餌しておくとよい。バーベルに関する限り、撒き餌のやりすぎや、釣りの時刻の早い遅いは、まったく心配するにおよばない。バーベルは蠅の幼虫（サシ）にも食いつく。あまり泥を吐かせず、緑色をしているのが一級品だ。チーズもよい。固すぎるのはだめで、一日か二日、湿らせた綿布にくるんでおいて、粘り気をだしておく。これも、釣りの一日か二日まえに撒き餌しておくと、大漁の見込みが高くなる。さらに、そのチーズを一、二時間まえに濁りのない蜂蜜に浸しておくと、もっとよく釣れるようになる。ある人は、チーズを薄く切って、これを火にあぶり、ほそい絹糸で鉤に結びつけるよう教えている。またあるものは、羊の脂肪と柔らかいチーズを混ぜあわせてペーストにし、これでバーベルを釣ることをすすめている。それは、八月にことによい餌になるということだ。私もそう思う。だが、よく泥を吐かせたミミズと、あまり中味を吐かせていないサシと、それに私が言ったように処置したチーズとがあれば、餌に不足はなく、どの月にも間に合うと思う。ただ、自分として考えることは、釣師はだれであれ、いろいろ試してみて、釣技の向上につとめてほしい。さて、弟子どのよ、見るところ、長かった雨も私の退屈な話も、同時に終わることになったようだが、次のことだけは言い添えておこう。バーベルの釣りでは、竿と糸はともに長くて、強いものが必要だということだ。それは前にも言ったように、バーベルはずっしり重く、頑固な、手ごわい相手だからだ。しかし、ひとたび鉤に掛かると、滅多に外れることはない。アンバー（グレーリング）やバーベルの釣りについて、もっと知りたいという者は、シェルドン博士[2]と親しくなることだ。博士の腕はだれよりも優れており、そのことは博士の釣果のおすそ分けにあずかる近隣の貧しいものたちがよく知っているところだよ。

2　Gilbert Sheldon（一五九八～一六七七）、オックスフォード、All Souls College の学寮長。王政復古後、カンタベリーの大主教。釣師。

それでは、鱒どもが我々にどんな利息を払ってくれておるか、見に行くことにしよう。ずいぶん長いこと、水のなかに置き竿にして、彼らの勝手にまかせておいたからね。さあ、君はどっちの竿をあげてみるかね。

猟師　どちらでも、師匠のおっしゃる方を。

釣師　それなら、あっちの竿をあげてごらん。糸の具合からすると、きっと魚が掛かっているはずだ。気をつけて。よし、よくやった。それでは、もう一本のほうも上げてごらん。さあ、上がった。これなら夜になって、兄弟ピーターに、今日は君が三匹釣ったと言ってもいいだろう。さて、そろそろ宿にもどるとしようか。途中、赤牛のミルクを一杯飲んで、かわいいモードリンと正直者の母親に鱒を二匹おいていこう。ふたりの夕食になるだろう。

猟師　願ってもないご提案です。そろそろ乳搾りの頃合いですしね。ほら、あそこでやっているではないですか。

釣師　ごきげんいかがかな、奥さん。ふたりとも、昨夜は、歌をどうもありがとう。私とこの連れとで、今日はじつによい釣りをしてね、それで、奥さんとモードリンの夕食に、鱒を二匹おいていくつもりだよ。そこで、あんたの赤牛のミルクを一杯ごちそうしてくれないかね。

乳搾りの女　これはまあ、旦那さま、それはもう喜んで。それに、旦那さま方にはまだまだ借りがございます。おいでの折に、ひと声かけてくだされば、新しい青りんごのジュースで、おいしい乳酒をおつくりしますよ。乾草のうえにお掛け願って、乳酒をお飲みいただくあいだ、モードリンをおそばに坐らせて、《チェヴィー・チェイスの狩り》の歌かなにか、古き良き歌をうたわせましょう。この娘はそんなバラードをたくさん知っておりますのよ。気立てのよい私のモードリンは、とっても記憶がよくて、お優しいお二人のためなら、できるだけのことをいたしましょう。

猟師　それはありがたい。では、ひと月くらいのうちに、もう一度よせていただくことにしよう。そのときは前もって声をかけることにして。それではこれで。ごきげんよう、モードリン。さて師匠、急ぎましょうか。でも、もう少し釣りの話をお願いしますよ。よろしければ、まず、ガッジョン（カマツカの類）の釣りについてなにか。

釣師　いいとも、そうしよう。

第15章　ガッジョン、ラフ、そしてブリークの話とその釣り方について

ガッジョン（訳注：カマツカ、スナムグリの類）は、その味がすばらしく、かつ非常に健康によい魚ということ

Gudgeon: ガッジョン

でよく知られている。姿もよく、体色は銀色をしており、身体と尾は黒い斑点でかざられている。年に二、三回産卵するが、それはいずれも夏のあいだである。きわめて滋養に富む魚として推奨される魚だ。ドイツ人はこの魚を水底魚と言っているが、それはこの魚が川床で餌をとるからだ。ガッジョンは速い流れの砂利床で餌をとる。この魚とバーベルはこんな川床で餌をとり、他のたいていの魚がやるように、羽虫をとることは決してない。水底か水底近くで、小さな赤ミミズを餌に簡単に釣れるから、若い人を釣りに入門させるには最適の魚だ。この魚も、例の口の中がなめし皮状で、喉のなかに歯をもつ類の魚だから、いったん鉤掛かりすると滅多に外れることはない。夏のさなかであれば、この魚はどの川の上下流域の浅瀬にも見られる。しかし秋になって、水辺の草がしおれ、腐り、気候が寒くなってくると、かれらは寄り集まって、水の深みに落ちていく。そうなると、ウキやコルクを使う釣りの場合も、釣鉤はいつも底にふれていなければならない。しかし、脈釣りでガッジョンを釣る人も多い。コルクをつけずに、道糸を川床に落として引いてくる。ちょうど鱒を釣るようなやり方だ。しなやかな竿と、同じようにしなやかな手をもってすれば、すばらしい釣り方だ。

　もうひとつ、ポープという魚がいる。人によってはラフともよぶが、これの見られない川もある。姿はパーチによく似ており、パー

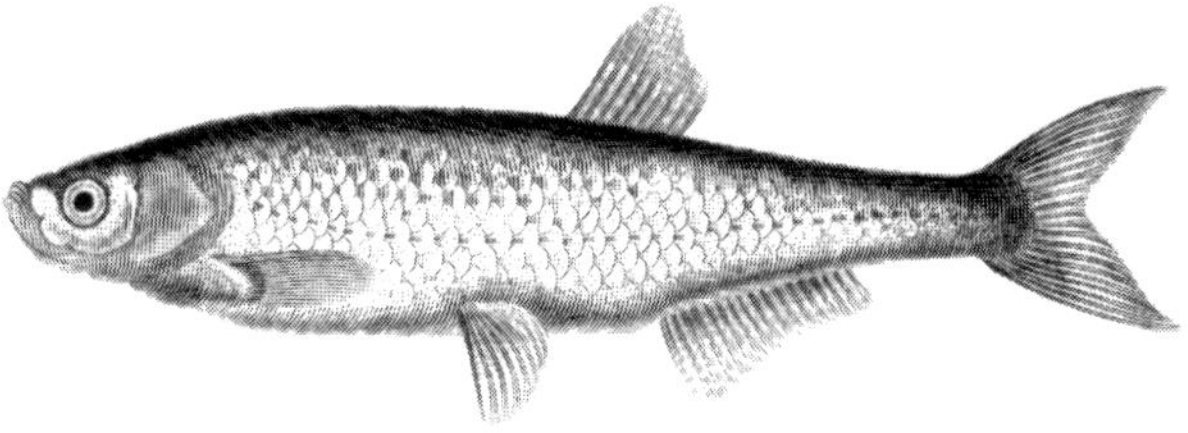

Bleak. ブリーク

チより美味であるとされている。しかし、ガッジョンより大きくなることはない。すばらしい魚で、水を泳ぐどんな魚にも、これ以上に味のよいものはいない。この魚はまた若い人を釣りに入門させるにもすぐれている。貪欲に餌にくる魚で、普段は流れの静かな深みに居場所を見いだして、たくさん群れているのが見られる。無精な釣師でも、そういう居所にあたれば、ひと場所で四〇も五〇も、あるいはその倍も釣りあげるくらいだ。

これを釣るには、小さな赤ミミズを餌にするのがよい。川床に泥団子を投げ込んでおくとよい。[1]

また、ブリーク[2]という魚がいる。これは淡水のスプラット（スプラット・イワシ）とも言うべき魚で、常に動きまわっているため、これを《川のツバメ》と称する人もいる。というのも、夏の夕方よく目にすることだが、ツバメがひと時の休みもなく右に左に転回して、その生命の糧である羽虫を空中に捕らえるのを見るが、ブリークも水面において同様の振舞いをする。ローマの詩人アウソニウスも、その体色の白っぽいところから、この魚を《ブリーク Bleak》青白いと呼んだのだろう。なるほど、その背は明るく落ちついた緑、つまり緑色の海水の色をしていて、その腹は山上の雪のように白く輝いている。疑いなくこの魚の良さは見過ごされており、それはあ

1　前述のミミズの細切れを混ぜこんだ泥のことだろう。

たかも、貧しい人々の徳が気づかれないのと同然である。ブリークはもっと尊重されなければならないのだ。とはいえ、これをイタリア人なみにアンチョビーに仕上げるには、アラモートの塩も、イタリア人の技量も我々は欠いているのではあるが。この魚はロザリオ式釣り糸でも釣ることができる。[3] つまり、小さな鉤を六本から八本、六インチ間隔くらいで道糸に取りつけてある仕掛けだ。私はこの仕掛けに一度に五匹が掛かったのを見たことがある。餌はサシ虫で、これに優るものはない。

2 Bleak コイ科の魚。鱗の銀色の成分が模造真珠の原料になるという。
3 原語は Paternoster line カトリックの数珠ロザリオのように鉤を何本もつけた道糸。ロザリオ式道糸。Pater-noster とは《われらが父》という祈りの言葉。ロザリオを繰りながら祈るときに発せられたラテン語。

あるいはまた、この魚は、繊細につくった小さな毛鉤で釣ることもできる。色はとても地味なブラウンにして、非常に小さくつくり、鉤も相応に小さなものをつかう。ボートの上から、水面を鞭のように叩いてやるブリークの叩き釣りほどおもしろいものはない。あるいは、夏の夕方、岸から早瀬を叩いて釣る。竿には五、六フィートの長さのハシバミの枝の先端をつかい、糸は竿の倍の長さにする。私はサー・ヘンリー・ウォットンの話を聞いたことがあるが、イタリアには同じような仕掛けで、ツバメを捕まえる人が多くいるということだ。それもことに岩ツバメを捕まえるという。この鳥の釣師は、教会の尖塔のうえに立ちあがって、私が言ったのより倍の長さの糸を振りまわすのだそうだ。ここで君に言っておこう、岩ツバメもブリークも、その身はすばらしくうまいということをね。

もうひとつ言わせてもらおうか。いつも同じところに飛来してくるアオサギが一羽いたのだが、それが大きなミノーだか小さなガッジョンだかを餌にした鉤に掛かって捕まったことがあった。こうした場合は、糸も鉤も丈夫なものでなければいけないね。それを何か棒切れに結んでおくわけだが、鳥がそれと一緒に飛んで行かないくらいの大きな棒が必要になる。糸の長さは二ヤードを超えない程度だ。

第16章　つまらないこと、あるいは、取るに足らないことについて

私はここで、ローチやデイスなど、なにか二流の魚ではあるけれども、釣師にはおもしろいスポーツを提供する魚について少々話すつもりでいた。というのも、ウサギはそれを食うことより、ウサギ猟のほうにもっと楽しみがあるだろうからね。でも、今回は控えておこう。ほら、見てごらん、あそこに兄弟ピーターと好人物のコリドンがやってきたからね。でも、約束しておくよ、明日は君と私とで、道々釣りをしながらロンドンにのぼるわけだから、いま忘れていることで、そのとき思い出すことがあれば、それは必ず君に話すことにする。

やあ、ご両人、まさに宿の入口でお会いするとは、まことに幸運。おーい、女将さん、どこにおいでだ。夕食の支度はできておるかな。とりあえず急いで飲み物を持ってきてくれ。みんな腹ペコだからね。さあ、兄弟ピーターとコリドン、君たち二人に乾杯だ。さあ、さあ飲みたまえ。釣りはどうだったかね。我々は、一〇匹だけだ。私の弟子どのが三匹釣ったよ。ここに八匹ある。二匹は人にやってきた。釣りに、話に、今日は本当にいい日だった。そして、くたびれて、腹を減らしてご帰還というわけだ。まずは食事にありついて、あとはゆっくり楽しもう。

ピーター　そして、コリドンと私にとっても、決して悪い日ではありませんでしたよ。ただ、鱒のほうは五匹しか釣れませんでしたがね。というのも、実は、なかなかいい感じの居酒屋がありましてね、そこで半日、銅貨投げ（Shovel-board）をして遊んでいましてね。雨の間じゅうずっとそこにいたというわけですが、釣りをしていた

人たちと同じくらい楽しみましたよ。でも、今またここで乾いた屋根の下にいられるなんて、ありがたいことです。ほら、またあの強い雨と風の音が。さあ、おくさん、もっとビールを頼むよ。それに、食事もできるだけ急いで。食事がすんだら、釣師どの、あなたの歌をお願いしたいですね。そうそう、あなたの弟子どのの約束の輪唱歌も忘れずにね。さもないと、コリドンが不機嫌になりますよ。

釣師　いやいや、約束にたがうことはない。必ず歌うよ。なんとかうまくね。

猟師　私の方も望みはおなじ。歌の用意はできていますよ。そろそろ楽しい食事を始めましょう。それから、歌と酒を軽くいきましょうか。ただし、後者のほうは程々にね。

コリドン　さて、満腹したところで、あなたの歌を。おくさん、暖炉にもう少し薪をくべてくれないか。これでよし。さあ、いつでもどうぞ。

釣師　それでは、コリドン、まずは君の健康に乾杯。では私から歌うとしよう。

ああ　釣師の見事な人生よ
何にもまして最高だ
楽しみばかりで争いはない
人のうらやむ人生だ
　ほかの楽しみ
子供だましよ
釣りの楽しみ
法を犯さず
釣師の技は

不幸をうまず
ただ満足と喜びをうむ

朝いちばんに起きるとき
明けの女神はまだ顔みせぬ
目覚めの一杯で眠気をはらい
目覚めぬ怠け者をあとにする
そして出掛ける
あちこちと
背にはわれらの
仕掛けを負うて
めざすはあの川
あるいはテムズ
われらに暇のあるかぎり

野を歩こうと思うのは
それはわれらの気晴らしのため
野のなかにこそあるわれらの住処
あふれるばかりの喜びだ
釣具手にして

T. Stothard R.A. Augustus Fox sc.

The Supper（夕食）

小川に　また湖に
そこはわれらが
釣りの場所
しばしのあいだ
腰をおろして
鉤に食いつく魚を待つ

角の筒にはサシを入れ
練り餌とミミズも忘れない
朝な夕なに目をこらし
雨や嵐も気にしない
ここでは誰も
悪たれ言わぬ
罵詈雑言に
魚は逃げだす
じっと坐って
ウキ見るばかり
釣師に喧嘩は禁物だ
もしも陽射しが強すぎて

暑さに身体がうだるなら
ヤナギの茂みに逃げ込んで
親しい木陰に暑さをしのぐ
　水の窪みに
狙うはパーチやパイク
あるいはローチや
デイスを狙う
それがブリークや
ガッジョンでも
不平は言わず　それで満足

また時にはしばらくの間を
緑のヤナギの下にいて
にわか雨をやりすごす
地面をわれらの枕がわりに
　われらは想い
われらは祈る
死が息の根を
止めにくるまで
ほかの喜び

子供だましよ
それではあまりに悲しいよ　　　ジョン・チョークヒル

猟師　これは師匠、うまく歌われました。昼間の幸運と楽しさ、そしてまた、今晩の一座と歌。それやこれやで、ますます釣りが好きになってしまいますよ。ところでみなさん、今日わが師は一時間ばかり私を独りにされたのですが、それはきっと、私との話を中断して、その間、いまの歌に磨きをかけられていたのではないかと思うのです。いかがですか、師匠。

釣師　実はそうなんだ。これを覚えたのはもう何年も前のことで、忘れたところも幾らかあった。そこのところを自前で繕《つくろ》う必要があったのだよ。私に詩才がないことは、私が作った部分に明らかだろうね。しかしこれはもう言うまい。自ら卑下して、実は称讃を得ようとしていると思われても嫌だからね。この件はもう問答はなしにして、君の輪唱歌を聞こうじゃないか。いいものだろうね。君には音楽の才があるうえに、また趣味もいいのだから。

猟師　もちろんお聞かせしますとも、存分に。私のほうだって、明朝、ぶらぶら釣りをしながら、ロンドンにのぼる道々、師匠からもう少し釣りの秘訣をお聞きしたいですからね。でも師匠、まず言わせてください。師匠が私を独りにされたあの時間、私は水辺のヤナギの木の下に坐って、師匠から聞いたあの心地よい牧草地の持主のことを、その牧草地に残されて私は考えていたのです。

　広大な領地を持ちながら、自分にはそれが十分とは思えなくて、今の今も、いくつもの訴訟沙汰にかかわっている。それが彼の気分を重くするし、時間も多くとられるし、頭をいっぱいにもしてしまう。それやこれやで、地主には心地よい満足を得る暇などとてもないのに、そんな資格なんかない私が、その地主の牧草地で心を満たされている。静かに腰をおろして、水に目をやれば銀色の流れのなかに魚が泳いでいて、あるいはまた、いろんな形と色をした羽虫に魚が跳躍するのが見える。丘に目をやると、あちこちに森や木立が点々と見える。草原に目をおろすと、ひとりの少年がスズランやタネツケバナを摘んでいる。またあちらには、ひとりの少女がヒヤシンスやクリンソウを採っている。それらはみな五月というこの月にふさわしい花飾りをつくるためだ。これらやその他おおくの野の花があたりの空気を香しくしているさまは、ディオドロス言うところの、たちのぼる芳香が充満して、獲物を追う犬はみな最新の臭いの跡をも失い、途方にくれるという、あのシシリーの野原のように思われましたよ。そんなふうに腰をおろして、わが身の幸福な境遇を楽しみ、そしてかたや、この野や、ほかにも周囲におおくの心地よい森や野を持つ、この貧しい金持ちを哀れに思っていたのです。

そうしたとき、ありがたくも思い出したのです、私の救い主の言われたことを。心穏やかな者たちこそこの地を所有する者たちであると。いやむしろ、他の者が所有しながら楽しまぬものを、楽しむ者であると。というのも、釣師と、穏やかな精神の持主たちは、甘美な人生を蝕《むしば》むそのような激しく、落ち着きのない考えとは無縁だからです。そして、彼らが、彼らだけが、かの詩人の幸福な詩句と意を同じくすることができるのです。

幸いなるかな　身分卑しき者の人生よ
そのような者たちの幸福な楽しみは
おのずと豊かに満ちたりていて
激しい風には葦のように
なびいて暴風をも微風となす
堂々とした楢や杉をも倒す風を

そのとき私の心に次のような詩句もまた浮かんできたのです。それは、卑賤の人生と謙虚な心を讃えたもので、あの素晴らしい聖職者にして、腕利きの釣師、かつ釣りを主題に田園の名詩をつくったフィネアス・フレッチャー[1]の作です。そこには、この善き人の胸中が絵のように見られます。そして私の心も、このようでありたいと願うのです。

1 Phineas Fletcher（一五八二〜一六五〇）、詩人、国教会聖職者。"Purple Island"（一六三三）。

むなしい期待にも　宮仕えの煩いにも　悩まされることはない
程よく暮らして　人にすがることはなく
心地よい満足が　不幸と恨みを追い払う

その確かな人生は　決して裏切ることはなく
千の楽しみと豊かな満足でいっぱいだ
なめらかな葉のブナの木はその人を野にむかえ
真昼の暑気がうせるまで　涼しい木陰にいこわせる
　その人生は　荒れ狂う海にも
　煩わしい世にも翻弄されず　怠惰な安逸に溺れこともない
神の御心にかなうとき　悦びと至福のうちに彼は生きる
その寝床は　柔らかくはなくとも　安らぎをもたらし
傍らには　貞節な彼の妻がいて
　その小さな息子は胸にはいあがり

父に生き写しのその顔を見せる
粗末な家も　貧しい境遇も彼を苦しめることはなく
神の恵みがさらに少なかったとしても　それを厭わず
そしてその死のときは　緑の草地を墓として満ちたりる

みなさん、そのとき私は、なにかこんな思いにとらわれたのです。そこで私は、ある古い輪唱歌を作りかえ、さらにそれに付け足して、我々釣師が歌うにふさわしいものにしてみました。さあ、師匠、歌の上手な師匠も、どうか一部を歌ってください。歌詞はこの紙に書いてありますよ。

苦しみ　悲しみ　むなしい人の世
　短い命は泡のよう
商売とお金と心配ばかりで
　心配　お金と　面倒はつづく
それでも　お天気よくなりゃ　悩みは晴れる
　今が雨でも　気落ちはしない
悲しみ追い払って　さあ　朝まで歌おう
　それから釣りだよ　そして　また釣りだ

ピーター　いや、まったく、これこそ音楽というものだ。気分が明るくなりますね。おかげで、音楽を称えた六行詩を思い出しましたよ。さっそく諳《そら》んじてみましょうか。

音楽よ　不思議なレトリックよ
舌はなくとも　意味するところは雄弁にまさり
間違いしても　すぐ許されるのは
過ぎるくらいに愛されてきたからか
愚か者はおまえを無視し　また咎める者もある
でも私はおまえを憎めない　天使の愛するおまえだから

猟師　そうそう、この二つの詩の朗誦で思い出しましたよ、釣りの愛好者でもあるエドマンド・ワラー氏[2]が愛と音楽について言っていることをね。

おまえの声を聞くうちに
クロリスよ　ぼくのハートは壊れてしまう
その力ある歌声は
はかないぼくの魂を吸いとってしまう
どうか　抑えてくれ　その魔法の音を
傷もつけずに破壊する音を
静かに　クロリス　静かに

2　Edmund Waller（一六〇六〜八七）、詩人・政治家。"Poems"（一六四五）

THE ANGLER'S SONG.

A. 2 Voc.

Set by Mr. H. Lawes.

Bassus.

THE ANGLER'S SONG.

それとも歌いながら死のうか
おまえとぼくと　ふたりして　天国に行くために
われらの知るかぎり
祝福された者は天上で
歌い　愛しあうだけだから

釣師　よく覚えていたね、ピーター、実によいところでその詩句を吟じてくれた。心から礼を言うよ。それでは今度はみんなで一緒に、宿の亭主もだれもかも、もう一度、私の弟子の輪唱歌を歌おう。そうして、もう一杯飲んで、ベッドにさがるとしよう。今夜はありがたいね、雨の降らない屋根の下だ。

それではみなさん、よい眠りを。

ピーター　それでは私も。

猟師　私も同様に。

コリドン　おやすみ、みなさん。今夜はありがとう。

釣師　おはよう、ピーター、コリドンもおはよう。女将さんの話では、宿賃は七シリングということだ。めいめい朝の一杯をやって、二シリングずつ置いていくことにしよう。そうすれば、女将さんも親身にわれわれの世話をして、骨折り損だったなんて思いはしないだろうからね。

ピーター　それは全員、異議なしだよ。さあ、おくさん、これが宿代だ。われわれ釣師はみんなあなたに感謝していますよ。遠からずまたお世話になりましょう。さて、兄弟釣師どの、それにあなたの弟子どのにも、今日のよき日と幸運を祈ります。さあ、コリドン、われわれの行く道はこっちだ。

第17章 ローチとデイス、そしてその釣り方。およびカディス（トビケラ）について

猟師 師匠、こうして二人してロンドンにのぼる道々も、どうか釣りの教えをお願いしますよ。私にはいくつか記憶を入れる箱がありまして、教わったことはすべてしっかりその中にしまっておいて、ひとつたりとも、失くしはしませんから。

釣師 もちろん、そうしよう。何ひとつ隠したりはしないよ。君にとって、このアートの上達に役立つことなら、思い出せるかぎり伝えよう。時間はたくさんあるし、ローチとデイスについてはまだほんの少ししか話していないから、ここで、これらについて幾らか話してみよう。

ある人たちによれば、ローチ（Roach、学名 Rutilus rutilus コイ科ローチ属）がローチと呼ばれるのは、ルティルス（Rutilus）からきており、彼らによるとその意味するところは、赤いヒレということだそうだ。この魚は、その味については、あまり評判がよいとはいえない。むしろ卵のほうが、ほかのどの部位よりもましだと考えられている。また、あるいはご存知のように、コイはその狡猾であるところから、川の狐と言われるように、ローチは、その単純さというか愚かしさというか、そのために川の羊と言われている。さらに、ローチとデイスは産卵後二週間にして、体力を回復して食べごろになるということだが、一方、バーベルとチャブはこれに一ヵ月を要し、鱒は四カ月、鮭もまたいったん海に下り、その後に淡水に戻る場合、同じくらいの時間がかかるということだ。

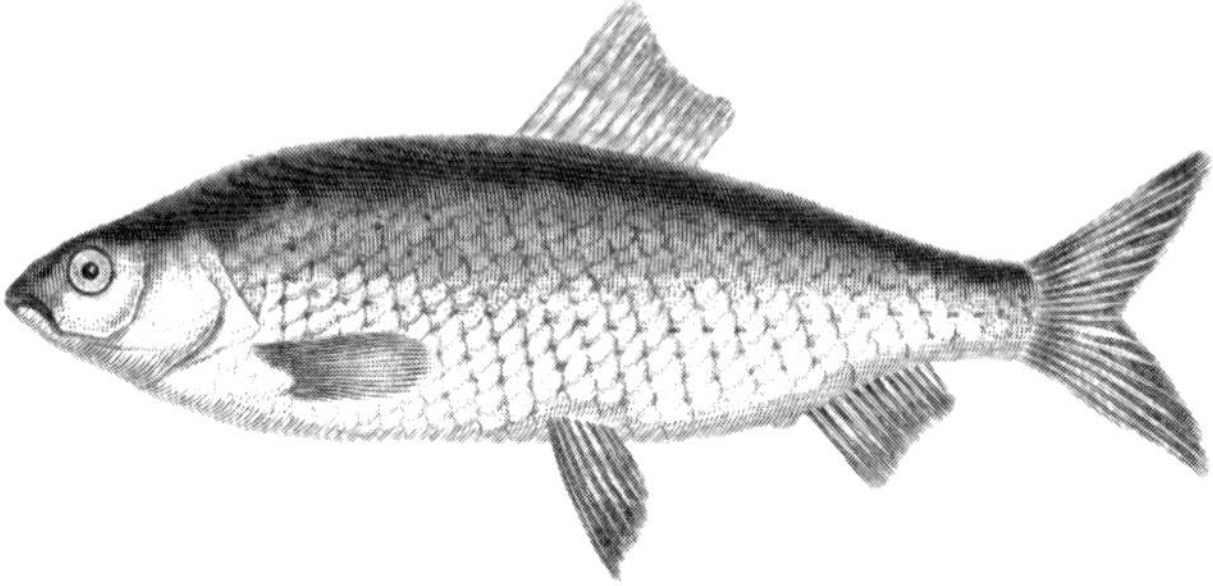

Roach: ローチ

Dace: デイス

ローチは、川で捕れるもののほうが、池に産するものより味がよいとされるが、最大の大きさに育つのは池に生まれたローチだという。しかしそこには、池に生まれながらも、雑種でもあるかのような小さなローチがいる。この魚は尾鰭《おびれ》が大きく二股にわれており、しかもサイズがきわめて小さく、これはブリームと本物のローチとの混血だという人もある。そして、こんな魚が信じられないくらいたくさんいる池もある。その違いがわかる物知りは、この魚をラッズ（Ruds）と呼んで区別している。この魚は本来のローチとは、ニシンとサッパが違うくらい違っており、今ではこれらローチの変種が多くの川に見られるようになった。しかし、この変種はテムズ川にはいないと思う。テムズは、この国では、もっとも大きく、もっとも太ったローチを産する川だ。ことにロンドン橋の下流がそうだ。ローチはいわゆるなめし皮のような口を持った魚で、喉のなかに一種のこぎり状の歯をもっている。そして最後に言っておこうか、ローチは釣師に素晴らしい楽しみを与えてくれる。特にロンドンあたりの大型のローチがそうだ。それに、この辺りは最高の腕利きローチ釣師がいるところだと思う。ちなみに、最高の鱒の釣師はダービシャーにいると考えるが、それはこの地の水がすばらしく澄んでいるからだ。

次に言い添えておくが、このローチは冬の季節には練り餌かサシ餌で釣るのがよい。四月になれば、ミミズかトビケラの幼虫で、盛夏の月には小さな白いカタツムリか羽虫を餌にして水中を釣る。というのも、ローチはデイスとは違って、水面で餌をとることが滅多にないのだ。また、暑い月には、次のような方法で釣るのもよい。カゲロウもしくは羽蟻を餌にして、これを小さな鉛を使って、杭や橋脚の近くの水底に沈める。あるいは、堰の杭近くならよい。要するに、ローチがじっと潜んでいそうな深みならどこでもよい。そして、沈めた羽虫をゆっくり引き上げてやる。すると、ローチもたいていは餌について水面まで上がってくるのだ。そうして羽虫を見つめていたかと思うと、飛んで逃げられてなるものかと、羽虫に跳びついてくるというわけだ。

私はこの釣り方をテムズ川のウインザーとヘンリー橋で見たことがあるが、これでローチがずいぶんたくさん釣れていた。ときにはデイスやチャブも掛かっていた。そして、八月になると、パンだけの練り餌で釣れるよう

London Bridge（ロンドン橋）

になるが、これは最上級の、混じりっけなしのマンチット・パン[1]の柔らかい中味で作ることだ。練り餌は両手でよく練り合わせて、硬軟両方をかねそなえたものを作る。わずかな水と時間と手間、それにきれいな手があれば、みごとな練り餌ができるはずだ。しかしこれで釣るときには、小さな鉤と素早い目付き、それに敏捷な手付きが必要になる。さもないと、餌は外れ、魚も失うということになる（掛けもしない魚を失うということがあればの話だが）。この練り餌は、前に言ったように、ローチとデイス、別名デア（Dare）の両方に通用する。というのも、両者は、その餌のとり方、狡さ、その味、そしてその大きさにおいても、ほぼ似たようなものだからだ。したがって、その他、君が気になる餌についても、一般的に次のように考えて欲しい。ローチやデイスは、たいていの羽虫には食いついてくるものだが、特に羽蟻が大好きだ。それについては、次の方法にしたがってほしい。とてもよいやり方だから。

1　Manchet、最上質の小麦パン。

モグラ塚かアリ塚で、黒っぽい羽蟻を採取しておく。六月になれば、そんなところで羽蟻が見つかるものだが、もしそれが早すぎたとしても、七月、八月、そして九月もほぼ通して、まず間違いなく羽蟻は見つかる。羽根がついたまま生かした状態で捕まえて、四分の一ガロンか二分の一ガロン入りのガラス瓶のなかに入れておく。ただし、ガラス瓶には前もって、羽蟻を捕まえた場所の湿った土をひとつかみ程度いれておく。同時に、前述のアリ塚の草の根を土と同量程度いれる。それから、羽根がとれないようにそっと羽蟻を入れてやり、その上から土を一握りいれる。そうすれば、傷のない状態で入れたかぎりの羽蟻は、一カ月かそれ以上のあいだ、いつでも釣りに使える状態で生かしておくことができる。しかし、それ以上に生かしておきたい場合は、どんなものでもよいから大きな素焼きの壺なり、三ガロンか、四ガロン入りの樽（この方が望ましい）なりを用意する。そしてその樽は水と蜂蜜を混ぜたものでぬぐっておく。その中には十分に土と草の根をいれてやる。そして、羽蟻を入れ、蓋をしておく。このようにやれば、羽蟻は三カ月のあいだ生きている。そうして用意した羽蟻はどんな流れにおいても、どんなに澄んだ水のなかでも、ローチやデイス、あるいはチャブに対して、必殺の効果をみせる餌になる。それを使う場合のルールとしては、かならず拳ひとつ分ほど底をきって釣る、ということがある。

次に、ローチ、デイス、それにチャブの冬の餌について話してみよう。これも素晴らしい餌だからね。万聖節のころ、つまり、霜が降りるまでの間だが、ヒースの原野や砂地の土地、あるいは、芝地を掘り返しているところを目にしたら、その後を歩いてみるとよい。そうすると、蠅の幼虫の二匹分ほどもある白い虫が見つかるだろう。そいつは赤い頭をしている。それがどの辺りに多いかは、カラスがすぐに目を付けて、耕されたすぐ後をつけて歩いているからそれですぐに分かる。その虫は全体がぶよぶよしていて、白っぽい腹わたがいっぱい詰まっている。ノーフォークや、その他いくつかの州では地虫（grub グラブ）と言われている幼虫で、甲虫が牛馬の糞の下に掘った穴に産みつけた卵から生まれるもので、冬の間はずっとそこに留まって、三月か四月になると、まず赤い甲虫が、次には黒い甲虫がはいだしてくる。この虫を千匹か二千匹集め、そこの土を一〇リットルかそこらすくって、いっしょに桶のなかに入れる。蓋をして、霜や冷たい空気や、風にあたって虫が死なないよう暖かくして飼育する。こうして冬の間じゅう生かしておけば、いつでもこれを餌にして魚釣りができる。また、使用する一日前に、少々の土と蜂蜜を混ぜたもののなかに、いくらかこの虫を入れておけば、ブリームとコイの素晴らしい餌になる。それどころか、たいていの魚にはよい餌になるのだ。

こんなふうにして、サシ餌を冬の間ずっと飼っておくこともできる。サシは冬のよい餌であるが、こうしておくと元気で丈夫なだけ、さらによい餌になる。サシの製造法と貯蔵法は次のとおりだ。動物の肝臓一切れを、カギ付きの棒に刺して、どこかそこらの片隅にでも吊るしておく。その下には、乾いたさらさらの土を半分くらい満たした壺もしくは樽をおいておく。産みつけられた幼虫が成長して大きくなると、樽のなかに落ちて、土のなかで自らきれいになる。そこで釣りをしたくなったときには、いつでもそれが役立つということだ。サシ餌はこのようにして、マイケルマス（九月二九日）のすぎる頃まで作ることができる。しかし、一年中、サシを用意しておきたいという向きには、猫か鳶《とび》の死骸を手にいれて、これを蠅のたかるにまかせておく。蛆《うじ》がわいて、動きまわりだしたら、死骸と蛆をできるだけ寒さの来ない、柔らかい湿った土に埋めておく。そして、必要に応じてこれを掘りだして使う。こうしておけば蛆は三月まではもつ。しかし、この頃になると蛆は蠅になってしまう。

手を汚すのがどうもという難しい人の場合（こんなことは一人前の釣師には滅多にないのだが）、次のような餌にする。上等の麦芽を手にいれて、これを、水をはった深皿に入れる。それを両手でよくもみ洗いして、きれいにし、籾殻《もみがら》をできるだけ除いておく。次に、水を流し捨てて、新しい水をすこし加える。それを加熱用の適当な容器に移し替えて、これを火にかける。ただし、すぐに沸騰させるのではなく、ゆっくりと、徐々に熱をくわえ、指で触ってみて、いくらか柔らかくなるのを待つ。柔らかくなったところで、水を捨てる。次に、よく切れるナイフを用意して、麦芽の芽の部分を上にむけて、ナイフの先で殻の背側の部分をとりさる。ただし、内部の甘皮は残しておく。さもないと、使い物にならなくなってしまうからだ。そして、芽の先端を切りとる（ほんの少しだけ）。すると、中味の白い部分が見えるから、こんどは麦芽の縦に割れ目のある側、つまり腹側の殻もさっきのように取りさって、反対側の端つまり下端もわずかばかり切りとる。そうやって、鉤が通りやすくする。これを、小さい、出来のよい鉤に刺して使う。時々、ウキが浮いているあたりに同じものを撒き餌しながら釣ると、冬の釣りにも、夏の釣りにも、非常に優れた餌であることがわかるだろう。

そして、ローチやデイスを釣るためのよい餌として、ジガバチやミツバチの頭にちょいと血をつけたのがある。ブリームに特によい餌としては、外皮をつけたままの幼虫を、焼いたパンを取りだしたあとの天火釜のなかに入れて、あぶって固くしたのがよい。あるいは、暖炉用の石炭シャベルの上で固くしてもよい。それにまたよいのが、羊の血の濃いやつだ。木皿のなかで半ば乾かしておけば、鉤のサイズにあわせて、適当に切って使うことができる。それに、塩を少し混ぜておくと、血の色が黒くならなくてすむとともに、餌の質もそのせいで悪くなるどころか、むしろよくなるのだ。処方どおりに作ったこの餌は、最上の餌だと言われている。

私が聞いたことのなかに、強烈な臭いを発し、しかも魚の食い気を誘うというすばらしい油が何種類かある。それについて話すことはいくらもあるのだが、記憶にあるのは、かつてサー・ジョージ・ヘイスティングスのところから、大切なプレゼントだという小さな瓶をサー・ヘンリー・ウォットンのところに届けてやったことがある(両人とも化学通だった)。首尾よく届いて、受け取られ、絶大な信頼をもって使われたのであったが、後になって尋ねたところでは、どうもサー・ヘンリーの期待どおりではなかったようだ。それやこれやの状況もあって、多くの人が言いたてるこの種のことに私はあまり信を置かなくなった。もちろん、魚に嗅覚や聴覚がないと考えているわけではない。それは前講で述べたとおりなのだが、とは言っても、そこには何か秘術めいたものがありそうだ。もっとも錬金術師の石ほどに難しいものではなさそうだが、それにしても常人の能力では得難いものであるようだ。あるいは、薔薇十字団の掟ではないが、いまだに人に明かされずに、どこかの化学者の脳髄の中か、胸の内にしまわれている類なのだろう。しかしながら、次のことは言わせてもらおう。餌袋のなかに樟脳と苔を入れ、そのなかにミミズを入れておくと(多くの釣師の言うところにあまり間違いがなければ)、ミミズは魅惑的な餌となり、釣師はさらなる幸運に恵まれるということになる。話がたまたま匂いのする油と魚の嗅覚のことに及んでしまった。もっとそれらに関する話や、またローチやデイス、それにウキで釣るその他の魚の餌について話しつづけることもできるのだが、今のところそれは控えておいて、次に、用意すべき道具について話すことにしよう。それに関連して、たわむれに、古い釣りの本からとった古い戯歌《ざれうた》をひとつ引いてみようか。そこに挙げてあるのは道具の一部にすぎないが、それでも君が用意しなければならない一部だよ。

竿と道糸　ウキと鉛と
鉤と錘に　砥石にナイフ
魚籠を手にして　餌は　生き餌も死に餌も

ネットを持って　それに弁当　これが大切
それから糸が要る　馬素は緑で　細いもの
小物入れを加えて　これで一揃い

こうした道具をすべて用意するのはもちろんだが、一人前の釣師をめざすなら、これに倍するものが要るだろう。そのためには、君と一緒にマーグレイヴ氏の釣具店[2]を訪ねることにしよう。この店はセント・ポール教会区の本屋街にある。あるいは、ゴールディング通りの《スワン亭》に近いジョン・スタッブズ氏の店でもよい。ふたりとも誠実な方々で、釣師に必要な道具をそろえてくれるところだ（原注：聞くところによると、釣師ひとりの持つ釣具の総額は五〇ポンドくらいに相当するということだ）。

2　釣魚大全第二部の最後に、以下のようにマーグレイヴ氏の釣具店の広告がある。《読者諸氏へ、セント・ポール寺院北側に、三匹の鱒の印のある店にお気づきでしょうが、当店では最高級のあらゆる釣具を皆様のためにご用意しております。店主ジョン・マーグレイヴ》。ジョン・スタッブズ氏については知られていない。

猟師　それでは師匠、〇〇氏[3]のところにしましょう。その方が私の家の近くになりますから。五月九日、二時ごろに、そこで落ち合うということでいかがでしょう。そのときには、釣師に必要なものは何ひとつ欠かさずに揃えることにします。

3　どちらに行くかは明かされていないが、最後にマーグレイヴ氏の釣具店（三鱒屋）の宣伝が出てくるところをみると、たぶん、この店に行ったのではないか。

釣師　では、神の御心のままに、必ずその時、その場所で。
猟師　ありがとうございます、師匠。私も必ず。ところで師匠、餌についてご記憶のところをもっと話していただけませんか。というのも、もう間もなく、トテナム十字塔に着くはずですから、そうしたら、師匠のご苦労に少しなりとも報いるために、お会いして以来お聞かせいただいた数々の詩に負けないくらいよい詩の一篇をご披露したいと思います。われわれが耳にした詩もとてもよいものでしたから、こんな言い方をしては気が引けるのですがね。

釣師　それは楽しみなことだ。それでは、歩みを進めながら心に浮かぶままに、何であれ君の役に立ちそうなことを話してみよう。もうひとつ、すぐれた餌の作り方にこういう方法があるよ。手に入るかぎり質のよい、粒の大きな小麦を、ひと握りかふた握り、少量のミルクに入れて、これを煮立てる（たとえば、麦粥をつくるように）。それが柔らかくなるまで煮立てたのち、これに蜂蜜と粉サフランを溶かし込んで、ゆっくりと煮つめてやる。これは極上の餌だよ。どんな魚にもよいと思う。ことにローチ、デイス、チャブに、あるいはグレーリングにもよい。川のコイにもよいのではないかと思う。ことに川底にこれを少し撒き餌してやるとよいだろう。

そして、これも覚えておいてほしい。たいていの魚の腹子《はらこ》は非常に魅力的な餌になるものだ。これを暖めたタイルの上で少し固くしておいて、適当な大きさに切って使う。そればかりか、桑の実やイバラの茂みに生えるブラックベリーだって、チャブやコイのよい餌になる。池でも川でも、そんな木々が水辺ちかくに生えていて、日常的に木の実が水に落ちているところでは、多くの魚がそうした餌で釣れているのだ。その他にも、名前も分からないくらい多くの木の実が落ちて、常に餌を水に落としている状態にあるわけだから、こういった木の実は、そこに棲むどんな魚にも魅力的な餌になるものだ。

次のこともまた知っておいて欲しい。この国のいくつかの異なる州の、大きな川に流入する細流には、様々な種類のカディス（トビケラ）、あるいはケースワーム（イサゴムシ）が見られる。例をあげるとPiper パイパー（ツツトビケラ）と呼ばれるカディスがいる。その殻もしくは筒は一インチかそれ以上の長さの葦の茎で、その胴まわりは二ペンス銀貨くらいの太さだ（直径約17㎜）。この虫を、底に砂を入れたウールの袋に入れておいて、一日に一度水で湿らせてやれば、三日か四日のうちに体色が黄色になってくる。そうなると、この虫はチャブやチャヴェンダーにはもってこいの餌になる。そればかりか、大きな魚なら何に対してもよい餌になる。餌の柄も大きいからね。

ほかにコックスパー（Cockspur）という小型のトビケラの幼虫がいる。この虫は一方の端が尖っていて、雄鶏の蹴爪《けづめ》のような形をしている故にそう呼ばれている。そのケースというか家というか、この幼虫の住まいは、小さな殻の欠片《かけら》や砂利や粘液を材料にして、実に丹念に造られており驚くばかりだ。それは、小さな魚の骨を組みあわせて、幾何学的模様に編み込んであるカワセミの巣と同様で[4]、とても人間業《わざ》の及ぶところではない。この種のトビケラの幼虫は、ウキで釣る魚ならどんなものにも優秀な餌となる。この虫は、先ほどのパイパーよりずっと小さいから、そのように使うべきだ。また、同じように飼育すれば、一〇日、一五日、二〇日、あるいはそれ以上でさえも生かしておくことができる。

4　カワセミはその巣を川の土手にトンネル状の穴をあけて作るから、これはウォールトンの間違いだろう。

さらにもうひとつトビケラがいる。ストローワーム（Straw-worm）、もしくはラフコート（Ruff-coat 訳注：襞襟付のコートのこと）とも言われる幼虫で、その家もしくはケースは、カヤツリグサやイグサ、麦わら、水草、その他さまざまの材料を、濃い粘着質の物質で織り固められている。そういう材料が殻の外に突き出ているさまは、ハリネズミの剛毛に似ていなくもない。以上に述べた三種のトビケラは、通常は夏の初めに羽虫になって現れるよい餌で、実際、ウキ釣りのほか釣り方を問わず、どんな魚を釣るにも有効だ。もっとたくさん話してもよいのだが、たとえば、これら三種のように夏早くに羽虫になるものもあれば、夏も遅くなってから羽虫になるトビケラもあるという話などをね。けれどどうも夢中になって、こんな話で君をうんざりさせてしまいそうだから、今はこのことだけを記憶しておいて欲しい。つまり、これらの三種類の虫について知り、また他の数種類について知り、そのそれぞれのカディスの幼虫がどんな羽虫になるのか、まず幼虫のときにはどう使うのか、そして羽虫

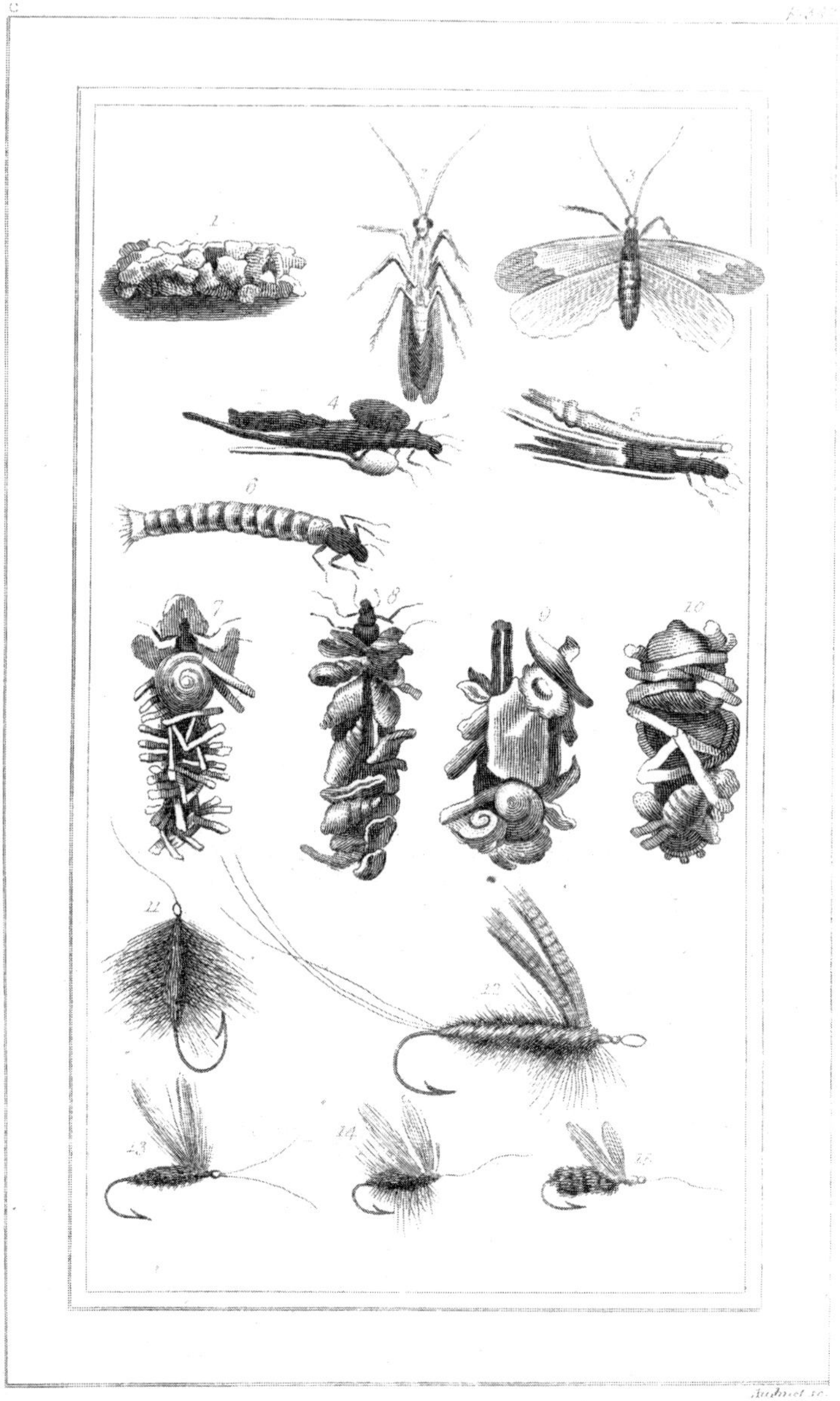

トビケラの図

になってからはどう使うのか、そうしたことを知るのはひとつのアートだよ。しかもそれは、釣師であれば誰にでもそれを研究する余裕があるという類のアートではないのだ。たとえ時間はあったとしても、誰にでも学べるようなものではないのだよ。

だから、いいかい、国が違えば、トビケラの種類も異なるのだ。それは、犬が違うくらいに違う。つまり、牧羊犬とグレーハウンドほどの違いがあるのだ。こういった虫は、ふつう、大きな川に注ぎ込む細流や水路で生まれる。そして、当のそれらの川では、他のどんな川においてよりも、その虫が有効なのだ。このトビケラがどこから、どのようにしてその生命を得て、どんな色の羽虫になるのか、それは私には分からないのだが、それらが多くの鱒の死因になっていることは確かなことだ。そして、ここにその確実な方法をひとつ紹介しておこう。

大きな、黄色いカディスの幼虫を一匹、必要ならもっと、手に取ってその頭を引き切り、それと同時に黒いはらわたも取りだす。その胴体をできるだけ傷つけないように極小の鉤に刺し、そこを赤く染めた馬素で巻き留める。これがトビケラの頭のように見える。そして小さな薄い鉛を鉤のシャンク（軸）に巻いて、鉤を沈みやすくしておく。このようにこしらえて、かなり黄色く見えるこの餌を、鱒がひそむ深い、静かな棲みかに投げこんでやると、鱒は敢然と餌に向かってくるはずだ。鱒に気づかれないように、道糸より先に餌が水に落ちるようにしてやれば、まず間違いなくそういうことになる。この方法は、深い、静かな淵で使うのがいちばん効果的だ。

次にこれを言っておこうか。私は以前から、流れのほとりを静かに歩くのを大きな楽しみにしてきた。小さな木の枝を一本手にしてね。その木の枝にちょいとトビケラを取っては、その奇妙な体つきをしげしげと眺めたものだ。もし君もそういうことをしたくなったら、木の枝には、小さなハシバミかヤナギの枝で、裂け目のあるのを使うとよい。あるいは、その一方の端に割れ目を入れておくとよい。そうすれば、川から採ったトビケラをいくらでも簡単にその割れ目に挟んでおいて、それから使うということもできるからね。これは、いいかね、たまたまいま急に思い出した経験を君に話したのだが、いずれ何かの役に立つかもしれない程度のものだ。しかし、実際的な面では、こうしたことが一人前の釣師をつくるのだよ。つまり、不断の努力、観察、修練、そしてこのアートの第一人者になろうという大望が必要だ。いいかい、君、よく聞いてくれ。あるとき、こんなことを言っている人がいた。《私は自分よりよい物を食べる人をうらやみはしない。自分より金のある人をうらやみはしない。また、よい服を着ている人をうらやみはしない。私がうらやむのはあの人間だ。ただ彼だけだ。私よりたくさん魚を釣るあの男だけだ》とね。こういう人は、間違いなく一人前の釣師になるだろうね。そして、この立派な対抗心こそ、君とすべての若い釣師に望みたいところだよ。

第18章　ミノー、シマドジョウ、そしてカジカについて

釣師　もう少しで忘れるところだったが、ほかにも小さな魚が三～四種類ある。どれも鱗のない魚で[1]、その味の素晴らしさにかけては、世間の評価の高い大型の魚に決して劣るものではない。これらの魚は、夏の間はどの月にも抱卵していて、頻繁に産卵する魚なのだ。それは、たとえば、陸上のハツカネズミや多くの小型の四足動物に見られるとおりだ。そして、そうした小動物と同様に、急速に成長して、たちまち成魚になる。そしてこれらの魚が頻繁に、そして多数を産卵するということは必要なことでもある。何らかの事故で死ぬほかに、他の魚の餌食になるからだ。それではまず、ミノー（minnow 小魚、小バヤ）について話してみよう。

1　いずれも、小さくて目立たないが、鱗はある。

ミノーは、産卵後すぐにやってくるその旬の時に、病気でないかぎり、豹のようにその体側に一種のまだらと

いうか、緑がかった空色の斑点、もしくは波紋があらわれている。腹部はミルクのように白く、その背はほとんど黒か、黒っぽい色をしている。ミノーは小さなミミズが大好物で、暑い季節には、若い釣師や、このレクリエーションを愛好する少年や婦人にとって、素晴らしい楽しみになる。そして春になると、あのおいしい《ヨモギミノー Minnow-tansy》をつくるのだ。塩でよく洗ってヌルをとり、頭と尾を切りおとし、腹をぬく。それ以後は洗わずに、卵の黄身とキバナノクリンザクラとサクラソウの花、それにヨモギを少し加え、そうやってフライにすると、実においしい一品になる。

シマドジョウ[2]は、前にも言ったように、非常にうまい魚だ。この魚は、小さな、水の澄んだ、流れの速い小川や細流に棲息している。しかも、砂利床の、流れのいちばん速いところに棲んでいる。成長しても指の長さを超えることはなく、太さも長さにみあった程度にしかならない。シマドジョウの姿はウナギに似ていなくもない。また、ニゴイ（barbel）のように顎ひげがある。鰭《ひれ》は、体側に二枚、腹に四枚、そして尾に一枚ある。黒もしくは褐色の斑点がたくさんついており、鼻の下の口はニゴイのような形をしている。この魚はいつも腹いっぱいに抱卵している。そして、ゲスナーやその他の学識ある医者によって、滋養に富む魚として推奨されており、病人の舌と胃袋の両方を喜ばすには、ごく小さなミミズを餌にして、川床を釣らなければならない。なぜなら、この魚は、言ったように日頃その生きる糧を砂利床で得ており、滅多に、あるいは全くといってよいほど、砂利底を離れて泳ぎ上がるということがないからだ。

2　Loach：水の澄んだ、流れの速いところ、砂利床に棲む、というところからシマドジョウとした。

《粉屋の親指 Millers-thumb》とか《雄牛の頭 Bull-head》などと言われるカジカは決して見映えのする魚ではない。ゲスナーなどはその姿・形からこの魚をアンコウ（Sea-toad-fish）に比しているくらいだ。その頭は、大きく扁平で、その体に不釣り合いなほど巨大なものだ。口はきわめて幅広く、いつも開いている状態だ。口のなかに歯はないが、その唇はまるでヤスリのようにざらざらしている。鰓《えら》の近くに鰭が二枚ある。それは丸っこい、山型をしている。さらに、二枚の鰭が腹の下にあり、またもう二枚が背にある。肛門の後ろに一枚、そして、尾鰭は丸い形をしている。自然はこの魚の体を白と黒と茶色の斑点で飾っている。彼らは、といってもメスのことだが、夏中ずっと腹いっぱいに抱卵している。その抱卵のために、尻のあたりが膨らんで、ほとんど乳房のような形になっている。産卵は四月ごろに始まって、前に言ったように、夏の数カ月のあいだずっと産卵がつづく。そうして冬になると、ミノーとシマドジョウとカジカは、ウナギのように泥のなかに潜ってしまうのか、それとも、どこにいるのか、我々には知りようがないのだ。それは、四月になって初めて姿を見せるカッコウやツバメや、その他の半年鳥が、寒い冬の憂鬱な六カ月をどこで、どう過ごすのか分からないのと同じことだ。このカジカという魚は、通常は澄んだ流れの穴のなかや、石の間に入って、見えないように姿を潜めている。ところが、ひどく暑い日には、外でじっと動かずに、日向ぼっこをするのだ。そうやって、平たい石の上や、砂利床の上にいると、すぐに人目についてしまう。そうなると釣師の思うままだ。自分の鼻先に小さなミミズのついた釣鉤を投げ込まれることになる。そしてカジカとしては、どうにもこれを断ることができないのだ。それどころか、どんなにお粗末な釣師の鉤にだって、拒みようもなく掛けられてしまう。さて、それからマッティオルスという人の言だがね（訳注：イタリアはシエナの医者にして植物学者）、このお方が、カジカの姿形ではなくて、その美味と滋養を理由にこの魚を高く評価している。

もうひとつ、トゲウオ（Stickleback）と呼ばれる小さな魚がいる。これも鱗のない魚だが、数本のトゲで護られている。冬の間、この魚がどこにいるのか私は知らない。また、夏の間、何かの役に立っているのかも分からない。ただ、子供と婦人に釣りの楽しみを提供するだけだろう。あるいは、他の肉食魚の餌になるくらいだろう。たとえば、特に鱒などは、ミノーに食いつくようにこの魚を食う。しかも、餌の装着方法さえ間違っていなければ、餌付きはむしろよいくらいだ。それは、尾が風車の羽根のように回るよう取り付けてやるのだ。そうすると、その餌はどんなミノーよりも速く回転する。覚えておいて欲しい。餌にするトゲウオなりミノーなりを、すばや

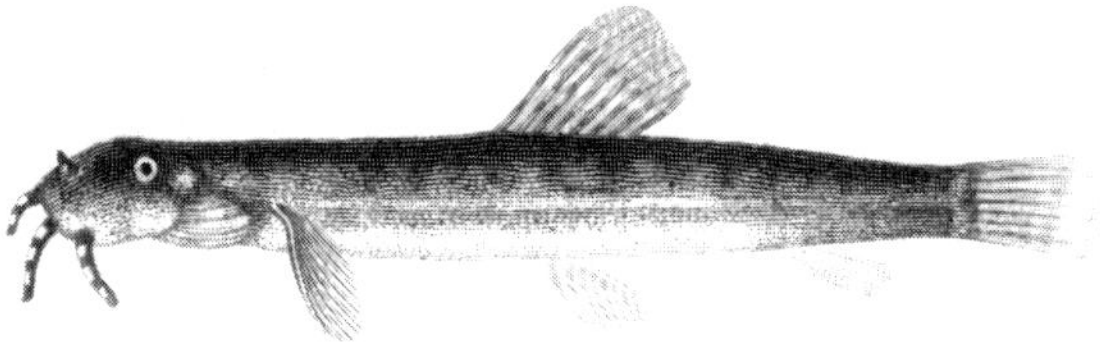

Loach. シマドジョウ

Miller's Thumb. カジカ

く回転させるというのが、小魚を餌にするミノー・フィッシングの極意なのだ。その目的のためには、鉤をその口から通して、尾のところで出す。そして、その尾のすこし上側で、白い糸で巻き留める。そして、よく回転するように鉤の上での魚の姿勢を調整する。それから、魚の口を道糸に結わえて固定する。そのようにすれば、餌は速い回転をみせて、どんな鱒だって引きだしてしまう。回転が思ったように速くなければ、尾をいくらか内側に曲げてやる。つまり、鉤の側面のほうに少し曲げてやるのだ。あるいは、こう言ってもよい。鉤に刺してあるミノーなりトゲウオなりを、もっと湾曲させるか、曲がりを伸ばしてやるかして、思ったとおりに、かつ速く回転するように調節するのだ。そうすれば、急流にひそむどんな大物の鱒だって間違いなく引っ張りだしてくれる。前に君に話したシマドジョウも同じだ。シマドジョウが大きすぎさえしなければ、これにまさる餌はないほどだよ。

　さて、弟子どの、このすばらしく天気のよい朝と、君の我慢強い傾聴のおかげをもって、我々がふつう淡水で釣る幾種類かの魚は、その大方について、いま記憶にあることをすべて話してみた。

猟師　でも、師匠、さきほどのご親切なお言葉から、お約束のとおりに、この国のいくつかの有名な川と、それに養魚池とその管理方法についても、なにか話していただけるものと思っておりました。どうか師匠、それをお願いしますよ。川と魚と釣りについてなら、どんな話だって大好きなのですから。そんな話についやす時間は、ほんとうに楽しく過ぎていきますからね。

第19章　いくつかの川と魚について

釣師　ところで、これまでの道中もお天気も、我々に味方しているようだし、トテナム十字塔もまだ見えてこないから、ここは喜んで君の希望をかなえることにしようかね。さて、はじめに、この国の川についてだが、ヘイリン博士の《地理学》[1]をはじめ他の人々の言うところでは、その数は三二五になるということだ。しかし、そのなかの主要なものとして彼が取りあげて、記述しているものに次のような川がある。

1　Peter Heylin（一五九九〜一六六二）、国教会聖職者、内戦前にはチャールズ一世付きの司祭。その地理書 Microcosmos: A little Description of the Great World（一六二一）。

第一にテミシス川（Thamisis）がある。これはふたつの川が合わさったもので、それはテム川（Thame）とアイシス川（Isis）だ。そのうちテム川の方は、バッキングシャーのテムの少々さきで流れだし、アイシス川の方は、グロスターシャーのサイレンスターに源を発し、ふたつの川はオックスフォードシャーのドースターあたりで合流している。その幸福な合流の結果がテミシス、すなわちテムズ川となるのだ。そこから、バークシャー、バッキンガムシャー、ミドルセックス、サレー、ケント、エセックスを流れ下って、ついには自らも、海洋へのまさに出口になるところで、ケント州のメドウェイ川に合流する。栄誉あるこのテムズ川は、ヨーロッパのいかなる川よりも海の暴力と恩恵をこうむっている。一日に二度も、六〇マイルを超える引き潮と上げ潮にさらされるのだ。その両岸には幾多の立派な都市と壮麗な宮殿がある。それをドイツの一詩人がこんな具合に見事に表している。

いくたの野よ…

いくたの森と気高いあずまやを見た
かぐわしい野と華やかな宮殿　そして堂々とした塔を
そしてまた技《わざ》を尽くしたいくたの庭園
あの王者テベレに劣らぬテムズの川よ

二、次に知られた川はサブリナ Sabrina、またの名をセヴァーン Severn という。その源をモントゴメリーシャーのプリニリモン山に発して、その終着はブリストルから七マイルのところだ。その間、シュルーズベリー、ウースター、グロスターの城壁、そのほか様々な場所や名高い宮殿の岸を洗いながら流れくだる。

三、トレント川は、この川に見られる三〇の魚種のためか、あるいは、この川に注ぐ三〇の支流のためか、トレント（Trent）という名を得ている。その源をスタッフォードシャーに発し、ノティンガム、リンカーン、レスター、ヨークを経て、この島のもっとも荒々しい川であるハンバー川に合流して、その川をさらなる激流にするのだ。このハンバー Humber という川は、実のところ、自らの水源をもつ独立の川ではない。むしろ、ここに合流し、合体する多くの川の河口とも言うべき存在だ。つまり、君の住む地方のダーウェント川、そして特に、ウーズ川、トレント川が合流してハンバーになるのだ。（そして、たとえば、ダニューブ河がその流れのうちに、ドラヴス川、サヴス川、ティビスヌス川、その他いくつかの川を受け入れて、その名をイステルと変えるように）そんな具合に、トレント川も、上に挙げたような川の合流を受け入れて、その名をハンバーと変える。昔の地理学者の言うハンバラバス Humberabus だ。

四、メドウェイ川、これはケント州の川で、王国海軍の停泊地として有名。

五、ツィード川（The Tweed）、イングランドの北東国境に接する川。その北岸には難攻不落の強力な町、バリックがある。

六、タイン川（The Tyne）、ニューキャッスル市と無尽蔵の炭坑で有名。これらの川や、その他の主要な川については、ドレイトン氏のソネットのひとつに次のように歌われている。

テムズは　いくたの船と白鳥の舞いに川の女王とされ
堂々と流れるセヴァーンは　その岸辺の景色をたたえられ
水晶の流れのトレントは　浅瀬の渡渉と魚ゆえにその名を高くし
そしてエイボンの名声はかの白亜の断崖にひとしく高く
要塞都市チェスターはその気高いディー川を誇り
ヨークはウーズ川の数多い奇観を語る
ピークの地はダヴ流域の豊かさを言い
ケントはそのメドウェイこそ優ると言う
コッツウォルズはその地のアイシスをテム川に優るとたたえ
北の辺境はツィードの美しい流れを誇り
西の地はウィリー川の令名をほめそやし
そして古きリー川の自慢の種は　デーン人の流した血[2]

2　リー川をさかのぼってロンドンに迫ってきたデーン人をアルフレッド大王が食い止めた故事（八九六年）にちなむ。

こうした川の見方は碩学ヘイリン博士と、今は亡き私の旧友、マイケル・ドレイトンよるものだ。そして、このような川と魚と釣りの話を君が大好きだというから、私としては増々君が気に入って、もっと話をしたくなるよ。しかしながら、いいかい、ここで海にそそぐそうした川の多くに見られる奇妙な魚を何種類か挙げるだけで、君は驚きばかりか、疑いさえ抱いてしまうかもしれない。それでもここは、最近、ウォートン博士が解剖した魚に関する明白な事実を話してみよう。彼は、偉大な学識と豊かな経験の人であるだけでなく、その知識を率直に話すお方でもある。私と私のアートを気に入っておられ、これまでに君に話したおもしろい話の多くはこの方に負うものなのだよ。この善き人は、真実のほかは決して語らないという人だが、そのお方が、最近、奇妙な魚を解剖したと言って、私に次のような話をしてくれた。

《その魚というのは、幅がほぼ一ヤードあり、長さはその倍はあった。その口は、人の頭が入るくらいの大口で、胃は七～八インチ（18～20㎝）もの幅があった。動きは鈍重で、泥底の中か、泥底近くにひそんでいる。頭部には、一スパン（約23㎝）か四分の一ヤードほどの長さの動く紐がついている。この魚は泥底近くや、泥底の中に姿を隠しているとき、その紐を動かして、いわばそれが自前の釣り餌になるわけだが、他の小さな魚を自分の間近におびき寄せておいて、一気に口の中に吸い込んでしまう。そうして、がつがつ食って消化してしまうのだ》

しかし君ね、この話を疑ってはいけないよ。話し手の信用もさることながら、この手の魚や、見慣れない形をした魚はたくさん、わが国の川の河口や海岸でよくあがっているのだからね。これは、エジプトに旅をしたことのある者には、なんの不思議もない話だろうね。かの地の有名なナイル川は、いまだ名の付いていない魚を産むばかりか、その川の氾濫と、水が引いたあとの河岸にのこる肥沃な粘液物に対する太陽熱の作用とによって、非常に奇妙な魚や獣までもが生まれてくるものだから、だれも名前を付けられないでいるということだ。これは、グロティウス[3]がその《ソフォムファネアス Sophompaneas》のなかで言っている。他でも同様のことが言われている。

3　Hugo Grotius（一五八三～一六四五）、オランダの法学者・国際法の祖、詩人・劇作者。《Sophompaneas

ソフォムファネアス》はその劇作のひとつ。一六五二年に英訳されている。

しかし、こんな話をしていて、私はいったいどこに迷いこんでいるのか。次のことを言って、この話は終わりにしよう。わが国のいくつかの川の河口にはニシンが非常に多い。たとえば、ノーフォークの港町ヤーマス（Yarmouth）の近くがそうであるし、西部地方に行くと、コニシン（Pilcher）が非常に多く見られる。これらについては、我らの碩学カムデンが《ブリタニア》の一七八頁と一八六頁に説明しているが、それを読めば君は驚くことになるだろう。

さて、弟子どの、この話はここで止めることにしよう。そして次に、これまでに私が本と人の話から知り得た養魚池に関する話を始めよう。

第20章　養魚池とその管理法について

釣師　学識あるフランス人ルボー（Lebault）博士[1]は、その大著《田舎暮らし（Maison Rustique）》のなかで、養魚池の作り方について次のような手引きをしている。全体を読むには原著に当たられるのがよいだろうが、しかしここは私が話を要約して、同様の役を果たすようにしてみよう。

1　Jean Lebault（一五三三～九六）、フランスの医師。《L'Agriculture et maison rustique（Paris, 1570）》、英訳一六一六年刊。

博士はこう助言している。土地の排水が完了したら、池の頭にあたるところの地固めをする。そしてそこに、ナラかニレの木の杭を二列か三列にわたって打ち込む。その杭は打ち込む前に火のなかで焦がすか、半ば燃やしておく。こうしておいて使えば、腐らずに長持ちするのだ。さて、そうやっておいて、小さな木の粗朶《そだ》を杭の列のあいだに打ち込む。そして、土を詰め込み、また杭の上にも土を盛る。それから、まず粗朶と土をつき固めてしっかりさせておいて、最初の杭打ちと同じようにして別の杭を打ち込むのだが、その際注意すべきことは、この杭の高さは、池の土手を破壊しかねない危険な増水時に、溢れる水を逃がすために設ける排水門の高さと同じか、それに近い高さにすることだ。

次に彼は、池の周囲にヤナギかハンノキを、あるいは両方を植えるよう言っている。そして、池の縁《ふち》からあまり離れていないところや、できるだけ砂地の底を選んで、そこに粗朶の束を投げ込んでおくよう助言している。これは、魚の産卵場になるとともに、親魚や稚魚を狙う他の魚や害鳥・害獣から彼らを護る場所ともなるのだ。ことに、コイやテンチの産卵後、卵が剝き出しになって、アヒルや害獣の餌食になるのを防ぐためだ。

池の場所の選定にあたっては、彼とデュブラヴィウス、およびその他すべての人々が、細流や雨水が流れ込んで、新鮮な水が供給されるような場所を選ぶよう言っている。それによって、魚は繁殖しやすくなり、元気になり、それだけよく餌を食べ、したがって、ずっと味のよい魚に育つというのだ。

そのためには、このように考えられている。池をできるだけ広くし、大部分を砂利床にして、魚が遊ぶ浅場を作ってやれば、最高に味のよい魚が育つと。さらに留意すべきは、池にはすべて何かしら魚の隠れ場のあるのがよい。つまり、土手の窪み、たな、あるいは木の根など、魚を危険から護るとともに、必要に応じて、夏の極端な暑さや、冬の極端な寒さから魚を護ってくれるものの存在だ。ただ注意すべき点としては、池の周りに木々が繁りすぎていると、その木々の葉が水に落ちて、魚にとって水が嫌な臭いをもつようになり、それを食べる人にとっても、魚も嫌な臭いがするようになるということがある。

テンチとウナギは泥底が好きで、コイは砂利床を好み、暑い月には草を食べることが知られている。利益が目当ての池にしろ、楽しみ目的の池にしろ、三〜四年に一度は池を浚《さら》ってきれいにするのがよい、ことに池によってはそれが必要な池がある。そして、半年か一年のあいだ乾かしてやる。それは、いろんな水草、たとえば、スイレン、コウホネ、リュウキンカ、ガマなど池にむやみに繁殖する草を絶やすとともに、水がなくなってこういう草が死に絶えると、池の底にあらたな草が生えてくる。するとコイは池の水がきれいであれば、暑い季節のあいだ中、盛んにその草を食べてくれるためでもある。池を干しておいて、そこに燕麦《えんばく》を蒔いておくのもよい。魚はさらに好んでそれを食べるからだ。それに、ときどき池を干してやると、その水の中でどんな魚が数を増やしているか、あるいは繁栄しているか、そういうことを目で確認することができる。というのも、魚はその種類によって、飼い方と餌の与え方が、ずいぶん異なっているからだ。

ルボー博士はさらにこんな助言もしている。池があまり大きくなく、広々としていないようなら、パン屑や凝乳（curd）、穀粒、鶏の臓物、あるいは家禽であれ家畜であれ、自分たちの食べ物として殺したものの臓物をちょくちょく投げ込んでやることだ。こういったものは魚にとって大きな援助食となる。彼の言うところでは、カエルとアヒルは魚に大きな害を及ぼすもので、あらゆる魚の卵と稚魚を食い荒らすという。とくにコイが被害をこうむるということだ。これについては、私も経験したし、ほかに多くの証言もある。しかしルボー博士は一方で池のカエルが食べてうまいことを認めてもいる。ことにカエルが肥えている季節にはそうだという。しかしここには注意が必要だ。それは、彼がフランス人であるという点だ。我々イギリス人としては彼の言うことを容易には信じられない。まあ、かの国では、カエルが日常的に好んで食べられていることを知ってはいる。それでも、彼はこう勧めてもいる、カエルとカワセミを池から根絶やしにするようにと。また、野鳥を撃つことをあまり躊躇してはならないとも言う。なぜなら、彼いわく、野生の鳥は魚を怯《おび》えさせ、危害をあたえ、そして殺すからだと。

留意して欲しいが、コイもテンチも、同じ池に他の魚と一緒にしないほうが、もっともよく成長し、かつ、よく繁殖するということがある。一緒にすると、他の魚が卵を食い尽くしてしまうからだ。少なくとも、大部分は食われてしまう。さらに、草を土ごと引き抜いて池に投げこんでおけば、これが夏のあいだのコイの餌になる。また、庭の土とパセリを投げ入れておくと、それが魚の病気を治し、元気にしてくれる。さらにこういうことがある。池に魚を入れるとき、それが繁殖目的の池であれば、メス魚一匹に対してオスを二〜三匹入れておくとよい。ただし、それが養魚池あるいは給餌池の場合は、そこで繁殖させるわけではないから、その大部分がメスであっても、オスであっても、そこを気にする必要はない。

コイの繁殖のために最適の池は、石だらけの底、もしくは砂利床で、暖かく、風があたらず、あまり深くない池で、しかも水際にはヤナギの木と芝草が生えていて、ときどき、その上を水が洗うような池だと言われている。また、泥炭のくぼ地、あるいは、きれいな粘土底の穴をもつ池、あるいは、新造の池、あるいはまた冬のあいだ干しておいた池などのほうが、古くなって泥や雑草でいっぱいの池よりも繁殖しやすいと言われている。

さてここまで、デュブラヴィウスとルボー博士の観察、論説、あるいは勤勉なる研究成果のすべてが私に教えてくれたことの要旨を君に話してきた。彼らはその長大な論説のなかでこのほかにも色々言ってはいる。しかし、そのほとんどは、ごくありふれた知識であって、それは算術のよくできる人間に二の二倍は四だと教えるようなものだから、この話はここで止めにして、ここに腰をおろして、一休みすることにしよう。

第21章　ラインの作り方、および、竿とラインの着色法について

釣師　ところで、弟子どのよ、あまりに長いあいだ君を引き留めてしまったようだ。トビケラだの、小型の魚だの、川や養魚池だのについて話しているうちにね。私の気力もおおかた使い果たしてしまったよ。君の忍耐心もたぶん同じ状態ではないかね。トテナムにはもうわずかだ。君に初めて出会い、そして別れることになっている場所だ。ここは一刻も無駄にしないで、ラインの作り方とその整理法、そしてラインの素材である馬の毛の染め方について少し話してみよう。それは、釣師ならぜひとも知っておく必要のあるものだからね。それに、竿の塗り方についても触れておこう、とくに穂先について。真っすぐに伸びた穂先というものは、なかなかに得難いものだからね。水が沁み込まないような処置をしておかなければならない。さもないと、雨の日には水を吸って重くなり、使い勝手が悪くなり、本来の調子がでないのだ。それに、塗ってないために腐りやすくなる。よい穂先は大事にするだけの価値があると思う。そうでなければ、一本の穂先を大切に扱って、二〇年以上も長持ちさせることはしなかったよ。

まずラインから始めよう。

最初に気をつけることとして、馬素《ばす》（馬の尾の毛）は断面が丸く、透明で、擦り傷やでこぼこがなく、摩耗などのないものを選ぶ。そうやって上手に選んだ馬素一本は、むらがなく、透明で、断面は丸く、ガラスのような質感をしているものだ。そうしたものは、選び方が悪いために不揃いで、摩耗していて、擦りむけているような馬素を三本束ねたものに匹敵する強度を持つ。黒毛の馬素はたいていが丸い断面をしているのだが、白毛の馬素の多くは断面が平たく、しかも均一ではない。したがって、真っすぐで、丸くて、透明なガラスのような質感の馬素が一房でも手に入ったら、これは大事にしなければならない。

そして、ラインの作り方だが、これは次のルールに従っていただきたい。まず、馬素は撚りあわせる前に、よく洗っておく。そして、できるだけ透明な馬素を選ぶだけでなく、同じ太さの毛を選ぶこと。そうすれば、使用した毛のすべてが同時に同じように伸び、切れるときにもすべてが同時に切れるものだ。ところが、太さが不揃いの馬素であると、こんな具合にはいかない。あちこちで別個に切れたりするものだから、ラインの強度を信頼している釣師は裏切られてしまうことになる。

馬素の毛を一節ごとに撚《よ》ったあとは、少なくとも一五分間は水の中に漬けておく。それから、もう一度撚りを入れておいて、そして各節を繋ぎ合わせてラインにする。これをやらないでおくと、毛の一、二本が縮んで、他の毛よりも短くなってしまう。それがラインの最初の使用時に起こってしまうのだ。そうなると、縮んだ毛の分だけラインの強度が失われることになる。それは、はじめに水に漬けておいて、その後、再度撚りをくれるということをやらなかったためだ。これがもっとも分かりやすいのは、七本撚りのラインの場合だ。それは、撚ったラインの中心に、必ず黒い馬素を一本通してあるから縮みが見えやすいのだ。

さて、馬素の染色は次のようにやる。

強いビール（ale）一パイント（約半リットル強）と煤《すす》を半ポンド（約225g）、クルミの木の葉をしぼった汁を少々、それに同量のミョウバンを用意して、それらをみんな一緒に鍋に入れ、三〇分間、沸騰させる。そうして、これをさましてやる。冷たくなったところにラインを入れて、しばらくおく。そうすると、馬素はなにか水のような、ガラスのような、あるいは、緑がかったような色になる。長く漬けておくほど、色は濃くなる。これ以外に様々な色に染める方法を教えることもできるが、あまり意味がない。なぜなら、この水の色、あるいは、ガラス色がいちばんよい色であるとともに、釣師にはもっとも実用的な色でもあるからだ。しかし、あまり緑は濃くしないほうがよい。どうしても緑をもっと濃くしたいというのなら、次のようにやる。

弱いビールを一クォート（約一リットル強）とミョウバン半ポンドを平鍋か土鍋に入れて、その中に馬素を入れる。そしてこれを火にかける。弱火でことこと三〇分間煮て、馬素ラインを取りだす。そして乾かす。次に、水を半ガロン（約二リットル強）用意して、そこにマリーゴールドの花びらをふたつかみ入れる。タイルか何か適当なもので蓋をして、ふたたび火にかける。そしてまた弱火で三〇分ばかりことこと煮ると、表面の浮き滓が黄色になる。そこで、細かく砕いた緑バン（copperas）と染色する馬素を入れて、液が半分になるまで弱火で煮る。そして、馬素を入れたままで三〜四時間さましてやる。そこで気づくだろうが、緑バンを多くするほど、緑色は濃くなる。しかしながら、薄い緑がいちばんよいことに変わりはない。しかし、黄色の馬素が欲しいという人は（黄色がよいのは草が枯れるころだけだが）、マリーゴールドをもっと増やして、緑バンをほとんど無しにするか、あるいは、まったく無しにして、代わりに緑青《ろくしょう》を少し入れてやればよい。

馬素の染色についてはこんなところだ。さて、次は竿の塗装についてだが、これは油塗装になる。まず、膠《にかわ》と水とでニカワ溶液をつくる。それには、ニカワに水を加えて煮ると、ニカワが溶けて灰汁《あく》の色をしたニカワ液ができる。それがまだ熱いうちに、剛毛か刷毛か絵筆で、竿の木地表面に塗布して、十分に乾かしておく。つぎに鉛白《えんぱく》と鉛丹《えんたん》少々、それに黒炭少々をくわえて、灰色になるよう混ぜ合わせる。そこに亜麻仁油《あまにゆ》をくわえながら、すべてを一緒にすりつぶして、こってりとさせておく。これを刷毛か絵筆で竿の木地にうすく塗る。これが、あとで竿にどんな色を付けるにしろ、その下地になる。

緑色をつくるには

ピンク（訳注：黄味がかったレーキ顔料）と緑青に、亜麻仁油をくわえて、できるだけ細かく擦りつぶす。そうして刷毛をつかってこれを竿におき、薄く引き伸ばしてやる。うまくやれば、たいていの場合、塗りは一回でたりる。二度塗りをする場合は、必ず一度目が完全に乾いてからにすること。

さて、弟子どのよ、ここまで竿の着色法について君に話をしてきたが、トテナム十字塔にはまだ一マイルある。

そこで、目的地にむかって、このかぐわしいスイカズラの生垣にそって涼しい木陰を歩きながら、我々ふたりが出会って以来、私の魂をとらえてきた思いと喜びとを、幾分か話すことにしようか。その思いを君に話そうというのは、君もまた、我々の幸福のために、すべて善きもの、全きものをお贈りくださるお方への感謝を共にするよう願ってのことなのだ。そして、我々の今の幸福がそれだけ大きく思われるよう、またそれだけ感謝の念を深くするよう願っているのだ。いっしょに考えてみてくれないか。今こうしているうちにも、大勢の人々が結石や痛風や歯痛に苦しんでいる。しかし、我々にはそれがない。そして、私が免れている苦痛のひとつひとつが、また新たなお恵みなのだ。だから、有難く思おうではないか。我々が出会って以来、手足を折ったり、破滅したり、また雷に打たれたりなど、様々な災難に見舞われた人たちがあるのだ。しかし我々はそういったことを免れている。その他、人間の心を脅かすもろもろの悲惨な境遇を免れている。だから、これを喜び、感謝しようではないか。いや、それどころか、さらに大きな恵みがある、我々はあの背負いきれない重荷である良心の呵責を免れているのだ。それは誰にしても耐えることのできない惨めな苦しみだ。だから主を称えよう。災いを未然に防いでくださる主の恩寵をね。私が免れる不幸のひとつひとつが、新たな恵みなのだ。いや、もっと言おう、我々の四〇倍もの身代を持ちながら、我々のように健康で、楽しくなれるのなら、その財産のほとんどを渡してもかまわないという人が何人もいるのだ。我々といえば、わずかな出費でものを食べ、飲み、笑い、そして釣りをしては歌い、ぐっすり眠る。そして、翌朝目覚めると、余計なことは放り投げて、歌い、笑い、そしてまた釣りをする。これこそ幸せというものだね、金持ちが財産すべてを差しだしても買えないものだ。もっと言わせてくれ。私の近くに忙しすぎて笑う暇さえないという人がいる。その人生のすべては金を稼ぐことにあって、もっと、もっとたくさん金を稼ぐために、さらに金をというのだ。この人はなおもあくせく働きつづけていて、こんなことを言っている。ソロモンによれば、《勤勉なる手は富を生む》とね。それはまさしくその通りだよ。しかしこの人は解っていないのだ、人を幸福にするのは富の力ではないということをね。ある偉大な知見の持主がこんな賢明なことを言っている。《富の向こうにも、こちら側にも、同じように多くの不幸がある》と。とはいえ、神よ、身を食む窮乏から我らを救いたまえ。生活を満たせば、それで満足し、感謝して暮らせることをかなえたまえ。不平はやめよう。神の賜物は不公平だと言うこともやめよう、たとえ財貨がうなるほどの人間を見かけたとしても。神はお見通しなのだ、そうした財貨を守る鍵である気苦労が、しばしば富める者たちの腰に重くぶらさがり、それがために疲労の日々をすごし、休息のない夜をむかえる、周囲で人のぐっすり眠る時間に。我々はただ富者の幸福の外面だけを見ているに過ぎない。だから、富者を蚕のようだと考える者はきわめてまれだ。蚕は遊んでいると見えるときも、自らの腹から糸を紡ぎだして、わが身を食いつぶしているのだ。多くの富める者たちがこれをやっている。人をむしばむ気苦労を自ら背負って、恐らくは、うしろ暗いやり方で手に入れたその富を懸命に守っているのだ。だから、我々は、健康と衣食に不足のないことをありがたく思い、そして何よりも良心の安らかなることに感謝しようではないか。

いいかね、君、こんな話がある。あるとき、哲人ディオゲネスが友人とともに青空市にでかけたことがあった。そこで彼が見たものは、リボン、鏡、クルミ割り、それにバイオリンや木馬など、子供だましの数々だった。こうした青空市に不可欠のガラクタのすべてを見てまわったあとで、彼は友人にこう言ったそうだ：《何ということか、この世界にあるのはディオゲネスが必要としないものばかりではないか》。実際、それはそうだろうね、あるいは、そうかもしれないね、必要もないものを手に入れようとして、あくせく骨折る人たちが大勢いるわけだからね。人は、自分が幸福になるためには、物が充分には与えられなかったといって、神を責めることができるだろうか。もちろん、否だ。自然はわずかなもので事足りるのだ。ところが、何かしら不足だといって、不平を言わない人間には滅多にお目にかかることがない。しかし、事実は、何が不足ということはなく、迷惑な話だが隣の人間が、自分にちやほやしないとか、お世辞を言わないとか、そんな程度の欲望が満たされない不平なのだ。そういうわけで、せっかく満ち足りて、平穏でいられるのに、自ら好んで面倒をつくりだしているのだ。

私が聞いたところでは、他人より背が低いといって自分に腹を立てた男がいたというし、またある女は、隣家の女と同じように若く、美しく映さなかったといって鏡を叩き割ったということだ。もうひとつ私の知る例に、健康も、なにもかも、神さまから恵みを受けていながら、生まれつき片意地な性格の妻は、夫の富のせいで財産を鼻にかけるようになってしまった。そして、金持ちなのだから（他には取り柄なし）、教会で最上位の席に坐るのは自分たちだと考えた。これが拒絶されると、夫を巻き込んで席を争うことになった。そして、ついには裁判沙汰となり、これも同様に頑固な隣人と争うことになったのだ。その男は同じように金持ちで、そしてその妻も、同じように片意地で、同じように財産を鼻にかける女だった。そしてこの裁判沙汰がさらに激しい対立とあらたな問題発言を生み、さらなる混迷と訴訟がつづいた。お分かりのとおり、二人とも金持ちであり、したがって、それぞれの意地があった。そこで、この意地の張り合いの、金を鼻にかける裁判沙汰は最初の男が生きている間じゅう終わることがなかった。その後、その妻は怒り、荒れ狂い、これが続いたあげく、ついには墓の下に入ってしまった。そういうわけで、これら哀れな富める人々の富は呪うべき罰をもたらしたのだ。彼らには温和な心、感謝の心が欠けていたのだよ。だけど、そういう心だけが我々を幸福にすることができるのだね。私は、健康と財産をあわせもち、また、家具をそろえた美しい邸宅を何軒かもつ男を知っているが、この人は、しばしば家族を引き連れてひとつの家から別の家へと、面倒な引っ越しをする。なぜそんなに頻繁に家を移るのかと、友人に訊かれて、答えて言うには、《そのうちのどこかで満足を見いだしたい》というのだ。彼の気性を知っている友人は、《それらのどの家かに満足を見つけようというのかい、それなら君自身の心を同伴してはだめだよ。満足とは、温和で、穏やかな心のなかにしか宿らないものだからね》と言った。そしてこのことは、我らの救い主がマタイ伝のなかで言われていることを読み、それを考えるものには明らかだ。そこで主はこう言っておられる、《慈悲深い者は幸いである。なぜなら彼らは慈悲を得るだろうから。心の清い者は幸いである。なぜなら彼らは神を見るだろうから。心の貧しい者は幸いである。なぜなら天国は彼らのものだからである》。そして、《温和な者は幸いであると。なぜなら地を有する者は彼らだからである》。温和な者は、慈悲を得ることがないというのではなく、彼は神を見、慰めを得て、そして最後には天上の王国へと行くのだ。ただそのあいだに、彼が、ただ彼のみが、天国にいたる途次、この地を有する者なのである。それは彼が、謙虚にして、心楽しく、その善き神が彼に割り当てられたものに満ち足りているがためだ。その彼は、自分はもっとましなものに値すると考えて、心を騒がし、不平をたれ、腹立たしい思いをすることなどはない。また、賢明なる神が彼自身に与えられたものよりも、余分の名誉、余分の財貨を持つ者が他にいると知っても、彼が心を乱すことはない。彼は、ただ温和な、満ち足りた静かさをもって、いま持つものを所有しているだけだ。こうした静かさは、まさに彼の見る夢を、神にも自らにも、心地よいものにするのだ。

弟子どのよ、いいかい、こうした話はすべて、君が感謝の心に向かうよう願ってしたことだ。君がさらにその傾きをつよくするよう、次のことを言わせてもらおう。預言者ダビデは、殺人や姦淫、その他おおくの恐ろしい罪を犯した人だが、それでも彼は神ご自身の心にならった人だと言われてきた。それは、聖書に記されている誰よりも、その詩篇は彼の感謝の思いに満ちていたからだ。そこには、その数々の罪と、自らの価値のない存在の告白、そして神の許しと慈悲に対する感謝の念とが様々に述べられている。それは神ご自身からも、神の心にならう者とみなされるほどであった。だから我々も、ここのところにおいて、可能なかぎり、ダビデのようになるよう努力をつくそう。我々の日々授かる神の恵みがありふれているからといって、それを低く見なし、神を称えないということがないようにしよう。忘れずに、神を誉め称えよう、ふたりは出会ったがゆえに、無垢の喜びや楽しみを知ることになったのだから。我々が行き会ってこのかた目にしてきた、心地よい流れや牧場や花や泉を見るためなら、盲目の人は何を差しだすと言うだろうか。私はこう言われたことがある。もし、生来の盲目の人が、生きている間に一時間に限り、視力を持つことができるとしたら、そうして最初に目を開けたとき、その美しさの盛りにある、日の出か、日の入り時の太陽に目を留めたとしたら、この人は驚嘆し、恍惚として、その素晴らしさに見ほれるあまりに、初めて見たその魅惑的な物体から目をそらして、この世界が与えるその他もろもろの美にあえて視線を移そうとはしないだろうというのだ。しかし片や我々にとっては、こうしたことや、ほかの多くの恵みは日々享受しているものだ。ところが、それらのほとんどに対して、それは日常的なありふれたことだとして、大方の人間は神様に誉め言葉で報いることなど忘れている。しかし、そうであってはならない。それは、神様がとても喜ばれるお供えの行いなのだ、太陽を造り、人間を造り、そして今も我々を守り、我々に花や雨や、食欲や食べ物を与え、満ち足りた心や釣りに行く余暇をお与えくださる神様への犠牲のお供え物ということだからね。

でも、弟子どのよ、我ながら疲れてしまった。間違いなく君もそうだろうね。ほら、あそこにトテナム十字塔が見えてきた。もうわずかな距離だ。これで私の長すぎる話も終わりになるね。この話で私の意図したことは、それは今でもそうなのだが、私の魂に得させたいと努めていること、それを君の心にも植えつけようということなのだ。それというのは、つまり、温和な心、感謝の心ということだ。そのことについては君に話したように、それら無しではお金がいくらあっても、誰も幸福にはしないということだ。しかし、言わせてくれ、それらがそなわっているなら、お金はおおくの心配ごとや気苦労を取り除いてくれる。そこで私の助言だが、誠実な心の金持ちになるよう努めよ、あるいは、心満ちて貧乏でいよ、ということだ。しかし間違えてはいけないよ、その金は正しく得られたものでなければならない。さもないと、何もかも台無しにしてしまうからね。そこは、コサン[1]がよいことを言っているよ、《良心をなくした者には、持つに値する何物も残らない》とね。だから、その点には十分に留意しなければならない。そして次に、健康に留意する。健康である者は、神を称えなければならない。良心のつぎに健康を重んじなければならない。健康はわれわれ死すべき人間が受けられる第二の恵みだからだ。金で買うことのできない恵みだよ。だから、これを大切にして、神に感謝しなければならない。さて、お金については、第三の恵みと言うこともできようが、これを軽んじてはならない。しかし、金持ちであることが必要不可欠ではない。前にも言ったように、《富の向こうにも、こちら側にも、同じように多くの不幸がある》からだ。そういうわけで、暮らしがどうにかなっているのなら、穏やかに、快活に、感謝の心をもって、それを楽しむことだ。ところで、君に伝えておこう。これは、ある高名な聖職者が言ってくれたことだが、神には二カ所の住まいがあるという。ひとつは天に、もうひとつは穏やかで、感謝に満ちた心のなかに、ということだ。全能の神よ、どうかその心を、私にも、誠実な私の弟子にも、お授けください。さて、どうやら、トテナム十字塔にたどり着いたようだね。

猟師　師匠、よい教えの数々、ありがとうございます。そして何よりも、最後の感謝の心について、ありがとうございます。それを忘れることは決してないでしょう。それでは、この辺りでひと休みしましょう、そこの心地よい木陰で。自然が手ずから編みあげたようなところですよ。スイカズラや野バラ、ジャスミンやギンバイカなどが織物のように混じり合って、強い陽射しからも、にわか雨が近づいてきても、心配ありません。そこに腰をおろして、師匠のご好意へのわずかながらの返礼に、このサック酒[2]ひと瓶に、ミルクとオレンジと砂糖をすべて混ぜ合わせれば、神々が楽しむネクタール[3]のような飲み物ができます。その美味さは、われわれ釣師以外には飲ませたくないくらいですよ。さあ、師匠、あなたのために、なみなみとその美酒をそそぎましょう、そして私にも乾杯していただいたところで、約束の詩を朗唱いたしましょう。この詩はサー・ヘンリー・ウォットンの遺稿集のなかに見つけたものですが、間違いなくこの人の手になるものか、そうでなくとも、釣りを愛する人の手になるものです。さあ、師匠、私のために乾してください。私も師匠に乾杯します。それから朗唱と行きましょう。この詩は、師匠に同道するという幸運を得て以来、まさに私が堪能してきたような田園のレクリエーションを描いたものです。

1　Nicholas Caussin（一五八三～一六五一）、ジェズイットの僧。フランス王ルイ13世の聴罪司祭。

2　Sack、16～17世紀にスペイン、カナリー諸島から輸入されていたドライ白ワイン。Vino seco から来ていると思われる。

3　Nectar、ギリシア神話。神々が飲む神酒。不老不死の酒とされた。

恐怖におののき　心配ごとに胸はさけ
案じてはもらす溜息　はからずも流す涙よ
　飛んでいけ　飛んでいけ　かなたの宮廷へ
　俗人お気に入りのあの遊び場へ
わざとらしい冷たい笑いがおもてを飾り
悲嘆にあっても心にもない笑いを見せる
　陽気のふうはただの見せかけ
　悲しみばかりが真の姿よ

飛んで去れ　われらの楽しい故郷から
飛んで去れ　列をなす人の不幸の数々よ
　やって来い　穏やかな表情よ
　水晶の流れの清らかな表情よ
澄みきった紺碧の空はほほ笑む
貧しいわれらのうえに神の豊かな御心を見て
　平穏と安らかな心よ
　だれもが求めながら　見いだすはわれらのみ

道をたがえた死すべき者たちよ
喜びと　安らかな心と　慰めがどこに育つか知っているなら
　そびえ立つ高楼には目もくれず
　こんな木陰をさがすだろうに
時には風が木々を揺らしもしようが
不安が募るも嵐にはいたらず
　近くを流れる泉のほかには
　不平をたれるつぶやきもない

ここには奇怪な仮面の群れも　舞踏会もなく
ただ子ヤギがふざけて　跳ねまわるだけ
　戦いなんぞ目にすることはなく
　ただ緑の草の野のうえに
無邪気な子羊が二匹　角突きあわせるのが見えるだけ
それさえすめば鳴きながら　二匹はおのおの母のもとへと走り寄る
　そこには決して傷の痕を見ることはなく
　地面に残るはただ鋤の跡のみ

ここには人を罠《わな》にかけるあの餌はない

またたくまに破滅に追いやるあの餌はない
　ここにあるのは
　ただあさはかな信じやすさだ
この世の愚か者に似て　ただ餌を見るばかりで
魚は決して鉤を見ようとしない
　ここには嫉妬などはない　ただ小鳥たちが
　互いにその歌声の美しさに嫉妬するだけ

黒人をして水に潜らせ
人里はなれた入江のなかに珠玉を求めるがよい
　われらはどんな真珠をも笑うばかりで
　ただ　朝がむすぶ草の葉末の露の玉が
粗忽な羊飼いに振り落とされて
消えていくのを嘆くばかりだ
　ここに黄金を見ることは決してなく
　ただ豊穣の女神の黄金色の実りを見るばかり

ありがたい沈黙の木立よ
いつまでも喜びをはぐくむ最良のゆりかごであれ
　穢《けが》れのない満足よ

ここを永遠《とわ》の住処《すみか》とせよ
これらの丘を　牧場《まきば》を　岩を　山々を
そして　おまえ安らかな心よ　これからも　このささやく泉のほとりにまどろんでいよ
そうして願う　年ごとに
この地に釣りするその度ごとに　われら　あいまみえんと

釣師　君に、心から礼を言うよ。ありがとう。まったく極上の詩だね。まちがいなく釣りを愛する人の手になるものだ。それでは、私のために一杯あけてくれ。私のほうでも、もう一篇、とてもよい詩を披露して、君に報いることにしようから。それは現世の虚栄への決別をうたう詩で、サー・ヘンリー・ウォットンの詩だという人もいる。彼がすばらしい釣師であったことは前にも言ったとおりだ。しかし、誰が書いたにせよ、これを書いた人は立派な魂の持主で、詩作のときには、きっと、いろんな幸福な思いが去来していたのだろうね。

さようなら　華やかな愚行よ　愉快な面倒よ
さようなら　ぼろ服のような栄誉よ　輝かしいあぶくよ
名声は虚ろな木魂にすぎず　黄金もただの土くれ
名誉の授与も　ただ一日の恋人にすぎない
美人は　見る目の偶像といえども　ダマスク織りで包んだ肉
高い地位とて住むには黄金の牢獄のようで
生まれながらの自由な心を苦しめ　飾りたてたお供の列は
傲慢な気分がさせる見世物にすぎない

偉大さへの道は血筋のみに決められて
買うことはできず　我らには閉ざされた道
　名声　名誉　美貌　位階　行列　血統　そして家柄
　すべてそれらは萎《しお》れゆく地上の花々

偉くなろうと望んでも　それなのに太陽は
高い丘のほうに光をむけるばかり
高くなろうと望んでも　見るがよい　誇り高い楢の木を
まっさきに雷に打たれて引き裂かれるのは楢の木だ
金持ちになりたいと思う　だが　見てくれ　あの薄情な人間どもを
金持ちの腸《はらわた》までも食い漁《あさ》っている
賢くなりたいと思う　だが　よく見るだろう
賢い狐は疑われ　愚かなロバこそ気ままに生きる
美しくなりたいと思う　だが　見てくれ
美しい人　高邁《こうまい》な人も　輝く太陽に変わらず　しばしば雲に閉ざされる
貧しく生きると望んでみても　粗末な草さえ　卑しいロバに踏まれてしまう
金持ちは憎まれ　賢い者は疑われ　貧しい者は蔑まれる
偉大な者は怖れられ　美しい者は誘惑され　高位の者はさらに妬《ねた》まれる
　すべて私が望んできたことだが　いずれも今は望まない
偉大も　高位も　富も　知恵も　美をも望まず　むしろ貧しくあろうと思う

世界がいま私を世継ぎとしたら
美の女王が私を美しいとしたら
私は運命の寵児だと人に言われ
インドと黄金の富を競おうか
私の一瞥に人は脱帽し　膝を折り　正義は黙して言葉なく
人の目はつぶれ　足は萎え　墓碑銘をつくり石に私を語らせるのか
三文詩人のへぼな詩が　偉大なる師よ　と称えるのか
世にある誰よりも　偉大で　美しく　富み　賢く
すべてが見事にそうなり得たとしても
それでも私は　運命が私のものとした賜物の数々を
むしろ気持ちよく辞することにしよう
　そして　この尊い余暇の一分をこそ
　空虚な愉悦の富にまさると受けとろう

歓迎しよう　清らかな想いを　沈黙の木立を
こうした客を　こうした宮廷を　私の魂はなによりも愛する
今こそ大空の翼あるものたちに歌ってもらおう
私の朗らかな讃歌を　楽しい春にささげる歌を
いまは祈禱書を私の鏡として

そのなかに　美しい徳の顔をあがめよう
ここに憎しみの顔を見ることはなく　宮廷の煩いもない
ここに破られた誓いはなく　恐怖に蒼ざめた顔もない
そして私はここに坐わり　熱い愛の愚行に溜息する
そして学ぶ　愛すべきは敬虔な物思いだと
　もしも　ここに満足が見いだせぬなら
　もはや求めはすまい　それは来世のこととして

猟師　これは師匠、この詩は誰もが記憶しておく価値のあるものですね。ありがとうございます。それに多くの教えもありがとうございます。神のご加護によって、忘れないようにします。聖アウグスティヌスが、その《告白録》のなかで彼の友人ヴェルクンドゥスの親切な計らいを賞讃しておりますね。その友人が、彼とその仲間とに別荘を使わせてくれたそのお蔭で、かれらはそこで休息し、楽しみ、世の喧騒を避けることができたと。私としても、あなたのお話と、教えていただいた釣りのアートをもって、同じような厚遇を受けたのですから、必ずそうすべきですね。それは全くのところ、あなたとご一緒して、お話を聞いたことは、ほんとうに有益で、楽しいものでしたから、心からこう言うことができます、《私が生きていると感じたのは、あなたを知って、あなたのお話を聞き、釣師になってからのことです。それ以前ではありません》と。それなのに、ここであなたとお別れしなければなりません。初めてお会いしたときは、あんなに幸せな場所だったのに、今は悲しいところとなったこの場所で。でも、五月九日を待つことにしましょう（訳注：釣具屋で出会う約束の日）。その日になれば、約束の時間に、約束の場所で、また共に楽しむことができるのですから。それまでのあいだ、悲しみのなかにある者がすごすような長い時間を、ずっと眠らせてくれる何か眠り薬の一服が欲しいところですが、そこは私の望み

Parting at Tottenham（トテナムの別れ）

と願いの力で、できるだけ短くなるよう努めましょう。そして、師匠に話していただいたこと、ソクラテスが弟子たちに教えたというあの教訓を忘れないようにいたします、《お前たちは哲学者である故にそれだけで尊敬されると考えてはならない。むしろ、自ら善い生き方をすることによって、それを哲学への敬意とすべきだ》。釣りについても、同じような助言がありました。私はそのように努め、また、お話のはじめの頃に言われた立派な方々のように生きていくよう努めます。これは私の固い決意です。そして、ある篤信の人がその友に言ったという、《欲望を去るには、度々教会を訪ねて、墓碑を見る、そして納骨所を見ることだ。そして、その時その場で思うことだ、時の流れがいかに多くの人骨を死の門に積み上げてきたかを》。だから私も心満ち足りて、全能の神の力と知恵と神慮への信頼を厚くしようと願うときは、牧草地のなかの流れのほとりを歩きながら、あの思い煩うことのないユリの花について想いをはせることに致します。さらに、さまざまな小さな生き物たちが万物の創造主の御心によって造られたばかりでなく、人知の及ばぬ仕方で生きる糧をも与えられていることを想いましょう。そして神への信頼を厚くします。これが私の決意です。ですから、《生きとし生けるもの、主を称えよ》と思うのです。そして、聖ペテロの師の祝福が私の師とともにありますように。

釣師　そして、その祝福が、徳を愛するすべての人々に、神の摂理を信じ、静かであり、そして釣りに行くすべての人々の上にありますように。

静かであることに努めよ（テサロニケ第一、四章一一節）

FINIS.

THE

COMPLEAT ANGLER.

Being Inſtructions how to angle for a TROUT or GRAYLING in a clear Stream.

PART. II.

Qui mihi non credit, faciat licet ipſe periclum:
Et fuerit ſcriptis æquior ille meis.

LONDON,
Printed for *Richard Marriott*, and *Henry Brome*
in St. *Paul's* Church-yard. MDCLXXVI.

パイク岩とプール

ヘンモーア川

ダヴ川

小橋の下の岩間

パイク岩とプール

ダヴ川

アイザック・ウォールトン・ホテル

第Ⅱ部

澄んだ流れで鱒またはグレーリングを釣る方法

敬愛してやまない私の父にして友、
アイザック・ウォールトン先輩にささげる

謹啓　あなたは、数年前のこと、私が今ここに試みた企てを喜んでお許しになられたのですが、あなたのどんな卑小な友にも、約束を撤回されたことのないあなたですから、私もそれに乗じて、鱒の釣りについて書いた私の以下の話が、釣り全般に関するあなたのさらに優れた、さらに広範な釣魚法にお仕えすることがかなえば、と望む次第です。私が書いたところは、決して完璧でもなければ、よく消化されてもおらず、あなたのお許しが出て以来、経過した時間を考えれば、もっとしっくり、おさまりよく書けていてよいのに、どうもうまくいっていないというのが実情です。しかしながら、私が書いたことは全体として間違いではないということだけは断言できます。それらは、だいぶ、簡素な装いではあります。なにしろ、あなたの《釣魚大全》の突然の新版の、突然の知らせであったものですから、一〇日に少々あまる程度の日数のうちに、集中して記憶を呼び戻し（それは事実そのとおりで、この間しばしばこのことを考えてはいましたし、まさに取りかかろうということも一再ならずあったのですが）、その場ですぐさま書きだして、今ここにお目にかけるものをやりあげたというわけです。また、あなたの書き方にできるだけ調和するようにも努めました。もし私の話が、誠実なる釣友諸氏にとり、難なく理解できる明瞭さをそなえておるなら、私としては目的を達したことになります（それのみを目指したのですから）。これ以上、弁明の必要はないでしょう。この種の著述には（たとえ私がその道の達人であったとしても）、雄弁を必要とするものではありません。そこで、あなたのよりよい判断で、あるいは、むしろご親切をもって、この種の書き物としては、まあよいだろう、としていただければと思うのです。それに文中で、私の小さな釣り小屋の正面に彫りこんだ組み文字の由来を説明させていただければとも考えます。そして公にあってはあなたに仕えることをお許しいただき、私にあっては、これまでも、今も、そしてこれからも、心から

あなたを深く愛するあなたの息子にして僕《しもべ》
チャールズ・コットン

ベレスフォード　三月一〇日　一六七五〜六

Cotton の肖像

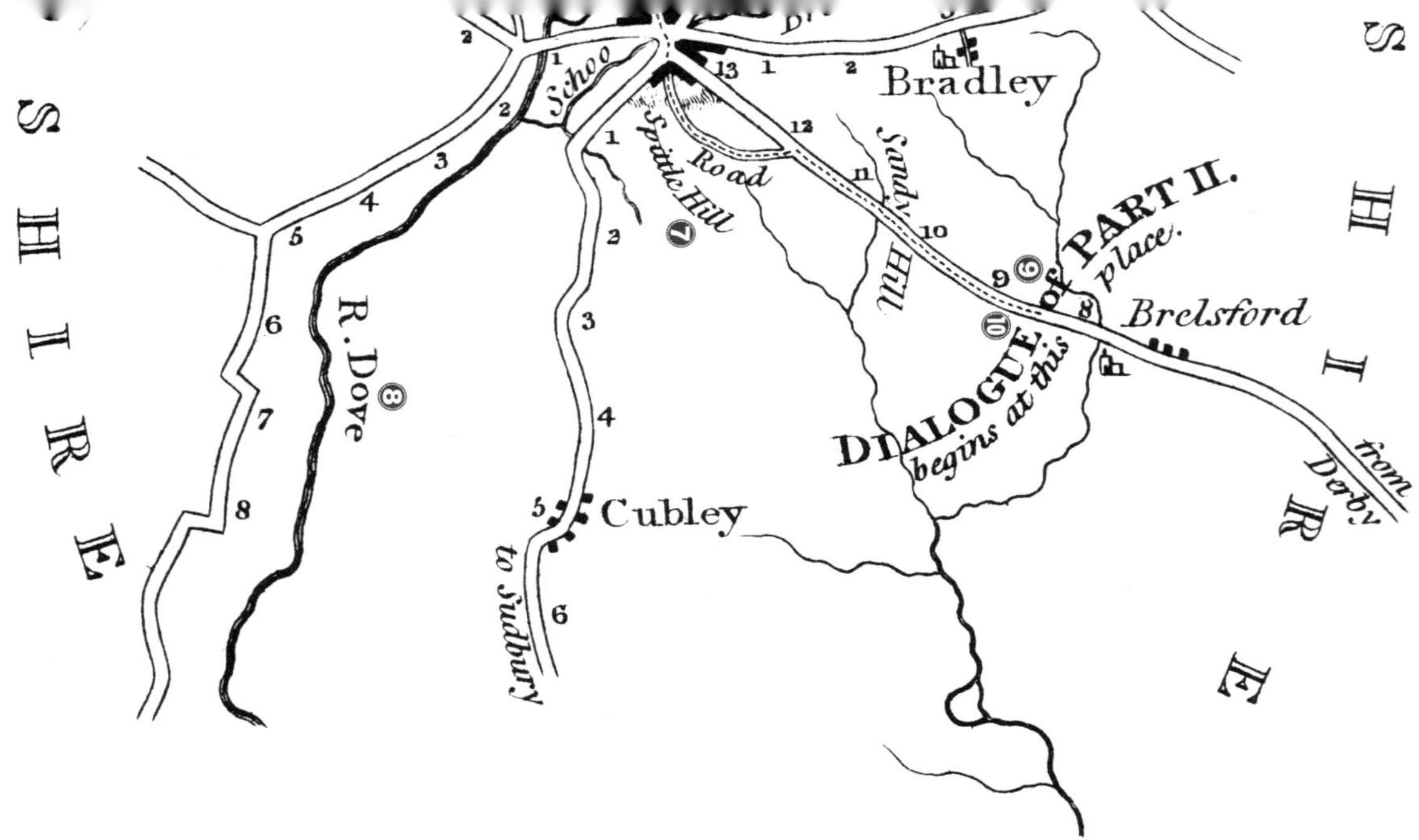
SHIRE
Bradley
Schoo
Road
Spittle Hill
Sandy Hill
DIALOGUE of PART II.
begins at this place.
Brelsford
from Derby
R. Dove
Cubley
to Sudbury
SHIRE

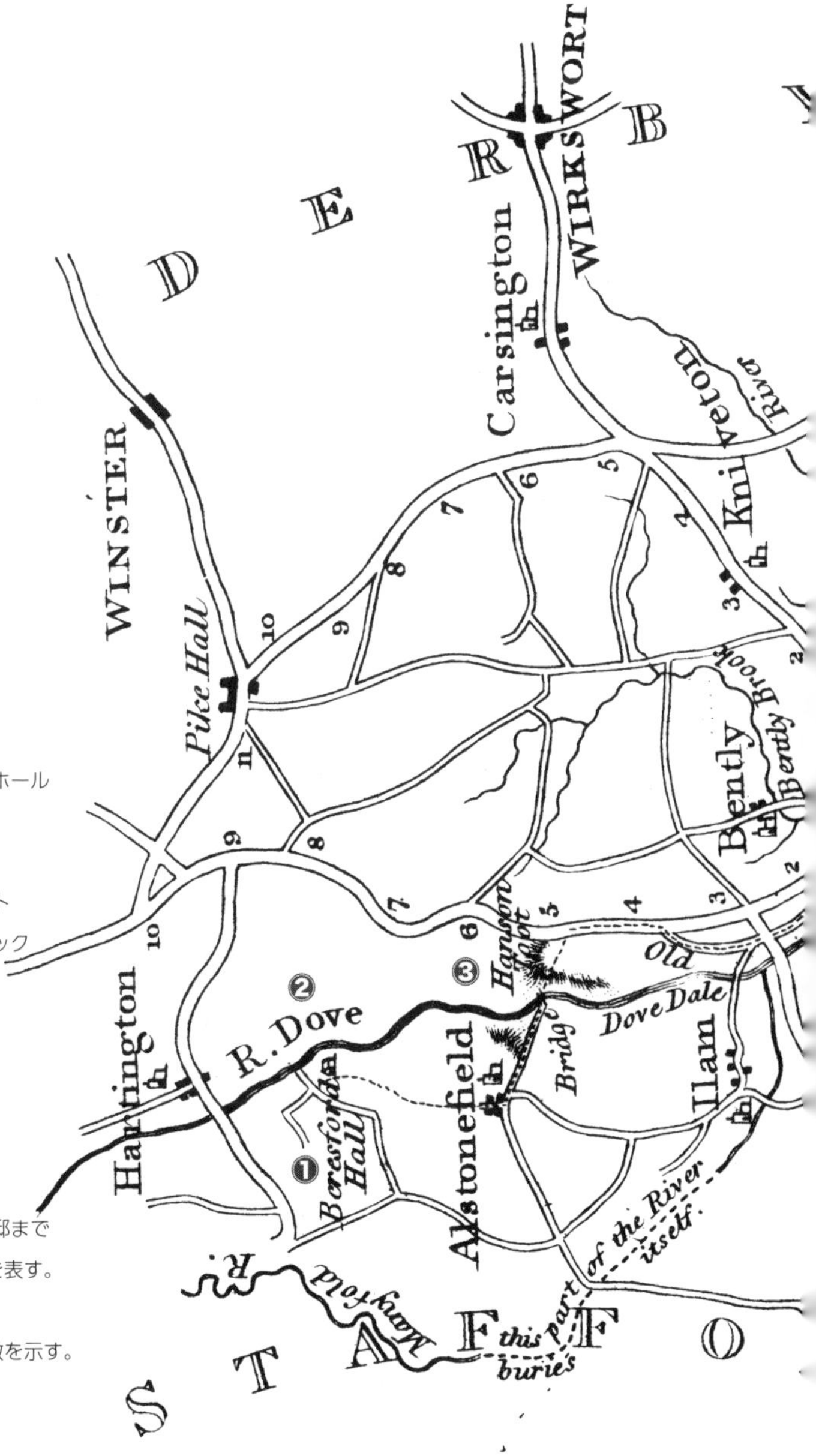

① ベレスフォード・ホール
（コットン邸）
② ダヴ川
③ ハンソン・トゥート
④ ベントリー・ブルック
⑤ アッシュボーン
⑥ ヘンモーア川
⑦ スピトル丘
⑧ ダヴ川
⑨ 道中の出会いの場
（Ⅱ部の旅の始まり）
⑩ …点線はコットン邸まで
二人がたどった道筋を表す。

路上の数字はマイル数を示す。

ダヴ川の地図

Cottonの釣り姿

第1章
後輩釣師と旅人、道中の出会い[1]

1 釣魚大全一部にならって、釣師と旅人が出会うという形式をとっている。釣師はコットンに擬せられる人物。旅人は一部で釣師ウォールトンが出会った猟師という設定。これはコットンの献辞にあるように、釣魚大全の二部ということでウォールトンの依頼によって書かれた。

釣師　これはうまい具合に追いつきました。失礼ながら、この道をどこまでおいでなのか、おたずねしてもよろしいですかな。

旅人　もちろんですとも、何なりと。しかし、そのお尋ねにはご期待にそうお返事はどうもできそうにありませんよ。私自身、今夜の泊まりにするつもりのアッシュボーンまでどのくらい道のりを残すものやら、わかっていないのですから。

釣師　すると、あなたはこの辺りには初めてのお方ですね。それなら私にお手伝いさせていただきましょう。アッシュボーンまでは先ほど通過されたブレイルスフォードという町から五マイルです。道程の半分を過ぎて、まだ半マイルちょっとしか来ていませんよ。

旅人　えっ、まだそんなにありますか。ダービーからは一〇マイルばかりだというから、自分ではもうそのくらいは馬で来たと思っていましたよ。

釣師　まあまあ、ダービシャーの広々とした肥沃な田園を悪く思わないでください。イングランドのほかの地方とそう違わないのですからね。

道中の出会い

旅人　それはそうでしょうとも。広々とした田園というもの、確かに心地よい眺めを提供してはくれますが、広々とした悪路ということになると、喜んでばかりというわけにはいきませんな。

釣師　いかにもそのとおり。しかし悪路というもの、肥沃の証拠でもありますからね。諺《ことわざ》にも《道がぬかれば、土地はよし》と言いますよ。それは今あなたがお着きになった土地と、過ぎてこられた町の富を物語っているわけです。これからの道筋も、ここまでの道中もまたしかりで、行きかう交通の賑わいと荷を満載した馬を見ればおわかりでしょう。[2]

2　エリザベス一世の時代を経て、商業が盛んになり、商人が台頭した。アイザック・ウォールトンも商人として成功した一人である。羊毛、鉛、石炭、工業製品などが盛んに行き来したのだろう。羊毛は大陸にも多く輸出されていた。

旅人　ところでどうでしょう。ご用の向きが同じ方向で、いまだに道に迷いそうな、この地にまったく不案内なよそ者へのご親切心で、少々歩みを緩めてもよいというのでしたら、どうか先ほど言ったところまでご一緒願えませんか。そうなれば私としては、あなたのお国自慢に異を唱えるつもりはありませんし、それどころか、あなたのことをよく思い、よく語る理由にも不足はないということになるのですがね。

釣師　それは願ってもないお誘いですね。喜んでお供致しましょう。私もその町を通りますからね。用向きといっても、ただわが家に帰ることで、[3]その町から数マイル先の所です。しかし時間は十分にありますから、あなたをお宿までお連れして、それからでも遅くはないのです。ところで、失礼ながら、あなたの旅の終着はどちらですかな。

3　釣師に擬せられているコットンは、あるいはロンドンのフラットから領地に帰るところであろうか。

旅人　ランカシャーまでまいります。ある親戚筋に関係する用がありましてね。そうでもなければ、まさか楽しみごとだけでエッセクス辺りから長旅をして来るわけはありませんよ。

釣師　そんな遠方からとは。なるほど、長い道程と悪路に不平を言われるのも無理はありませんね。でもそのうえお気の毒な話ですが、またすぐに悪戦苦闘が始まりますよ。道程はさらに長く、旅の終わりまでにもっと悪路が続きますよ。

旅人　ええ、そのことでしたら最悪を覚悟してもいますが、でも思うに、運よくあなたに出会った以上、悪路の補修は済んだも同然ですよ。

釣師　そんなことで感謝されるにはおよびません。あなたの宿までの最悪の場所と、道程の大半は過ぎましたからね。

旅人　それを聞いてほっとしましたよ。自分のためにも、この馬のためにも。それに、そういうことなら、あなたのお話を存分に楽しむこともできるでしょうからね。もっとも道中が短くなれば、それだけ楽しみも短くなるのは残念ですが。

釣師　それはご心配にはおよびません。あなたのようなお方なら、もっとよい目にあわれるはずですよ。私ごとき道連れにも満足なさるのですからね。それにしても、お話ししているうちに、もう二マイル過ぎてしまいましたよ。このサンディー・ヒルの麓を流れるあの小川からアッシュボーンまで、もう三マイルを残すだけです。

旅人　ところで、この地方には、いたるところに小さな川がありますね。見たところ、いかにも魚がいっぱいというふうですが、鱒はおりますかな。

釣師　それは他国の方のお尋ねですから仕方ありませんが、普通なら我々の国に対する侮辱のようなものですよ。我々の特産であるモルトとウール、鉛と石炭、それらの前に出ることはないかもしれませんが、その次ほどに世に知られるものを疑われるとはね。まあ、お聞きください。この地方には、川や小川や、細流などが、どの地方にも負けないくらいたくさんありまして、それらには、すべてに鱒がいっぱい棲んでおり、なかでもその幾つかは、他に抜きんでて、イングランドで最高の川と言われているくらいですよ。

旅人　最初はあなたに魅了され、今はまたお話でこの地にすっかり心を奪われてしまいましたよ。この身がダービシャー人であればと、あるいは、せめてこの地に住んでみたいと、そんな思いがするほどです。と言いますのも、実は、私、釣師を標榜する者なのです。そして間違いなく鱒こそは、どんな魚にもまさって、釣り人に最大の楽しみを与えるものです。まして、最上の鱒といえば、必ずや最上のスポーツ[4]を提供してくれるに違いありませんからね。ところで、この川と、それに道中に見たいくつかの川は、あまりに木々が茂っていて、釣りにはちょっと不向きのようですね。

4　スポーツという語が頻出するが、われわれの言うスポーツとは少し違う。ここでは運動競技を意味するのではなく、「楽しみ」というような意味である。「必ずや最上の楽しみを提供してくれるにちがいありませんからね」

釣師　おっしゃる通りです。この川と、それにこれまでに過ぎてきた似たような川、そしてこれから通り過ぎる幾筋かの川も、我々のあいだでは口の端に上ることもありません。しかし、あなたがご存知のどんな川にくらべても、負けることなく素晴らしく、わずらわしい木々や邪魔物のない釣りの川をごらんにいれましょう。アイザック・ウォールトン氏の御免をこうむって言わせていただくなら、かのハンプシャー[5]といえども、澄みきった、美しい流れに関しては、これほどの川を見せてはくれませんからね。それどころかヨーロッパのどの国にもないくらいです。

5　ハンプシャーはイングランド南部の州。チョーク地層（白亜の石灰岩地層）から湧出する水の川、いわゆるチョーク・ストリームが多い。テスト、イッチェンなど有名な鱒釣りの川がある。このあたりはまたウォールトンがよく釣りをした地方でもある。ウォールトンはこの州のウィンチェスター大寺院に葬られている。コットンはダヴ川を称えて、ハンプシャーの川にまさると言っているが、訳者は、鱒の川としては、やはりテストやイッチェンに譲るのではないかと考える。

旅人　お国の川を称えて止まらないというところですね。ハンプシャーと言われたところをみると、ウォールトン氏の《釣魚大全》をお読みになったようですね。あの本をどう思われますか。

釣師　ウォールトン氏の本に対する私の感想は、人みなに変わるところはありません。あの方は釣り全般に通じておられ、[6]すばらしい本です。現存のだれよりも魚と釣りをよく知る人です。さらに言わせていただくなら、私は個人的にあの方を知る幸運をえて、親しくお付き合いいただいておるのです。あの方のうちにもっとも尊ぶべき人を見いだし、最良の、真の友情を享受しているのです。さらには、父と呼ぶお許しをいただき、[7]ご自身も私を息子となして、いまだ恥ずべき思いをされたことはないと思っておるのです。

6　しかしながら、ウォールトンはフライ・フィッシングに関しては、あまり知識も経験もなく、それでフライ・フィッシングに関する第二部の執筆をコットンに依頼した。

7　これぞと思った人間と父子の関係を結んで、技術を伝えることが行われていた。たとえば錬金術の場合などがある（John Major 版注）。

旅人　こんなところでアイザック・ウォールトン氏の友人に行きあえるとは、本当にうれしいかぎりです。しかも、善にして真実なる人として、ウォールトン氏をこんなに正しく理解するお方に。ところで自慢するようですが、かく言う私もあの方を知るという幸運に恵まれているのです。それも、ちょうどあなたと知り合いになったと同じようにして、あの方を知るようになったのです。あの方こそ私の釣りの師であり、私にはじめて釣りを愛すること、そして釣師になることを教えてくださったお方です。実は、私こそがあの方の本のなかに猟師として登場している人物なのです。と言いますのも、私はあの方に、善良で、静かな、罪のない、また危険も少ないこの遊びを教えていただくまでは、まったく狩猟に明け暮れていたのですから。

釣師　それは、それは、あなたにお会いできて心からうれしく思います。いずれお別れするときには、あなたのお許しを乞うて親しく抱擁させていただきましょう。お話をお聞きするだけで、あなたという人のお人柄については充分の保証です。わが父ウォールトンは、気に入った人間でなければ、二度と会わない人です。そして、あの方の気に入る人間とは、真に誠実な人間以外ではありません。あの方と交遊があるということ、それこそ私がそのような人間のひとりであるか、あるいはあの方が私をそう考えておられるということの最上の論拠です。いや、少なくとも私の知る最上の証拠のひとつです。いまだにあの方から疎まれてはいないようですからね。

旅人　まさしく真実の友らしい話しぶりです。そして同時に、あなた自身もあの方の友情にふさわしい人であることが知られます。ところで無礼ながら、お名前をお聞きしてもよろしいですかな。

釣師　もちろんですとも。お望みならもっと立ち入った質問でも。私の名は何某といいます。この道連れがお嫌でなかったら、さらにあなたにご一緒して、あなたのお名前も聞かせていただきましょう。さて、そろそろアッシュボーンに着くころですから、包み隠さず、率直に明かしてしまいましょう。私もまた釣り仲間のひとりなのです。そしてあるいは、澄みきった川での鱒の釣り方について、何事かお教えすることもできるでしょうか。わが父ウォールトンもそれを是とされるでしょう。あの方ご自身が、あなたと二人であのオオカエデ[8]の下に腰をおろして語り合っておられたとき、意図して外されたのか、あるいは忘れてしまわれたのか、この釣り方については触れておられませんでしたからね。ところで、あなたはすでに旅の目的地をお明かしになったし、そしてこの地については、私のほうがずっと詳しいということで、いかがでしょう、心から、本当にお誘いするのですが、この町に泊まる考えはおやめになって、あと六マイルだけ足をのばして私の家においでください。心から歓迎します。[9]ちょうどあなたの旅の道筋にも沿っているし、陽もまだ高いですから、問題なくたどりつけます。おもてなしが気に入っていただけるなら、一日、二日を、あるいはご都合さえ許せば、さらに何日かご休息いただいて、これまでの長い旅の労苦を癒されるのがよいでしょう。

8　オオカエデとしたが、ヨーロッパ産のカエデの種、シカモア・メープルのこと。葉が大きな落葉高木。数十メートルの高さになる。ヨーロッパでは公園、街路によく見る。

9　チャールズ・コットンは実際こうやって人を自家に招くことをよくやったのだろう。ダヴ川のほとりにある家は彼の自慢であったし、そうやって人を供応しては財を費やしていったのだ。そして後には地所を売ることになってしまう。

旅人　これは驚きました。知りあって間もないのに、こんなに親身なお誘いを受けるとは。しかし、いくら私に好都合であっても、ましてそんなに急ぐことはないにしても、またご一緒すれば大きな楽しみがあるにしても、まさか無遠慮にあなたのお申し出をお受けするわけにはいきません。ここはどうしてもご容赦を願わねばなりません。そうでなければ、白状しますが、喜んであなたのお供をしたいところです。たとえそれがアイザック・ウォールトン氏のことを話題にし、あなたが教えてくださるという鱒の騙《だま》し方に関するお話をうかがうためだけであってもね。その技に関しては、実は私もその騙しの名手になろうという野心があるのです。ただ無礼を恐れず率直に言わせていただくなら、この主題については、これまでに私が読んで聞かされたこと以上に何事かを付加するのは難しいだろうとも考えているのです。

釣師　それは私も認めます。ただ、川が異なれば、また異なる釣り方が必要になるのですよ。しかしこれについては、私の知る最上の方法をお聞かせしましょう。その際、三〇年の経験をもつ者が（それくらいの年数は釣りをやってきたのですからね）確信をもって語れること以外は、語らないよう心がけましょう。[10] そして、二、三日ご滞在くださるなら、その方法が有効であることを、ささやかながらご覧に入れましょう。

10　この本の出版が一六七六年だから、コットンは十六、七歳のころから釣りをしていたことになる。釣師に釣りを語らせると、話がつい針小棒大になることをよく知る人間であった。

しかしそれは後の話にして、私に間違いがなければ、半ばあなたの説得に成功したと思うのですが、いかがでしょう。さらに、あなたのご遠慮を完全に取り去るために、失礼を顧みずに言わせていただきましょう。どうか私の招待をお受けください。こう言えばさらに説得されやすいというのなら、聞いてください。私の家は鱒とグレーリングの川として、[11] イングランドでもっともすばらしいもののひとつに数えられる川のほとりに立っているのですよ。その川辺に、最近のことですが、釣り人に捧げて一軒の釣り小屋を建てたところです。その扉の上には、わが父ウォールトンと私の名前の頭文字を組み文字（原注：タイトル・ページを参照）にして刻んであります。[12] おいでくださるなら、幾度かあの方が憩われた同じベッドにお休みいただき、時々やってくる私の友人たちと同じ田園の楽しみを楽しんでいただきたいのです。最上の友としてあなたを歓迎したいのですから。

11　グレーリングは川姫鱒などと訳されるが、姫鱒でも鱒でもない。脂鰭をもつサケ科の魚であるが、マス属ではない。タイムの匂いがするところから、《*Thymallus*》という学名をもつ。《Grayling》という英語名はグレーの体色からきている。また、《Umber》ともいうが、フランス語起源の《Ombre 影》から。グレーリングのフランス語名も《Ombre》。流れのなかを影が走るように泳ぐ魚。

12　組み文字は今も現存する小屋の扉の上部に残っている。第五版の二部の扉にもこの組み文字がデザインされていて、大内乱の厳しい時代をともに生きた二人の友情の深さをうかがうことができる。

旅人　いや間違いなく、わが師ウォールトンは、あなたの家のもてなしに満足されたことでしょうね。私ごとき、何でもない行きずりの旅人風情にもこんなに親切になさるのだから、ずっと価値あるお方に対しては、そのご厚情はかぎりなく、惜しみないものであったことでしょう。

釣師　とんでもない。あの方と親交のある者ならよく知るところですが、あの方は他人行儀の客人扱いを喜ぶ人ではありません。ですから、あの方が私の貧しいもてなしを受けられたのは、ご自身の謙遜とお人柄によることであって、それ以外ではありません。ところで、そろそろスピトル丘を下って町に入って行きますが、どうかこちらで一気に決心なさって、私に同意してください。

旅人　いやはや、あなたの説得にはすっかり参りましたよ。正直言って、もはや言いなりになるしかないと感じておりますよ。

釣師　それはありがとうございます。よくぞ思い切ってくださいました。心から感謝します。さて、今や私に身柄をお預けくださったうえは、馬上のまま、ちょっとトルボット亭[13]でグラスを一杯傾けて、それからとしましょうか。

旅人　結構ですな。ところで、このきれいな川は、この石橋の下を流れる川は、名前はありますか。

釣師　ヘンモーアと言います。鱒もグレーリングも棲んではいますが、これよりもっといい川にまたすぐに出合いますよ。それに、町を通り過ぎたら、すぐにあなたがもっと喜びそうな話をして、また悪路になるまでのあいだ、楽しく時間を過ごすことに致しましょう。

旅人　それでしたら、何を話すにしても、川と釣りの話以上に私が喜ぶものはありませんよ。

釣師　ではその話としましょうか。ところでその前に、このトルボット亭では何をやりますか、エール[14]かそれともワインにするか。

旅人　いや、私はご当地の酒、ダービシャー・エールをいただきましょう。思うに、わざわざロンドンからこのピークの地[15]にワインを飲みにやって来るのは愚かというものでしょう。

釣師　ごもっとも。でもロンドンにも、この宿がときに飲ませるワインよりひどいフランスワインを飲ませる酒場がいくらもありますよ。おおい、いちばん上等のエールを一本たのむ。さあ、お注ぎしましょう。ご存知のあの方のご健康を祈って、そして、ようこそピークの地へ。

13　アッシュボーンの広場にあった宿屋、茶屋もかねていた。一七八六年まで旅籠をやっていたという。

14　ビールのことだが、エールはホップで苦みをつけていない。現在では必ずしも使い分けは一定しない。薄い色のビールをエールともいう。

15　ダービシャー北西の高地をさす。チャールズ・コットンの故郷。コットンにはこのピーク地方に寄せた詩がある。"Wonders of the Peak"。英国初の国立公園、一九五一年。

旅人　これはどうも。それでは私からもあなたにひとつ、そして誠実なすべての釣りの仲間たちに乾杯を。

釣師　それではあなたにも同様に。さあ親父、これでエールの勘定だ、ありがとう。さて、陽射しも低くなってきたようだ。歩みを進めましょう。さあ、馬上から周囲を見まわしてごらんなさい。奇妙な国、めずらしい風景を見るものだとお思いになるでしょう。

第2章　ダービシャーの川、そしてコットン邸への到着

釣師　さあ、町の外れの丘の頂に来ましたよ。見回してごらんなさい。いかがですか、この地方は。

旅人　これはなんとも、大した山脈だ。ここはまさかウェールズじゃないでしょうね。

釣師　まさかね。でも、ここもまけないくらいの山岳地帯ですよ。山は岩だらけで荒涼としていますが、その土地はよい牛肉と羊肉を生み育て、地下からは豊かな鉛の産出があります。

旅人　それらすべての産物が、この恐ろしげな風景の埋め合わせに必要であったというわけですね。ところでまさか、我々の行く手までが、この岩山のどこかにあるというのではないでしょうな。断崖は怖いですからね。

釣師　実はその通りですよ。下り道がとくにひどいのです。初めての人にはちょっと恐ろしげに見えるでしょうが、なに、充分通れる道で、山に慣れている土地の人間は馬から降りるのを小馬鹿にするくらいですよ。

旅人　しかし他国人には、おのが首の行く末を、馬の四つ足よりも忠実なわが足二本に委ねる特権を認めていただきたいものですね。なにしろ、首の持ち合わせはこれだけで、家に二個目はありませんからね。

釣師　それがよろしいでしょう。でもまだ道は平らですから、今のうちに足を速めて、明るいうちに問題の山を越えたほうが無難でしょう。下りが見えなくなると、怖さも倍増しますからね。

旅人　それなら馬が言うことを聞くかぎり先を急ぎましょう。でも、あなたが一緒だから怖いことはありませんがね。ところで、これから渡るこのきれいな川は、何という川ですか。

釣師　ああ、この川はベントリー・ブルックという名で、とてもいい型の鱒とグレーリングがたくさんいますよ。でも、どこにも木々が茂りすぎていて、釣りには厄介な川です。

旅人　きれいな川がありますね、この辺りのほとんどの川がそうですね。この地方に全部でどのくらいあるかご存知ですか。

釣師　知っていますとも。なんなら全部数え上げることだってできますよ。なかでも重要な川を選んで、その名を挙げてみましょうか。現在地から始めますと、つまりは、今まさにダービシャーの外れに我々はおるのですが、まずはダヴ川 The Dove。いずれはこの川に出あいますが、何マイルもダービーとスタッフォードの二州を分けて流れています。水流が速いのでこのように名づけられています。[1] その速さは、流れの傾斜と岩山に挟まれて、流れが直線になるためです。そうした高い岩山によって、およそ四、五マイルの間、ダヴ川はきわめて狭い流れとなります。帽子で被うことができるくらいのちっぽけな泉から発した川が、大小の川や細流の流入で膨張し、エギントンの少し下流でトレント川 The Trent に合流するころには（ここでダヴの名を失う）、川幅も水深も十分になり、随所に見られる徒渉場と堰堤さえなければ、ほとんどの場所では船の航行ができるくらいです。しかも、流域はイングランドのどの川にも劣らない有数の肥沃地です。そして、水源から一、二マイルのあいだは水が黒ずんでいます。

1　水流が速いところから名づけられたというのが分からない。ケルト語の、《du》（黒い）からきたという。泥炭地から流れ出し、水色が黒いからだろうか。

ちなみに、ダービシャーのめぼしい川はすべて、流れ始めはそんな具合です。それはどの川もみな泥炭湿地から湧出しているからです。それも、二、三マイル流れ下るうちに、自らの水源よりずっと大きな、いくつかの清冽な湧水の流入によって清められ、水源からわずか六、七マイル下流の私の家のあたりに来るころには、滅多に見ないくらい澄みきった流れになっているのです。

旅人　トレント川もこのあたりで湧き出ているのですか。

釣師　ええ、この地方ですが、この州ではありません。どこかスタッフォードシャーの北の境近くで、トレントハムというところからそう離れていない辺りだと思いますよ。そこから流れでて、スタッフォード近くを流れ下って、ウルズリー・ブリッジに至り、ニードウッドの森の外縁と周辺を濡らしたのち、同じ州のバートンに至る。そこから、我々が今いる州に入り、さらにスワークストンとダニングトン近郊を流れ、ウィルドンでダーウェント川を受け入れ、ノティンガムに至る。そしてニューアークに至り、ゲインズボロを経て、キングストン・アポン・ハルに達する。ここでトレントはハンバー川と名を変えて、ついには海に流れ込む。しかし、これについては地図を見るのがいちばんでしょう。

旅人　トレントという川の名は何に由来するのでしょうか。

釣師　それは知らないのですが、いろんな話はよく耳にしていますよ。ある人によると、その呼び名は先に挙げたトレントハムから来ているというのですが、むしろトレントハムこそトレントの派生語のように思われますね。

またある人によると、この川に流れ込み、そして自らの名を失う流入河川が三〇あるところから来るというのだけれど、これもおかしい。なぜなら、この川はまだどの川も合流しないその源からすでにトレントと呼ばれているからです。

またある人は、この川に棲息する魚が三〇種類あるところから来ているといいますが、思うにこれがもっともありそうな由来ですね。しかし、それがどうあれ、この川が世界でも最高の川のひとつであり、すばらしい鮭とその他あらゆる種類の美味な魚を産する川であることに違いありません。

旅人　あなたを脇道に誘い込んでしまいました。さあ、どうか川の話を続けてください。お話を大いに楽しんでいますよ。

釣師　脇道どころか、ちょうど頃合のお尋ねでした。というのは、トレントは単にダービシャーの川のひとつというよりも、それらの総領とも言うべき存在なのです。そして、この川には他の数々の川がその名を捧げものにして流入しているのです。州のはじっこにいたので、あなたのご質問がなければ、たぶん忘れて、このことに触れずに終わったに違いありません。しかし、ここは先に進みましょう。

次に注目すべきはワイ川 the Wye です。ここからは順に東に進みます。注目すべきと言ったのは、この川に至るまでにあまり重要でない川が二本あります。ラスキルとブラッドフォードという川です。なかでもラスキルは、この国であれ外国であれ、私が見たどの川にも増して、清らかで透明な流れです。そして、イングランドにおいて、もっとも身が紅い、最上の鱒を産すると言われている川です。しかし、いずれも有名な川ではありません。きれいな湧き水という以上ではないからです。

一方、ワイ川の水源は、ここから一〇マイルばかりの温泉地として有名な町、バックストン[2]近郊に発していますが、そこはあなたがマンチェスターに向かわれる際、通られるはずです。この川も水源は黒ずんだ水の色ですが、ダヴ川と同じ理由によって、やがて、きれいに澄んだ愛すべき川に変わるのです。見事な鱒とグレーリングを産し、河畔に住む川自慢の者たちは、それらがどこの産にも優ると言っています。流れ下って、アッシュフォード、ベイクウェル、そしてハドンを経て、少し下流のローズリーという小さな町でダーウェント川に合流し、そこでワイの名も終わります。

2　ダービシャーのバックストンに湧き出る、ローマ時代から知られる温泉。

次に来るのはダーウェント川です。これもまた黒みがかった水の川です。しかも水源ばかりか、ほぼ全流程にわたってそうなのです。この川には前に述べた二つの川のように、濁りをうすめ、浄化してくれる水晶のように澄んだ湧水の流入がないからです。それでも、水源に近い上流には見事な鱒とグレーリングが棲み、下流には鮭が多く見られる川です。この川はダービシャーの最北端に水源をもち、その流程はチャッツワース、ダーリー、マットロック、ダービー、バローアッシュ、そしてオーバソン付近を縫いながら流れ、ウィルドンという所でトレント川に合流し、そこでダーウェントの名を失います。

ダービシャーの東端にはオーバーやエロウェイズ、それに同等の、取るに足らない小河川がたくさんありますが、あえて名を挙げることもないでしょう。ただ、そういった川にも鱒は多く棲んでいます。まあ、これ以上、詮索することはないでしょう。

さて、ここまで言わば航路のままにあなたをお連れしたようなものですが、例の恐怖の下り勾配にやってきましたよ。この麓にはダヴ川が流れていて、それこそ、ほかのどんな川よりも私の愛する川です。ですから、少々怖い思いをするのも覚悟していただかないといけませんね。

旅人　お恥ずかしい様を見せずにすむように、あなたがしっかり援護してくださるでしょうね。何とか頑張って言われる通りについて行きますよ。でも、まだ危険はなさそうですね。ここまでのところ、下り坂は草地で、道は平らで、難しいことはありませんね。

釣師　なあに、すぐにそんなことを言ってはいられなくなりますよ、崖っぷちに着けばね。さあ、やって来た。どうですか。

旅人　どうですかって、まったくこれは。こんな所を人と馬がくだるとはね、狂気の沙汰ですよ。いちばんの安全策は馬を降りることでしょうね。こんな所にも安全というものがあればの話ですが。

釣師　それが最善でしょうね。お乗りになっている馬も、この滑りやすい岩の道には慣れていないでしょうから。私は度々馬で下っていますが、今日は馬を降りて、先に歩いてご案内しましょう。よろしかったら、供の者に馬を引かせましょうか。

旅人　それはありがたい。自分のことで精一杯なのに、そのうえ手に馬を引いていたのでは、自分の首を折る怖さと、後ろから馬が落ちてくる怖さとで二重の恐怖ですよ。張り出し部屋から見おろすような険しさですからね。

釣師　ここから見おろせばなるほどそうですが、道はつづら折りに下っていますから、見かけほど大変ではありませんよ。

旅人　でも、早いところ下ってしまいたいですね。どっこいしょ。こっちだな。あっ、この石の上はつるつる滑って立っていられない。おっと、また岩だ。これじゃあ両足を首にかかえて、丸くなって転がり降りたほうがましなくらいだ。

釣師　いやまったく、両足が首を守ってくれるなら、それが手っ取り早い方法ですけどね。でも、そこの平らな石のところは私が手を取りましょう。さあ、これを過ぎれば、いちばんの難所は終わりですよ。

旅人　いや、ありがとう。どうにか越しましたよ。もうひとりで大丈夫。ところで、あの橋のようなものはいったい何ですかな。この辺りではいつも一輪の手押し車で旅をなさるのですか。[3]

釣師　そんなもの、見たことはありませんが、なぜそんなお尋ねを。

旅人　なぜって、この橋の使い道はそれ以外には考えられませんよ。ネズミ一匹だって渡れそうもない。指二本の幅もないじゃありませんか。

釣師　だいぶ快活になってきましたね。その調子ですよ。こんな橋なんか、私は闇夜に何度も馬で渡っていますよ。

旅人　フランスの諺によると、これはあの言葉に多いセンスとリズムの悪いなかでは、まだしもましな方ですが、いわく《神が守護し給うものは、しっかり護られる》とね。つまり、神さまが気を配られる人々は安全だという

3　写真参照。

のです。でもね、この私は一〇〇〇ポンドもらったって、馬で渡るのなんか嫌ですよ。二〇〇〇ポンドでもあの橋から落ちるのは御免ですね。自分の足でなら何とかやってみましょう。それも、あなたが傍にいて笑ったりしなければ、両手両足ではって渡りますよ。

釣師　陽気さこそあなたの本領ですね。無事に渡れてまずはめでたし。さあ、ようこそスタッフォードシャーへ。

旅人　スタッフォードシャーですって、そんなところにいったい何をしに。私の旅程にはどこを探しても、スタッフォードシャーなんてひと言だってありませんよ。

釣師　なに、ちょっとばかり連れ込まれただけですよ。それも、あとでよい目を見るためにね。ほんの一、二マイルあなたの路程から外れただけです。

旅人　何でも信じて、疑ったりしませんよ。やあ、これがあなたの大切なダヴ川ですか。なるほど、澄みきって、速い流れですが、ずいぶんちっぽけですね。

釣師　この辺りはいちばん貧弱なところでしてね、二マイルばかり馬で行くと、またすぐにこの川に再会しますよ。その辺りは道も川沿いですよ。

旅人　一気にそこに着きたいところですよ。まさか、もうあのアルプス越えはないでしょうね。

釣師　いやいや、目の前のこの登りだけです。ご覧のように、危ないことはなさそうでしょう。これから先は、もう道で難儀することはありませんよ。

細い石橋　©SHIMODA

旅人　ロンドンあたりの人間が私の立場なら、いろいろ訊きたいことがあるでしょうから、ロンドンに行くことがあれば、ひとつ腰を落ちつけて、旅行記でも書いて、トム・コリエイトの例にならって自費出版してみますかね。[4]ところで、いま下ってきた山は何という名ですか。

4　Tom Coriate（一五七七頃～一六一七）　旅行家。ヨーロッパ全土、トルコ、ペルシャ、ムガール王国などを貧乏旅行し、おもしろい話を旅行記に書いて名を成した。

釣師　ハンソン・トゥートと呼んでいますよ。[5]

5　Toot（Tote）見晴らしのきく場所の意。ハンソン台とでもいうところ。

旅人　それではハンソン・トゥート君、ごきげんよう。二度と君のうえに乗っかることはないよ。次は二〇マイルの迂回で行くからね。やれやれ、汗でシャツが背中にべったりだ。
釣師　さあ、丘の上に来ましたよ。今度はいかがですかな。
旅人　素晴らしいですね、心から感謝します。おや、あれは何ですか、教会が。それも、実にきれいな教会じゃないですか。この国にも教会があるとはね。
釣師　ご覧のとおりですよ。教会があるかだなんて、なぜそんなお尋ねを。
旅人　いや、怒らないでくださいよ、いま話しますから。実は、キリスト教世界からはひと駅もふた駅も遠ざかったかと思っていたのですよ。
釣師　いやはやどうも、お別れするまでに何とかこの地と和解していただかねば。それにはよい釣りをしていただくことですね。
旅人　これはご明察。それに二人でやれば、楽しさはもっと大きいでしょう。そうでなければ、正直いって、とてもあの山を越す気にはなれなかったでしょうよ。
釣師　我々の山に対する冗談を聞いているうちに、もうわが家の近くに来てしまいましたよ。ごらんなさい、同

ダヴ川の峡谷（ハンソン・トゥート）

Beresford Hall（ベレスフォード・ホール、コットン邸）

じダヴ川がまたやってきて、あなたに歓迎の挨拶と、明日の鱒料理への招待を告げていますよ。

旅人　これがあの天下の険の麓に見たのと同じ川ですか。ここで見ると、はるかに素晴らしい川だ。

釣師　明日になれば、さらによい川に見えますよ。さあ、わが家が見えてきました。あれがあなたの宿ということになります。

旅人　忽然と、まさしくここぞという頃合に。これは、美しい姿だ。まわりに木立が見えますが、若木であるところからすると、きっとあなたがお植えになったのですね。

釣師　その通りですよ。[6] さあ、それでは馬を降りていただきましょうか。あの苦労と危険が終わった今、あなたを私の腕にとらせてください。本当によくおいでくださいました。

6　コットンは庭や樹木に対する興味もあり、ことに果物の木が好きであった。この方面のかれの著作に"Planter's Manual"がある。

旅人　ありがとうございます。たどり着いて心からうれしく思います。正直なところ、もう疲れ果てました。

釣師　その分よくお休みになれるでしょう。すぐに軽い夕食をもたせましょう。それから寝室でお休みを。おーい、だれか、テーブルクロスをたのむ。それから大急ぎで何か食べ物を。それに、わが父ウォールトンの部屋にこの方のベッドの用意だ。さあ、この杯を受けてください。本当に、よくおいでくださいました。

旅人　これはどうも。いや、このうまいサック酒[7]で元気がもどりました。食事もがつがつやってしまいそうですよ。馬で走ってお腹はぺこぺこですからね。

7　Sack　今も"Dry Sack"というブランドのシェリー酒がある。スペインなどから輸入された白ワイン。Sack は Dry wine の意の Vin sec, Vino seco からきている。

釣師　さあ、始めてください。ごらんのように、私の簡単な夕食は帰宅時にはいつも用意ができているのですよ。どうぞ、ご自分の家のつもりでやってください。

旅人　食事がこんなに速く支度できるとは、あなたのところの使用人には主人の時間がよく分かっているということですね。実を言うと、こんなに速いとは思っていなかったのですよ。でも、もう、ここにこうして。それでは遠慮なくいただきます。

釣師　それが一番ですね。うれしい言葉をありがとうございます。それでは、ムアランドのエールを一杯。今やムアランドの地[8]におられるのですからね。もっともピーク山地だってつい目と鼻の先ですがね。(召使いに)さあ、友のグラスを満たしてくれ。

旅人　これは驚いた、ムアランドにはこんな素敵なエールがあるんですね。アッシュボーンのよりずっとうまい。

釣師　そうかもしれませんね。これは不可解なことですが、アッシュボーンにはいつだって最高の麦芽があるのですが、そこのエールときたら、イングランド最悪ですからね。さあ、お前たち、ここを片付けてタバコ盆とエールを一本持ってきてくれないか。あとは、お前たちも下がって夕食にしなさい。ところで、これはおやりですかな。

旅人　ええ、パイプで一服いただきましょう。匂いから察するにこれは相当にいいタバコですね。[9]

釣師　ロンドンで手にはいる極上品ですよ。それより、ここまで私の企《たくら》みにしたがって、ただ私の言うままに難儀な旅のあげく、こんな所にお越しいただいたのですが、いつまでご逗留願えますかな。

旅人　それは、どうにか事情の許すかぎりということで、それ以上は難しいでしょうね。

釣師　もちろん、無理は申しません。でも、もうお疲れのようだから、お部屋にご案内しましょう。今夜はじっ

8　ヒースの生える泥炭質の地。

9　タバコはどの国でもタバコという。起源はスペイン語の Tabaco。大航海時代のスペイン人が新大陸からヨーロッパにもたらしたものだが、日本への渡来もきわめて早く、一六世紀に九州に持ち込まれた。こういうものの伝播は早い。

くり枕とご相談いただいて、明朝にでもお聞かせください。おーい、灯火を持ってきてくれ。さあ、灯火の後についいて、こちらへどうぞ。ここでお休みいただきます。ここが今夜の宿というわけです。どうか、必要なものは何なりとお申し付けくださいよ。それでは、ごゆっくりお休みを。
旅人　おやすみなさい。

第3章　釣り小屋風景

釣師　おはようございます。ずいぶん早いお目覚めで、もう着替えておいでですか。
旅人　やあ、これはどうも。三〇分ばかり前に着替えたところです。本当によく休みました。早くあなたのすばらしい川で鱒を釣ったり、釣られたりするところを見たくて、これ以上寝てはいられませんでしたよ。
釣師　今朝のその元気とやる気はうれしい限りですね。でも水を差すようですが、こんなに風もなく、お天道様が照っていたのでは、釣りにはあまり期待できそうもないですね。でも、とにかくやってみましょう。なんとかやり様はあるでしょう。ところで、朝食は何になさいますか。朝の飲み物は何を。
旅人　朝は何も食べないのです。飲み物は何でもかまわないのですが、もしあなたがエールをグラス一杯お飲みなら、私にもそれを。できることなら、大急ぎで。あなたの言われた釣り小屋に早くお目にかかりたいのです。それに釣りのご指南もね。
釣師　ほら、呼ばなくてもエールが来ましたよ。あなたの習慣は知りませんが、この家の者はいつも私の食べるものを心得ていますからね。着替えたら、こうやってすぐ朝の一杯ですよ。そうしたら午餐まで何もなしです。[1]
さあ、あなたにもお注ぎしましたよ。

1　ディナーとなっているが、これは晩餐ではなく、読み進むとわかるが、午餐のこと。ちなみにここでは朝食 **Breakfast** は本来の意味、つまり絶食（Fast）を断つ（Break）という意味で使われている。必ずしも食べることのみではない。

旅人　ありがとう。さあ、すばらしい朝の外気に触れましょう。
釣師　もちろんです。（召使いに）おまえ、釣り小屋の鍵を持って、ホールの窓際の釣竿を二本、向こうに運んでおいてくれ。それに魚籠と小物袋[2]とランディング・ネットもたのむ。我々が行くまでそこで待っていなさい。さて、我々は後から歩いて行きましょう。ところで、道すがら、わが郷土に対する例の苦情をまた言い立てられるのでしょうね。

2　魚籠は **fish pannier**、小物袋は **pouch**。クリール **creel** はこの時代にはまだ魚籠の意味では使われていなかったようだ。

旅人　いや、ご勘弁を。そんな質《たち》の悪い、無礼な男だと思わないでください。昨夜はあなたを楽しませようと、ちょっとやりすぎましたが、ただの冗談ですよ。
釣師　それでも、昨日のあなたは、今の私と同じようにかなり本気でしたよ。でも本当にわが郷土に腹を立てておられたとしても、あなたを責めることはできませんよ。実際、この国はちょっと見には、決して人を引きつけるようなところではありませんからね。しかし今、故郷を離れてみてどうですか、太陽はこの地においても、エセックスやミドルセックス、あるいはケント、また他のどんな南部諸国にもまけないくらい、明るく輝いているとは思われませんか。
旅人　いやまったく麗しい朝です。今では私もこの地がすばらしく美しいところだと思っていますよ。

Fishing House（釣り小屋）

釣師　たとえお世辞でもそう言っていただくと、何よりもうれしいですね。私のそんな気質を知っている友人たちも、いつもその手で私を喜ばせてくれますよ。

ところで、ちょっとご覧なさい。いま我々が立つ丘の際から見ると、どうです、私の川は、蛇のように曲がりくねる谷間は、それにあの小さな私の釣り小屋の様子は。

旅人　まったくこれは何もかもがすばらしい。この距離から見ると、かわいい建物ですね。

釣師　釣りのためにはちょうどよい大きさです。それに隣接してボーリングのグリーンがあります。[3] 私自身は、ボーリングはあまり得意ではないのですが、釣り一辺倒というわけでもありませんよ。ほかの人たちの楽しみごとにもいくらかは配慮しているというわけです。

3　今も釣り小屋の前は芝地になっている。

さあ、ここが入口です。どうぞお入りください。腰をおろして心ゆくまで語り合いましょう。

旅人　ちょっと待って。この扉の上にあるのは何でしょう。《Piscatoribus sacrum》（釣人に献ず）か。[原注] それなら、私にもここに入る資格があるというわけだ。腕は最悪ですが、私も釣師のはしくれですからね。その下には、あなたが話していたあの組み文字が……。これは何とも見事な趣向ですね。わが師ウォールトンはもうこれを見に来られましたか。まだ完成して間もないようですが。

原注　このモットーの下に、本書の扉に見る組み文字がある。文中、釣り小屋についてはいくらか説明してあるが、この川と山々、そして周囲の田園の心地よさは、サー・フィリップ・シドニーあるいはコットン氏の父上が生き返ってやるのでなければ、とても表現できるものではない。

釣師　ええ、これが石に刻まれたところは見ていただいたのですが、こんなふうにはめ込まれてからはまだです。この前おいでのとき、小屋はまだ建設中で、扉のアーチの高さにもなっていなかったのですから。それに、近いうちに見ていただくというわけにもいかないようです。最近のお便りでは、どうもこの夏はおいでになれそうもないということで、まったくもって、あの方からこんなに悪い知らせをいただいたことはありませんよ。[4]

4　このあたりの文章から思うに、コットンはただもう敬愛してやまないウォールトンのためにこの釣り小屋を建てたように思われる（一六七四年）。ウォールトンは、この小屋を建設中に見たことがあるだけで、まだ完成した姿は見ていない。しかも、この夏に来る予定であったのが、取りやめになった。第五版の出版時点で八十三歳の、当時としては珍しいくらいの高齢であったウォールトンは、存命中に、二人のイニシャルが刻されたこの釣り小屋を見ることがあったのだろうか。ウォールトンは七年後の一六八三年、激動の時代を生きた九十年の生涯を終わる。

旅人　人間、時には仕事に精を出さなければ、楽しみごとの余裕をつくることもできないものです。それにおそ

Piscatoribus Sacrum　©SHIMODA

らく、あの方が来ないと言って面白くないあなたと同じくらいあの方も、あなたに会わせてくれない多忙がさぞやご不満だろうと思いますよ。でも、私はこの小さな家がなによりも気に入りましたよ。ちょうど半島のようなところに建っていて、麗しい、澄んだ流れが周りを巡っている……これでは中に入るのを躊躇しますよ。外のほうがよかったというのは嫌ですからね。それでもご免をこうむって入ってみましょう。これはなんと、また一段とすばらしい。やわらかな光、きれいに隙なくはめられた板壁……万事すっきりと整って、そして部屋の中央には大理石のテーブルが。

釣師　いや、それで充分です。充分。私のいちばんの弱みをご披露したら、すかさずそこを攻撃されてしまいましたよ。（召使いに）おーい、椅子をふたつ用意してくれ。

　さて、これがいつも一日の始まりなのですが、私が朝食代わりのパイプをやっているあいだ、どうです、よければ何か別の話でも。

旅人　それは、時と所から言っても、あなたが約束されたあの釣りの授業の他にはありませんね。

釣師　それが怪しくなりましたよ。お話を聞いていると、果たして今さらあなたにお教えすることができるものかどうか。それでも、本当にあなたがこの北部の澄んだ川をご存知ないのなら、何かしらできるかもしれません

Fishing House　©SHIMODA

ね。それでも今日はまだ三月七日で、この時季に水面に毛鉤を投げるのは少々朝が早過ぎます。ですから、どんな類の鱒釣りについて話をお聞きになりたいか、それを言っていただければ、喜んでそれに従いましょう。

旅人　そこまでお願いしてよろしければ、また、ご迷惑でなければ、何もかも話していただきたいのです。包み隠さず言いましょう、あなたを大好きになってしまいました。あなたのご親切と、美しいムアランドの地が。ですから、できるだけ長くお邪魔して、あなたに強要したくはありませんから、たとえ時々であっても、この主題についてお話になれることすべてをお聞きしたい、そう決心したところです。

釣師　そのご決心ほどうれしいものはありません。では、もうあれこれ言わず、さっそく始めましょう。

わが父ウォールトンがあなたに講義したあとで、また同じ釣りについて教えようなど、生意気もいいところでしょうが、思うにこれは誰の場合も同じでしょう。実際、あの方ほど釣りに精通しているお方は少なくともこのイングランドにはいない、そう私は信じているのです。前にも言いましたが、こんなことをやろうというのは、なにも自惚れからではなく、また、私のほうがうまく教えられると、そう考えているのでもありません。

そうではなくて、私は子供のころから釣りというレクリエーションをこの王国のもっとも澄んだ川で（少なくとも何本かの川はそうです）続けてきたのです。それにこの地の釣り方には、その水の極度の透明さゆえに、ほかで一般に行われているやり方とはいくぶん異なるところがあります。他の地方では水がこれほど澄んではいないから、もっと丈夫な仕掛けを使うことができるし、もっと流れに接近することもできます。そんな訳で、私ごとき者にも、あるいは何事かをお教えして、お国の川でもそれを役立てていただけるかと考えるのです。さらにあの方が《釣魚大全》のなかで挙げておられるフライの他にも、さらに多くのフライを知っていただき、それらの作り方についても、ダビング材[5]を挙げてご説明しましょう。

5　dubbing というのが、本来は《着せる》とか《飾る》というような意味であったのが、毛鉤のボディをつくる材料を意味するようになったのは、このコットンのあたりからのようだ（O.E.D.）。

旅人　ぜひそうお願いします。ところで、火打ち金[6]をお貸しいただけませんか。私もパイプに火を点けましょう。私にもこれがいつもの朝食[7]なのです。

6　火打石と打ち金が一緒になった火打ち道具（flint and steel）。
7　タバコが朝食とは奇妙だが、本章注1のBreakfastのこと。

第4章　鱒とグレーリングの釣り方

釣師　それでは、どんな技芸（アート）においてもその教師がやるように、この場合、私もまた教師であることは否定できないわけですから、話を体系的に進めるために、鱒とグレーリングの釣りを次の三種類に分けてみましょう。

水面の釣り
水底の釣り、そして
中層の釣り

これら三種の釣り方は、これから明らかにしていくように、みなある程度は両方の魚種に共通ですが、必ずしも全般的かつ絶対的に共通ではなく、区別する必要があります。その点も適宜、説明しましょう。

水面の釣りは、羽虫[1]で釣り、
水底の釣りは、底餌[2]で釣り、
中層の釣りは、ミノーか底餌で釣る。

1　原文は fly だが、フライとしてしまうと、毛鉤と生きたフライとで混乱をきたす恐れがあるので、必要に応じて羽虫とした。

2　ground-bait だが、ここは寄せ餌ではなく、沈めて使う生き餌の意。

水面の釣りには、
　生きている羽虫を使う釣り、と
　人工の羽虫を使う釣り、の二通りがあります。

水底の釣りにも二通りがあります。
　手釣り（脈釣り）、と
　コルクあるいはウキを使う釣り、です。

中層の釣りにも二通りがあります。
　鱒に対してミノーを使う釣り、あるいは
　グレーリングに対して底餌を使う釣り、です。

それら三タイプの釣り方について、我慢してお聞きいただけるなら、できる限りの説明を試みましょう。

旅人　我慢だなんて、その労はあなたに、私にはただ楽しみと感謝あるのみです。どうかお始めになってください。

釣師　ではまず、フライ・フィッシングから。

第5章　フライ・フィッシングとフライ・タイイングについて

釣師　フライ・フィッシングあるいは水面の釣り[1]には、前に言ったように、二通りあります。そのひとつは、生きている本物の羽虫を使う釣り、もうひとつは、人工の羽虫、毛鉤を使う釣りです。

1　この言い方から、当時のフライ・フィッシングは、今の、水面に高く浮かせるドライフライ・フィッシングではなかったにしても、水面上、あるいは水面直下で行われていたことがわかる。

まず初めに、天然の羽虫について。それらの虫のうち釣りには一般に二種類だけが使われます。それも、五月と六月の二カ月に限る羽虫です。すなわち、モンカゲロウ[2]とカワゲラがそうです。しかし、もう一種、同じように使って、グレーリングに対して非常な成功をおさめている羽虫がある。キャムレット・フライ[3]というのがそれです。しかし、これで他の人が釣っているのは見たことがありません。唯一の例外は、もう何年も前に私の釣りの師がやっただけです。この人は私のかつて知る最上の釣師のひとりでした。

2　モンカゲロウとしたが、原文ではGreen drake（*Ephemera vulgata*）を指す。

3　オックスフォード英語辞典 O.E.D. を見ると、まだらのウイングをもつ羽虫とあるが、生き餌として鉤に刺して使うのだから、モンカゲロウやカワゲラと同等の大きさをもつ羽虫でなければならない。大型のトビケラ、あるいはヘビトンボなどか。

これらの羽虫は短い道糸（ライン）で釣るのがよく、無風のときは竿の半分の長さで釣り、背後から道糸を前にはこぶ風が吹いているときは、それより長くして竿の全長に近いか、あるいは、まるまる竿と同じ長さの道糸で釣ります。この釣り方を、我々は、ダッピング、ダビング、あるいはディブリングと呼んでおります。[4] この釣りの場合、道糸をいつも自分の前方に飛ばしておかなければなりませんから、風向きに応じて、適宜、上流あるいは下流を向いて釣ることになります。そして、自分が立っている側のできるだけ岸よりを釣る。ただし、自分に近いところに魚の跳ね[5]が見えたら、それが川の中央でも、対岸寄りでも、その上に生き餌の羽虫を引いてくる。膝をつくなり、川岸の物陰や藪にうまく姿を隠して手早くやれば、まず間違いなく魚を引きだすことができるでしょうし、ものにすることもできるでしょう。釣りそこなった場合、そこが静かな淵で、魚がいつもあちこち泳ぎまわって獲物をさがすところなら、その魚はおそらく別の場所に移動しているでしょう。しかし、そこが流れの中であれば、特に跳ねの近くにいい具合の石があるところなら、魚はほとんどの場合、同じ場所に戻っているものです。

4　日本で言う叩き釣り、吹っ飛ばし、のような釣り方。

5　ライズ（rise）のこと。フライ・フィッシャーマンには馴染みの用語が頻出する。一般読者のためにわかりやすく《跳ね》とした。《もじり》とも言う。魚が虫を食うために水面まで出てくるその様子を表している。

この釣りの場合、釣糸には、釣鉤のすぐ次のところで、丈夫な馬素《ばす》[6]を三本使う。その理由は二つあります。まず、この類の釣りでは、最大級の魚を予想しなければならないこと、そしてもうひとつは、魚が鉤掛かりしても、

Dapping for Trout（マスのダッピング）

糸を繰り出してやるだけの長さが道糸にないために、強引に引き寄せなければならないという点です。言い添えておくと、この叩き釣りの際、釣糸が一インチといえども水に触れないようにして釣ることができれば、それだけ釣糸の強度を強く維持することができます。

6　聞きなれない人も多いだろうが、馬の尾の毛をいう。広辞苑には馬尾毛としてある。馬素（ばす）、鉤素（はりす）の《素》はともに馬の尾の毛を意味する。《釣魚大全》の場合も hair という語がでてくるときは、大体は馬素を意味する場合が多い。日本でも、つい数十年前まではテンカラ釣りでは馬素を道糸に使っていた。《釣魚大全》では馬素の一節を link といい、鉤を結ぶ鉤素の部分を link-hook と言っている。日本の場合も、《素》とは、馬尾毛の釣糸の一節を指すと考えられるだろう。

さて次に、羽虫の形や色について説明し、その繁殖の様子や、同時に羽虫をどのように生かしておき、どのように使うかについても話すべきところですが、それぞれ、そのしかるべき場所と季節とに譲ることにしましょう。

旅人　いや、実に道理にかなったお話しぶりです。あなたに関して嬉しい間違いをしていましたよ。正直なところ、ここまでは期待していませんでした。

釣師　それどころか、もっとたくさんお話しできますよ。それに、あなたには何も隠し立てしませんしね。ところで、そろそろ水面の釣りの第二の方法についてお話しすべきところです。つまり、一本の人工の羽虫を使う釣り方です。これについても、実地の釣りの前に、その作り方をご覧に入れようと考えています。しかしその前に、お話ししておくことがあります。この釣りでは、道糸の長さを竿の長さよりも一ヤード半か、時には二ヤードも長くとって、風のない静かな日には流れのあるところを釣り、水面にさざ波の立つ風の日には止水の淵を釣るのです。[7] 大きな鱒が浅場で餌を待ちかまえる五月と六月をのぞけば、[8] 大物に当たるのはこんな場所ですからね。五月、六月だってそこで大物が釣れないわけではありませんよ。

7　日頃は静かな淵も、さざ波が立てば、魚に気づかれにくいからである。

8　大型のカゲロウであるモンカゲロウの羽化する時季には、大物がその羽化を狙って日頃は姿を見せない浅場にあらわれる。

9　楽しみのための釣りだから、竿を長くして、ただ届けばよいというものではない。それではどこにスポーツが、楽しみがあるのかわからなくなるではないか。下手の長竿。

使う竿の長さは、釣りをしようという川の川幅によっておのずと決まります。たとえば鱒の川の場合、五、六ヤード（約4.6～5.5m）の長さがあれば普通は充分というべきで、快適に釣りをしようというのであれば、これより長くすべきではありません。長竿は決してすっきりと、使いやすくできているわけではありませんからね。それに、快適でなかったとしたら、どこにスポーツがあると言えるでしょう。[9]

私が見た最良の竿はヨークシャーで作られたもので、すべて一本になる竿です。つまり、数本から、六、八、一〇、あるいは一二本に至る短節の継ぎ目を、元竿のほうは細い紐で巻き留め、先のほうは絹糸で巻いて、全体が一本になって、それが乗馬用の鞭の小枝のように先細りにできている。そして、手の動きに従ってしなやかに曲がってくれる。[10] これらの竿は手元の二、三節はモミ材で、それより先の竿先側は他の木を使って非常に軽く作られており、私の知るもっとも長い竿でも片手で容易に操作できるくらいです。そしてその竿は、釣りのシーズンが終わったところでまた各節に分解して、どこか湿気のないところに保管しておけば、その後取りだして元の姿に組み立てなおしたときも、真っすぐで、癖もついていず、良好な状態で、それが作られた直後と変わりないくらいです。それに、あなたの師ウォールトンの教えどおりにオイル顔料を塗っておくなら、何年も長持ちしてくれます。

10　竿の各短節の両端が斜めに切ってあり、その切断面を合わせて、きつく縛る。いわゆるスプライシング（splicing）という重ね継ぎ。一度組み立てると、シーズンが終わるまでそのまま使う。この時代には、フェルールによるジョイント継ぎは行われていない。

John Absolon. J. T. Willmore, A.R.A.

Landing the Grayling（グレーリングのランディング）

道糸（ライン）の長さは、竿の扱い方を知り、ラインの投げ方を知っている者には、木の生い茂ったところをのぞけば、何も厄介なことはありません。魚を引きあげる際にも、楽しみで釣りをやるくらい余裕のある人間なら、そのために誰か連れて来ているはずですからね[11]。それに、ラインが長いということは、魚から離れて釣るにはきわめて有利な点です。そして、《繊細に、離れて釣る[12]》、ということが鱒釣りの第一の原則なのです。

11　ラインは竿の長さより一ヤード半か二ヤードも長いわけだから、扱いには技術がいる。釣れた魚を上げるには、ラインを持っては切れる恐れがあるから、釣師は後ろに後退して、連れの人間がランディング・ネットを入れる。

12　コットンに帰される有名な言葉。《fish fine and far off》。繊細な仕掛け、道具立てで、魚からできるだけ離れて釣る。これが敏感な、驚きやすい鱒に対するアプローチだ。オービス社のよく知られたフライロッドに《ファー・アンド・ファイン》というモデルがあった。これが出典。

この場合、ラインは釣鉤のつぎの鉤素のところで、馬素二本より多くても、少なくてもいけない。一本ではどうにも少なすぎて、どんなに繊細な腕をもってしても、ちょっとしたことで切れてしまう。私の知るなかにも、仲間より腕が上だと言って馬素一本にする人間がいますがね。とはいえ、このダヴ川や、そのほか当地の川の、木々や藪など邪魔物のない川で、馬素二本で二〇インチ（約50㎝）の鱒を釣り上げることのできない者は、釣師の名に値しませんね[13]。

13　現代でも言う。「障害物さえなければ、7Xでたいていの鱒はあがるよ」。馬素の強度は、馬素によって太さが違うから正確にはだすことができないが、それほど強いものではない。引っ張り強度で、二本あわせてもせいぜい三ポンドテストあるかないか、一本では一・五ポンドテストくらいだろう。8Xティペットくらいの強度と考えれば、まあ間違いないだろう。もちろん太さははるかに太く、六ポンドか八ポンドテストくらいの太さがある。

さて次に、ラインの全長はどうあるべきか、その構成について：釣鉤のすぐ次にくる二節はそれぞれ馬素二本、その上の三節は三本、その次の三節は四本、そうして順次各三節ずつを、五本、六本、そしていちばん上の三節を七本でつくる。[14]このように作れば、竿と仕掛けは、言うならば、手元の竿から始まって釣鉤の先に至るまで先細りに細くなって、ラインはさらに具合よく、真っすぐに水面に落ちるようになる。そして、手と視線がめざすどんな所に対しても、毛鉤はさらに軽やかに、静かに着水するのです。そうでないと、水面に波紋が生じて、魚は驚いて逃げてしまいます。

14　日本古来のものと言われることの多い伝統毛鉤釣り、いわゆるテンカラ釣りの道糸もこんな具合に馬素を、撚り合わせ、継ぎ合わせて、先細りにつくる。その構成は全くと言ってもよいくらい同じである。伝統毛鉤釣りの日本起源説には、本当にそうかと疑問を感じざるを得ない。クレソン（オランダガラシ）なども明治初期の移入と言われているが、もっと早かったのではないか。キリシタン大名の地であった豊後の一部にはこれを耶蘇ゼリという地方がある。両者とも一六、七世紀の近世に伝えられたのではないかと考えてしまう。テッポウ、テンカラ、クレソン。残念だが、証拠はない。

ラインを投げるに際しては、常に自分の前方に投げ、しかも真っ先に毛鉤が着水し、できるだけラインが水に触れないようにする。しかし強い風が吹いているときは、どうしてもラインのかなりの長さを水面下に沈めて、毛鉤が風にあおられないようにしなければならない。[15]そして、毛鉤を投げる方向は、風向きによって、岸から離れたところを狙うか、あるいは岸近くになるか、という具合に変わるのです。しかしそれも、いつも同じ岸で釣っているといっても、川の蛇行しだいで一時間のうちに何度も追い風になったり、向かい風になったりするから、釣り手もそれにしたがって、釣り上ったり、釣り下ったりするということになります。それでも可能なかぎりいつも背後から風を受けるようにしなければならない。[16]しかし、対岸方向に毛鉤を投げるときは、ラインの長さが許すかぎり岸から離れて立つことを心がける。しかしながら、風向き次第ではそれができず、自分と同じ側の岸寄りを釣らざるを得ないことがある。その場合は川岸すれすれに立って、風向きに応じて、下流あるいは上流に、竿とラインの限界いっぱいに毛鉤を投げることになります。

15 これをやるのが、現代の《インターミディエット》というフローティングとシンキングの中間にあるライン。

16 現代のフライラインでは、少々の風なら、風に向かって投げることは充分に可能だが、馬素ラインではラインの重量が軽いために、風を背にしなければならない。

さて残すところはラインに関して、釣鉤の直後の馬素二本（鉤素部分）は撚《よ》ってあるのがいいのか、それとも撚らずに、開いたままがよいのかという問題です。これに対して、私は開いたままのほうがよいと考える。なぜなら、そのほうが水中で目立たないからです。ところがそこには、このやり方が嫌になるくらい不都合なことが一つ、二つ、三つばかりあります。第一に、馬素二本が撚ってないばらの状態では、撚った場合に比べると間違いなく弱いという点がひとつ。次に、二本を正確に同じ長さで鉤に結わえようとしても、必ず弛《ゆる》みができてしまうこと。結果として頼りにできるのは、そのうちの一本だけということになります。最後の不都合は、この弛んだラインを投げると、撚り合わせたラインの場合よりも、どうしても小枝やカヤツリグサの類に引っ掛かりやすくなるという点です。そればかりか、毛鉤が水面に落ちたときも、それが跳ね返って、しばしば馬素の間に入りこんで引っ掛かり、鉤先が逆向きになってしまうことがある。したがって毛鉤が後ろ向きに泳ぐことになり、水中で大きく回転してしまうのです。これが釣師にはなかなかわかりにくい。ことに荒瀬を釣っているときはわかりにくい。こうなっては毛鉤を手元に引きよせて、元どおりに直してやるまでは、決して魚が毛鉤にでてくることはない。万が一に出てきたとしても、鉤掛かりすることはまずないのです[17]。

17 鉤素（ティペット）の扱いに関係する我々のもろもろの悩みを思わせる。こういったくだりからも、コットンが腕利きのフライ・フィッシャーマンであったことが知られる。

水面釣りの二通りの方法を説明し、竿の長さ、ラインその他について済んだところで、次に毛鉤の作り方をお教えしましょう。そのあとで、私が挙げる数種類の毛鉤のボディ材[18]についてもお話ししてみます。

18　原文《dubbing》

毛鉤を作るにあたっては（ここで述べるのはハックル・フライやパーマー・フライ[19]ではない。それらについては後ほど、一年の各月のフライを説明するところで数種類にわたって取りあげる）、まず左手の人差し指と親指とで、鉤の軸[20]の背を上にして、鉤先が指先のほうを向くように釣鉤をしっかり持ちます。次に、作ろうとする羽虫の色と同色の、丈夫な細い絹糸を持ち、これに同色のワックスを充分に塗る。そのためには、仕事中はいつもいろんな色のワックスをかたわらに用意しておきます。その糸を人差し指と親指の間から鉤の頭の方に引きだして、裸の鉤に二、三回巻きつける。その目的は馬素が滑らないようにするとともに、釣鉤のシャンク（軸）が馬素を切らないようにするためでもあります。これをやらないと、時には切れてしまうことがあるのです。

19　ハックル・フライもパーマー・フライも、現在の我々が言う意味で使われている。ハックル・フライはハックルだけでウイングのないフライ、パーマー・フライはボディ全体にハックルを巻いたフライ。しかし、ハックル・フライといっても、当時はボディ全体にハックルを巻いたようで、ウイングの根元に昆虫の脚を模して巻くハックルではなかった。ちなみに、パーマー・フライとは、聖地に巡礼に行った巡礼者がその証にパーム、つまりヤシの葉を持ち帰ったいわれから、這いまわる毛虫の類をパーマー・ワーム（巡礼虫）といった。そこから胴全体にハックルを巻いたフライをパーマー・フライと言うに至ったという。

20　シャンク《shank》のこと。

それが済んだら、馬素ラインを持って、同じように人差し指と親指のあいだに通し、これを引くとラインがかろうじて動く程度にしっかりラインと鉤を押さえて、馬素の結び目が釣鉤のシャンク下側の中央にくるまで馬素を引いてくる。その上から、シャンクとラインの周りに絹糸を二、三回、絹糸の強度が許すかぎり強く巻きしめる。

次に、毛鉤の大きさに合わせて、ウイング用の羽根をむしり取り、羽根の表面を下にしてシャンクの背におく。羽根の先端のうち、ウイングの長さに必要なだけをシャンクの尾部とは反対方向に向けて、羽根の先端が上にそり返るようにおき、羽根の根元と鉤とラインの周りに絹糸を二、三回巻きつける。それができたら、羽根の根元側を巻き留め点すれすれで切りとり、シャンクと馬素ラインの周囲を絹糸で固く、しっかり巻いて、鉤のベンド（曲がり）[21]までくる。しかし、それより先を巻いてはいけない。ロンドン辺りでは、そうやって、どうにも不格好なフライにしているようですが、はっきり言ってそれは不自然だし、形になっていない。さて、そうしたら馬素の端を切りとって、その上を巻きとめる。

21 日本語では、ベンドすなわち鉤の曲がりの部分を《腰》という。曲がるところ、という意味だろう。

次に、毛鉤の胴をつくる材料（ダビング）を適量とって、左手の人差し指と親指の間に鉤といっしょに軽く持ち、右手に絹糸を持って、その手の人差し指と親指の間で絹糸をねじってやると、ダビング材はひとりでにその絹糸に巻きついてくれる。そうしたら、そのダビングを、シャンクに巻き留めた馬素の上を前方に巻いていき、ウイングの取り付け点までくる。

そして次に、ウイングの羽根を等しく二つに分け、鉤のベンド方向に折り返してやる。二分したウイングの一方はシャンクの片側に、もう一方は別の側に向ける。その姿勢で、左手の人差し指と親指の間に、しっかりとウイングを持ち、それがベンドのほうに傾斜して立つように、ダビングを巻いて押さえつける。シャンク前方終点までダビングを巻いたら、毛鉤を左手の人差し指と親指でしっかり持ち、絹糸を右手の人差し指と親指に持って、ウイングの巻き押さえが終わるあたりで、余分なダビングを親指の爪で人差し指に押さえてしごきとる。それから、今や裸になった絹糸を一、二回巻いて、ウイングを正しい姿勢に固定し、結び留めて糸を切る。そして、針の先を使って、巻いた胴のダビングを軽くつつきだして毛羽立てる。余分なヘアーはむしり取る。両側に同じ長さのウイングを残して（長さが違うと決して正しく泳がない）仕事はこれで完了です。[22]

22　ここに説明されたフライは、ハックルを巻かないウイングだけのフライ。歴史的に初期のフライは、鴨の羽根などを使ったウイングとボディだけのフライだったのだろうと思う。フライを意識的に水面に浮かすために厚くハックルを巻くという考えは、ずっと後代の一九世紀になってからである。ここでまずボディとウイングだけのフライが取り上げられているのも、コットンの頃の一般的なフライは、ウイング・フライであったことを示している。

この毛鉤の作り方は、あらゆる方法のうちで間違いなくいちばん優れたものですが、これは私の親族に連なる人で、近くに住むヘンリー・ジャクソン大尉という人に教わったやり方です。この方は見事なフライ・アングラー[23]で、これまでに私の知るかぎり、抜群に優れたフライ・メーカーでした。

23　《フライ・アングラー》という言葉は、このあたりが最初ではないか。ちなみに《フライ・フィッシャー》という言葉の英語としての初出は一七八七年とO.E.D.にあるが、実際はそれより古く、《釣魚大全》第I部第5章にも出てくる。ただし、Flie-fisherとなっている。

さてここまでフライの作り方を説明してきましたから、次に実際に毛鉤を作るところをご覧にいれましょう。うまくすればその毛鉤で今朝あなたに鱒を一匹釣っていただけるかもしれません。日並はあまりよくないですがね。時刻はもう九時で、今日の魚にその気があれば、そろそろライズ（もじり）を始める頃ですよ。これから一緒に出掛けて試してみて、それから午餐のあとでまた私のフライ・フィッシングの話を続けることにしましょう。

旅人　いや、正直なところ、川に行きたい気持ちと同時に、このまま坐りとおしで、一日中あなたの話を聞いていてもよいくらいですよ。でも、両方を程よくとしましょう。もう、あなたのダヴ川で鱒を釣りたい気持ちでいっぱいですよ。

釣師　話以上にというわけにはいきませんが、それは保証しますよ。今までこの川を誉めそやした手前、あなたにはぜひとも釣っていただかなければね。いや、一カ月でもお引き留めして、お発ちになるまでに、たとえ一日でもこのスポーツの絶好日を堪能していただくつもりですよ。

旅人　そんなふうに言われると、私はすぐその気になってしまう方でしてね、真面目なところ、仕事の都合さえついて、あなたがうんとさえ言えば、この先ずっとあなたのところにいたいくらいですよ。

釣師　これはうれしいお返事を。さて、それでは毛鉤作りの道具を用意しましょうか。

第6章　パイク・プールの釣り

釣師　（召使いに）ダビングのバッグを急いでここに。さあ来ましたよ。私の秘蔵品です。あなたのような誠実な方には、何からなにまで全部お見せしますよ。さあ、どうぞ。

旅人　これはすごい。こんなのは初めてだ。見たこともない光り物の宝の山だ。ヨーロッパにだってこの半分も集めている釣師はまずいないでしょうね。[1]

1　コットンは、この時代に、イギリス以外のヨーロッパにも、フライ・フィッシングとフライ・タイイングがあることを知っている。しかも、この表現からはヨーロッパのほうがイギリスにおけるよりもフライ・フィッシングが盛んであるとともに、その先進国であることが言外に言われている。これはフライ・フィッシングに関する我々の常識とは異なる。常識のほうが間違っているかもしれない。たとえば、スペインには一六二四年刊の El Manuscrito de Astorga という本があり、そこには36種の毛鉤が材料とともに記されている。

釣師　多分あなたは今こう考えておられるのではないですか、言われるところの宝の山を、ただ見せびらかすためだけに掻き集めたのだと。見せると言っても、大勢ではないですがね、そうして釣りの大家だと見られたいのだとね。[2]でも、ここに何の変哲もない色がいくつかあるでしょう。これが実はなかなか手に入らないもので、そのうちのひとつでも行方知れずになったら、もうそれは困るどころか心配でたまらなくなりますね。さてそのなかから、この二色だけを使いましょう。ひとつは熊の毛です。もうひとつは、もっと濃い色ですが、名前を言うほどのものではありません。[3]でもこれでずいぶんたくさん魚を掛けていますよ。条件はどうにもよくはないのですが、ぜひとも今日はこれらの色の毛鉤で、鱒かグレーリングを釣っていただきましょう。さもないと、私にはアートがないということになりますからね。

2　ダビング材やタイイング・マテリアルを収集する情熱。ただ釣りだけでなく、フライ・タイイングとその材料の収集が、フライ・フィッシャーマンの逃れられない情熱になって、人を脱出不能の穴に引きずり込んでしまう。

3　いまコットンはボディの材料を選んでいる。熊の毛は黒い剛毛ではなくて、柔毛で、そのダン色をボディに使った。もうひとつの、もっと濃い色のほうは、名前を言うほどのものではない、とコットンは言っているが、釣師心理として、あるいは言いたくないのではないか。

旅人　これはうれしいお約束ですね。あなたが言われることは何だって信じる気持ちですよ。早く毛鉤を作って、早く釣りましょう。

釣師　なに、すぐにできますよ。さあ、見ていてください。まずこんな具合に鉤を持って、それから始めます。いいですか、裸の鉤に二、三回糸を巻いて、鉤に馬素ラインを結び留め、ウイングを取りつけ、こんなふうにダビング材を糸に撚り着けて、それをヘッド（頭、チモト）のほうに巻いてくる。ウイングを分け、余分なダビングを絹糸からしごきとって、こんなふうに巻き留めて毛鉤の形を整えて、これで出来上がり。さあ、どうですか。

旅人　いや、お見事。まったくすばらしいできばえです。羽虫にそっくりではないですか。でも、ロンドン辺りでは、毛鉤のボディはもっと太く、もっと長く作りますね。ほとんど鉤のアゴに届くくらいに長く。[4]

4　ボディを太くつくるのはタイイングの初心者がよくやる間違い。《アゴ》と訳したところは、《barb》ではなく、《beard》という語が使われている。カエシとも言う。

釣師　よく知っていますよ。そんな毛鉤をひとつ、いつだったかわが父ウォールトンと一緒に訪ねてきた立派なジェントルマンにもらったことがありましたっけ。その毛鉤は居間の窓際に引っ掛けてありますよ。正直を言うと、笑ってやるためにね。こんな諺があるじゃないですか、《ローマに行くものは、ローマ人のなすごとくなせ》とね。いいですか、この地では、毛鉤はこんなふうに作らなければならないのです。それでなければ魚は釣れませんよ。

さて、あなたにラインを用意して、それに毛鉤を結んで、試してみましょう。さあ、支度はこれでよし。この道が終わるあたりから始めましょう。上流の川が曲がっているあたりは、風でさざ波が立っているでしょう。[5]まずここでラインをつけて、それから近寄ってやってみましょうか。

5　水面にさざ波の立つくらいが、毛鉤の吹っ飛ばし釣りにはよい。今でも、湖の毛鉤釣りでは、風を背にして、水面にフライを踊らせる吹っ飛ばしが、イギリスでも、アイルランドでも行われる。

旅人　あっ、あれを見ましたか。

釣師　見ましたとも、魚をね。魚もあなたを見ましたよ。だから食いつかずに反転したんです。いやしくもこの川で楽しもうというのなら、もっと離れて釣らなければ。ここは人造の新川とは違いますからね。[6]それにしても今のはいい鱒だったな。引きは感じましたか。

6　the New River（第I部の地図参照）一七世紀初めに（一六〇六〜一三年）、ロンドンに水を供給するためにWare辺りからリー川（the River Lea）沿いに造られた水路を指している。玉川上水（一六五三年）あたりで釣りをするのとは訳が違うのだから、というような意味合い。ちなみに玉川上水は多摩川の羽村の堰から四谷大木戸まで約四〇キロメートル。

旅人　いや、何も。感じたくらいなら、あんなふうな別れはしませんよ。あっ、また来た。これはいい毛鉤だなあ。

釣師　この毛鉤は日並さえよければ、間違いなく釣れる毛鉤だけれど、見たところ鱒はちょっと触れるばかりで、食いつかないですね。ここはいったん釣り小屋にもどることにしますか。この淵では今日はちょっと釣りになりそうもありませんね。今度はひとつあなたが毛鉤を作ってみますか。そして、それを流れで試してみましょう。自作の毛鉤で釣る鱒一匹は、私の毛鉤で釣る二〇匹よりもうれしいものですからね。(供の者に) さっきのバッグをもう一度くれ。さあ、ここに鉤と、馬素と、絹糸と、それにウイング用の羽根。これで始めておいてください。私はよさそうなダビングを探しますから。

旅人　これはまたずいぶん小さな鉤ですね。

釣師　それでおわかりでしょう。これでとびっきり小さな毛鉤を作るんです。ウイングもごく小さく作ります。こんな状況では、釣りになるのは非常に小さな毛鉤、それも目いっぱい小さなやつに違いありませんからね。[7] これは何と、あなたの指の運び具合、実にいいですね。なんだか先生をつかまえて教えているようですよ。さあ、ダビング材はこれをどうぞ。

7　どのくらいのサイズか興味のあるところだが、指先に持って作るフライであること、馬素のハリスを二本装着したフライであることを考えると、せいぜい16番くらいだろうか。フィッシング・プレッシャーは高くはなかったろうから、16番くらいでも充分に小さかっただろう。ふつうに使うサイズはたぶん10番くらいではなかったろうか。

旅人　これはまたずいぶん黒い毛ですね。

釣師　手の上ではそう見えますが、ドアの方へ行って、太陽にかざしてごらんなさい。どうです。きらきら赤く輝いているでしょう。イングランドのどんな人間だって、これ以外のやり方でダビングの本当の色を見分けることはできませんよ。毛鉤を作るにはいつも、今日のように明るくて、太陽の輝く日を選ぶのがいいんです。それにまた、こういう日は釣りにはまったく不向きですからね。そう、そこで巻きつけて、毛鉤のボディはできるだけほっそり作って。そのとおり。うまい。いや、まったく見事なフライができましたね。[8]

8　読者がフライ・フィッシャーマンならおわかりだろうが、コットンは自分の仲間が増えるのがうれしい。だから誉めるのがうまい。

旅人　そう言われるとうれしいです。何しろ、こんなものを作ったのは生まれて初めてですからね。

釣師　いや、いや、あなたはこの道の博士ですよ。でも、あまり誉め過ぎるのはやめておきましょうか。好い気になっても何ですからね。さあ、この毛鉤を結んで。さて、今度は下流にくだって、あそこに小さな歩道橋が見えるでしょう。その下の岩のあいだの流れで運試しといきましょう。水に滑り落ちないように気をつけて、この石をまわって。そう、それでよし。さあ、毛鉤を投げ込んで。

旅人　まったく、すばらしい流れだなあ。そら来た。掛かった。

釣師　うまく掛けましたね。さあ、引きよせて。そうそう、柔らかい手つきで、なかなかいいですよ。でも、この紳士はちょっと小さ過ぎますね。放してやりますか。放して、あなたの熱意に対抗できるまで成長を待つことにしましょう。[9]

9　あとで違法な釣りに対して怒りをあらわにするように、コットンは魚をとりすぎてはいけないという意識が常にある。漁獲ではなく、楽しむこと、すなわちスポーツを求めるのがフライ・フィッシングだからだ。

旅人　おっと失礼、いくらでもこの鉤に来ますな。また掛かった。

釣師　それも同じ場所で。

旅人　これぞスポーツというものですね。また来た。それ、今度はグレーリングだ。あなたは意のままに魚を呼びだしますね。

釣師　さあさあ、こっちへ来て橋を渡って、対岸を下りましょう。下にはもっといい流れがありますからね。さらにいい釣りが期待できますよ。さあ、どうです、すばらしい流れでしょう。長さも十分だし、どうかもう少し離れて立って、この流れをぜひアーティストのように釣ってみてください。[10] いい型が出るかもしれませんよ。そら出た。あっ、残念。逃げられましたか。

10　川幅も充分あって、大物も潜んでいる。こんなにいい場所は、ただの叩き釣りではなくて、上手にキャストして、技術で、アートで、美しく釣りたいものです。

旅人　ええ、ちょっとだけ手応えはあったのですがね。それにしても、いい魚だったなあ。

釣師　失礼ながら、あの魚に逃げられたのはご自分のせいですよ。熱意が高じて、ついせっかちになってね。いいですか、大物に対しては、自分で鉤掛かりしなかった場合、魚が毛鉤をくわえて反転するまでは合わせをやってはいけないのです。そうやって、強い合わせをしないよう気をつければ、仕掛けを痛めることもないのですよ。さあ、また投げて、流れをくまなく探って見せてください。ここには間違いなく大物がいます、鱒もグレーリングもね。そして対岸のあの大きな岩の陰には、九分九厘いい鱒が顔を見せるはずですよ。

旅人　それ、もう来た。底に走られて、何が来たのかわからないけど、重さからするといい型ですよ。でも、あまり暴れないな。

釣師　それならきっとグレーリングでしょう。この魚は暴れない魚のひとつでしてね、大きくなるほど釣りやすい魚ですよ。もう姿が見えるでしょう。

言ったとおりでしたね。（供の者に）そのランディング・ネットをここに持ってきてくれ。さあ、これで魚はあなたのもの。いい型ですねえ。一六インチ（40㎝）はあります。私も今年はまだこんなにいいのは釣っていませんよ。

旅人　それにしても、こんなに色の黒いグレーリングは見たことがありませんよ。

釣師　見たことがないですって。では説明させてください。それはね、これまであなたが時季のグレーリングをご覧になったことがないからですよ。この魚の時季には、頭と鰓《えら》の周囲、背はひどく黒く、腹はダークグレーをしていて、黒点が散らばっています。まさにこの魚がそうです。そこで私は、この魚はそのアンバーという名をそこから得ているという結論したくなるのです[11]。でも、この魚はもう盛期を過ぎて、衰え始めています。今よりも、クリスマスの頃がこの魚の盛りだったでしょうね。

11　Umber。フランス語 Ombre 影の意。

でも先へ行きましょう。そろそろ午餐の時間になりますからね。この下に、川幅の広い、すばらしい流れがありますよ。あの岩の下です。そこが川中でいちばんの深い淵でしてね、まず間違いなく大型が期待できます。

旅人　それでは、お目見え願って、ひと勝負といきますかな。それはそうと、私はこれまでグレーリングは鱒とともにシーズンが始まって、鱒とともに終わるのだと思

ダヴ川のグレーリング　©SHIMODA

っていましたよ。
釣師　とんでもない。グレーリングは冬の魚ですよ。[12] でもね、よほどこの魚にくわしい人でないと、みんなだまされてしまいますよ。この魚は、いちばん悪い季節にでも、身はしまっていて、身ばなれはいいし、実際いつでもうまい魚ですからね。でもその完璧な時季となると、それは充分すぎるほどに成長したグレーリングだけが達しうる極みですが、これはもう、そうそうあるものではなく、私が賞味した最上の鱒にもめったに劣るものではありません。

12　グレーリングの時季について、ウォールトンとは考えが違う。第Ⅰ部第6章の終わりを参照。

旅人　そらきた、またチンピラだ。お話の間に少なくとも五、六匹は掛けましたよ。ああ、流れゆけ、小さなダヴよ。君こそは、真実、すばらしい川、魚に満つる川だ。すっかりこの川が気に入ってしまいました。これでは二人があるかぎり、年に一度は訪ねて、あなたを悩ますことになりそうですよ。
釣師　悩ますなんて、とんでもない。でもこのスポーツに誘われて、五月か六月に一度おいでになれば、その後は何度もお会いすることになるでしょうね。というのは、ひとたびここで、このスポーツをその絶頂期にごらんになれば、それこそ、この川は最高だと、きっとおっしゃるはずですから。
旅人　そうしますとも。生きてさえいて、あなたがお許しになるかぎりね。そら来た。また来た。
釣師　それもぜんぶ初めての川で。しかも自作の毛鉤で。油断ならないお人ですね、あなたは。
旅人　この私がですか。でも、その私に教えたのはどなたでしたかな。デイムタスがドーラスにことよせて言っているように、あなたも私にことよせてこう言われるかもしれませんね。

私の小姓がそんなにお褒めをうけるなら
それなら私はなにを　その子に教えたこの私には[13]

13 《Arcadia》 Sir Philip Sydney, 1590.

ところで、あれはいったい何です。川の真中からにょっきり岩が生えだしているみたいですが……これは何とも奇妙な眺めですな。

釣師　ああ、あれがパイク岩ですよ。[原注] 対岸の岩壁から離れて、流れの中に突き立っているあの岩ゆえに、この淵をパイク・プールと言うんです。アイザック・ウォールトン氏のご子息[14]は大変にこの場所が気に入られて、私の家の白紙のノートに白黒でここの風景を描かれたくらいですよ。その折に、わが家の眺めも数枚描かれましてね、気に入っていただいた記念におとりしてありますから、食事のときにご覧に入れましょう。

原注　この岩は、教会の尖塔のような形をしていて、大きさもほとんど同じくらいだ。コットン氏の家から遠くないダヴ川の真ん中に立っていて、そこから下流になると、この愛すべきダヴ川は、急に流れを速くして、焼失以前のセント・ポール寺院よりも高く、大きな岩々の間を流れくだる。こうしてダヴ川は、聳え立つ岩壁におし挟まれながら、一マイルのあいだ人目に触れずに流れたのち、それまでにも増して栄光と美のうちに再びその姿を現す。川筋のいかにも楽しげな谷間と実り豊かな田園は、まさにこの国の誇りである。

14　アイザック・ウォールトンの一人息子（一六五一～一七一九）。ソールズベリー寺院の評議員を務めた。未婚。一六七六年の時点では二十五歳。一六四七年に結婚した二度目の妻アン・ケンとの子。ちなみに、最初の妻レイチェル・フラウドとの間には、一六二七年から一六四〇年のあいだに七人の子があったが、すべて幼少のうちに死んでいる。成年を過ぎるまで生きたのはアン・ケンとのあいだに生まれたこの息子と、一六四八年生まれの娘アンのみ（一七一五年死去）。

旅人　ウォールトン先生のご子息もおいでになったことがあるんですか。

釣師　おありですとも。それも何度も。以来、フランスに行かれ、ローマに行かれ、そしてベニス、それからど

Pike Pool（パイク・プール）

こか。次にお会いするときは、いろいろ難しい質問でもしてみようと待ち構えているのですよ。それもうれしいことに、来月になりそうです。
　ところで、我々のほうは、このつるつる滑る丸石を思い切って越えなければ、この大淵の頭の見事な流れ込みには行けないのですよ。いや、これはすばやい。うっかりすると踏みはずしますからね。さあ、これで大丈夫。よく気をつけてくださいよ。ここで出る魚は、仕掛けを危うくするくらいの大物ですからね。さあ、どうだ。

旅人　まったく、あなたは実に大した釣師だ。言われるとおりに魚が出てくる。まるで魔法使いが霊をよびだすようだ。しかもそれから、命ずるままにやらせてしまう。あっ、鱒が毛鉤をとって逃げた。クラウン銀貨一枚失くすほうがまだましだ。なんて不運だ。すばらしい魚だったのに。反転した魚体は鮭のようだった。

釣師　これは戦いですよ。時には勝ち、時には失うことも覚悟しなければならない。なに、失くした毛鉤を気にすることはありません。あれよりもっといいのを作らせてあげますよ。
　あれ、あの声はだれかが呼びに来たようだな。

パイク・プール　©SHIMODA

召使い　旦那さま、お食事の支度ができました。
釣師　お聞きのとおり、食事のしらせです。さて、どうしましょうか。目の前の急斜面をよじ登って、頂上から一気に家にくだるか、それともまたこの飛び石を越えて、あの橋を渡って回り道をして帰るか……
旅人　それはむろん、最短こそ最上ですよ。少なくとも、わが胃袋はそう言っております。それに岩場にもだいぶ慣れてきましたからね、もう怖いことはありませんよ。
釣師　それでは、私の後について。食事がすんだら、すぐにまた小屋にもどって、フライ・フィッシングについて、さっき中断したところから再開して、次の講義に移りましょう。この主題については、まだまだたくさん話したいことがありますからね。
旅人　それは多ければ多いほど結構です。あなたくらい行き届いた先生には、私の最初の先生を別にすれば、ぜったいに出会えなかったでしょう。それに、ロンドンあたりでは、どんな川に行こうが、この美しい川と同じようなスポーツは経験できませんからね。
釣師　あなたならもっといい目に出会えますよ。釣りのためなら何だっておやりになるし、こんな小さな川をこれほど気に入っておられるのだから。お別れまでにもっとよい所をご案内しようと思います。

第7章　一月から五月までの毛鉤とメイフライ

旅人　さて、存分に食事をいただいて、再びあなたの愛すべき釣り小屋に落ち着いたところで、先ほどの約束のご履行をお願い致しましょうか。どうかフライ・フィッシングの講義をすすめてください。ひとつ頑張ってお願いしますよ。ここまで聞いたことは、ひと言だって忘れてはいませんからね。竿と糸と毛鉤の作り方、教えはみんな覚えていますよ。さあ、今度はその毛鉤についての話をお願いします。

釣師　むろん私もそのつもりです。途中で邪魔さえ入らなければ、午後いっぱいその気でいますよ。それはね、今日は日並みの悪いのにくわえて、三月もこんな初旬では、そもそも毛鉤にはほとんど期待できませんからね。[1]でもね、ミノーかミミズを使えばどうにかなりはしますが。

1　ニンフを使う釣りはまだ行われてはいなかった。ニンフ・フィッシングは二〇世紀になってから。ちなみに《nymph》が昆虫の幼虫の意に使われた初出は一五七七年（O.E.D.）。

では、さっき中断したところから始めましょう。わが父ウォールトンは、水面で使う毛鉤を一二種類だけ、名前を挙げて説明しています。そのいくつかの名は、ここらでも共通です。その説明から、ほとんどは何であるかが推測できます。そして、それらはすべて、この地の河川に棲息しており、採取できるものではあるけれど、毛鉤のダビングは異なるし、作り方も違っています。思うに、師がもっとも頻繁に出かけられたのは、ロンドン近郊の川であろうと思われます。そして、多くの魚を釣られたその地域では、それら以外の虫にはあまり注意が向けられることがないのです。しかしこの地では、我々は、それら以外にも何種類かの虫を知っています。あるいは、あの方の羽虫のうちのいくつかを別の名で呼んでいるかもしれませんが、そうだとしても、その目録に付加して、修正をしておこうと思います。先にお話しした、本当に釣技に優れた偉大なる先生は、何人といえども三月の半ばになるまでは決して鱒を釣るべきではない、と言っております。しかし、グレーリングに関してならその限りにあらず、と言われるに相違ありません。なぜなら、前に言いましたが、鱒釣りをしない時期こそ、この魚のベスト・シーズンだからです。それについては、非常に驚いたのでよく覚えていることがあります。かつて、一二月の六日に一匹、たった一匹だけですが、シーズン最大級のグレーリングを釣ったことがありました。姿も味も最高の魚でした。しかも鱒だって釣れないことはないのですよ。それも毛鉤でね。三月の半ば以前どころか、例年、二月にだって釣れます。あまりにひどい春でさえなければね。時には一月にだって、新年の頃の凍てつく寒さと雪のなかでさえ、陽射しの暖かい日なら、お昼ごろの一、二時間のあいだ、グレーリングの釣れることがあります。そしてこのころは、地虫[2]で釣るにはいちばんの季節です。

2　地虫と訳したが、《grub》のことで、甲虫類の幼虫。寒い時期にはまだ水生昆虫が少なく、鱒はこうした幼虫によく釣れる。たとえば、早期の餌はブドウ虫とよく言われた。

そういうわけで、フライ・フィッシングの話をこの月をもって始めようと思います。とは言え、この月に始める人はきわめてまれであることは事実ですが、あらゆる機会をとらえてこの釣りをやらずにはいられないくらい夢中な人にとっても[3]、この月にフライ・フィッシングの好日を見いだすことはまれです。しかし、私の経験によると、以下に挙げる毛鉤は、日中の一、二時間、暖かい陽射しのもとでなら、きっと当たる毛鉤です。

3　そういったわけで、フライ・フィッシングの世界は海にまで達した。

一月

一、レッドブラウン。マガモのほとんど白に近い胸毛二枚[4]をウイングにする。ダビングは長い毛をした黒犬の尾の毛。たとえば、よくご婦人用のマフを作る毛[5]。この類の犬の尾の毛は染めて、レッドブラウンにすることができるが、短毛の犬は同じ色であっても不適です。染色しにくいし、生来の色を変えることができない。この毛鉤は陽射しの暖かな日なら、一月を通して有効です。

4　原語は《malard》。ふつうマガモのオスのことをいう。胸毛は原文では《wings of the Male of a Malard》である。《male, mail》は、元来は鎧のこざね（小札）あるいは鎖かたびらのこと。そこから鳥の胸毛という意味がでた。オスという意味でも、郵便という意味でもないので注意。コットンがウイング材の部位を特定しているまれな例。必ずしも胸毛だけではなく、脇腹の羽根を指している場合もあるようだ。コットンがウイング材としてマラード・フェザーという場合、それがマラードのどの部位であるのか、特定していない場合が多い。

5 《muff》円筒形の毛皮製で、婦人が両手を入れて暖める防寒具。

二、ほかに、とても小さな明るい色のダン・ナットがあります。[6] これはできるだけ小さく、これで釣るのは無理というほど、小さく作る毛鉤なので、鉤に装着する馬素も一本にしなければならない。ダビングにはテンの柔毛と野ウサギの尾の白い毛を混ぜて使う。ウイングは真っ白の、小さなものを一枚。仕掛けはいくらでも繊細にしてよい。一月に毛鉤に出てくるのはグレーリング以外にはいないし、それだって、このシーズンに釣れたなかに一フィートを越えたものはかつてなかったからです。それでも、ワカサギ[7]くらいの小物なら、太陽の輝く暖かい日に、これら二つの毛鉤で十分なくらい釣れる。二本ともイングランド北部全域で有効です。

6 ナットというのは《gnat》で、ごく小さい虫、ブユなどを指す。その前のダン《dun》が手ごわい。ここでは、色の名称。くすんだグレー、煙の色、ネズミ色。後でも触れるが、ダンフライ、あるいは単にダンとして使われる場合には、カゲロウを意味しているようだ。ただし、カゲロウの亜成虫の意味でダンが使われるのは、ずっと後のことで、二〇世紀になってからのフライ・フィッシング用語のようだ。《dun-spinner》

7 《smelt》のこと。

二月

一、先月のレッドブラウンが終わると、ほとんど同色のフライがこの月に始まる。わずかに違うのは、この毛鉤はダビングをいくぶん黒っぽくする点です。両方ともダビングは赤い絹糸に撚りつけます。この毛鉤に使うダビングの本来の色は、豚の耳の黒斑からとったものです。豚の他の部位の黒斑からも同じ色が得られないというのではないが、耳の黒斑の毛は、はるかに柔らかく、よりこの目的にふさわしいのです。ウイングは前者と同じに作る。この毛鉤は二月いっぱい有効で、レッサー・レッドブラウンといいます。

二、この月のためには、ハックルだけの毛鉤、すなわちパーマー・フライがある。ボディをブラック・スパニエル犬の柔毛、もしくはオストリッチ・ハール（ダチョウの羽の羽枝）で黒の粗いボディを作り、その上からボディ全体に去勢雄鶏（肉用の雄鶏）のレッド・ハックル（蓑毛）を巻く。これが有効。日並みさえよければ、大当たりする毛鉤です。

三、さらに同系統のハックル・フライ。ボディはやはり黒、その上に銀糸を巻いて、その上全体にレッド・フェザー（レッド・ハックル）を巻く。この月になって、雪と氷に閉ざされていなければ、この毛鉤を使って魚籠をよい型でいっぱいにできるはずです。しかし、凍てつくような雪の日には、ナット、ブラウン、ダンなどをできるだけ小さく作って使うのが唯一の方法です。それでも、期待できるのは、小イワシなみのグレーリングでしかない。

四、この月には、水面がまるく渦をつくっているような場所で使う大型のハックル・フライがあります。ボディは黒、その上に去勢雄鶏のレッド・ハックルを巻く。これは刈り込まない。つまり、ハックルの羽枝全長が放射している状態です。しかし時には、ハックルを全体にわたって短く刈り込むことがある。時にはまた、ほんの少し短くすることもあれば、場合によっては、ボディの下側をボディすれすれに刈り込んで、上側の、つまりフライの背側のハックルを全部残しておくこともある。[8] こうすると、泳ぎがよくなり、時季を得ると大物を掛けるのです。

8　ソラックス型のフライ。季節的には会わないが、水面が渦をなしているところで使うというところが、スペント・スピナーの釣りを思わせる。

五、この月にはまた、もうひとつ大きなハックル・フライを使います。ボディは黒で、その上にゴールド・ツイスト（金糸）でリブ（環節）を作る。ボディ全体にレッド・ハックルを巻く。この毛鉤もまた強力な死刑執行人です。

六、もうひとつ、大きなダンがあります。ボディはダーク・グレーの熊の毛、ウイングはマガモの尾の近くにあるグレーの羽根[9]で作る。これは間違いなく、この月の川で投げるには最上のフライです。釣師はこれを使って、すばらしいスポーツを楽しむことができるでしょう。

9　鴨の尾に近いところのグレーの羽根というところが気になる。近年、人気を得て、今では不可欠の毛鉤の材料となった、例のCDCであるかもしれない。カモや野ウサギやキツネに関する知識はわれわれとは違って、この時代にはもっと日常的で、卑近で、隅々におよぶものであったろうから、三五〇年を経て、われわれがCDCを再発見したにすぎないことは大いにあり得る。

七、この月にはまた、あの大きなブルーダンがあります。ダビングには熊の毛のもっとも皮膚に近いところの毛。これを小さなキャムレット[10]のブルーのヘアー少々と混ぜ合わせてボディにする。ウイングにはマガモのダーク・グレーの羽根を使う。

10　もともとはラクダの毛と絹などを混紡した中世の高価な織物を言ったが、アンゴラヤギのことも意味した。いずれにしてもダン・カラーのボディ。文中にブルーとあるのは青ではなく、くすんだ、煙色のグレー、青みがかった灰色。

八、それに、ダークブラウンもあります。ダビングにはまだら模様の雌牛の脇腹の毛を使う。ウイングには雄ガモのグレーの羽根。

さてここに挙げたいくつかのハックル・フライもしくはパーマー・フライは、あるものはある釣り場、ある天候によく、また他のものは他の条件下においてよいというわけで、種々の条件の違いに応じて、毛鉤の大きさと色を変えて使います。そして、この月に限らず、他のすべての月も同じく、どんな羽虫が食われているかはっきり分からないとき、あるいは魚が虫に出ていないときは、水が澄んでいれば小さな毛鉤を結び、あたりが薄暗い状態なら大きめの毛鉤を結んで、とりあえず一匹釣れるまでそれでやってみるのがよいでしょう。それで釣れたら、魚のエラ蓋に指を突っ込んで腹ワタを引っ張りだす。それをナイフで開いて、どんな羽虫が食われているか調べてみる。そして、それに合わせて毛鉤を選択するというわけです。[11]

11　一八三六年のサー・ハリス・ニコラスの版で、ニコラスはこの点について、《鱒は水面に見られる虫とは非常に違う色のフライにライズすることがしばしばあるから、これはあまり実際的な助言とは言えない》と注釈しているが、フライ・フィッシングの発展はむしろコットンの言うところに従ってきた。

ハックル・フライ、あるいはパーマー・フライの作り方については、わが父ウォールトンがすでに詳述しております（釣魚大全Ⅰ部、第5章）。

三月

この月の釣りには、すべて他の月と同じハックル・フライ、および同じウイング・フライを使いますが、ただもっと小さく作る。

一、しかしこの月には、それ以外に、小さなダン・フライ（グレーのフライ）、ホワーリング・ダン[12]があります。でもこれは、我々の最優秀フライのひとつである本来のホワーリング・ダンとは違うもので、そのダビングにはリスの尾の皮膚に近い柔毛を使い、ウイングにはマラード（雄ガモ）のグレーの羽根を使う。

12　《whirling dun》この呼称はどこからきているのか。夕刻、上下しながら飛びまわるカゲロウの成虫、スピナーからきているのか、それとも水面に落ちて渦にまわる様からか。いずれにしても、ダン・ボディにダン・ウイングのフライ。

二、さらに、ブライト・ブラウンというフライがあります。ダビングにはスパニエル犬のブラウンの毛か、雌牛の脇腹の毛を使い、グレーのウイングを一枚つける。
三、また、ホワイティッシュ・ダン。ラクダの皮膚に近い柔毛でボディを作り、マラードのグレーの羽根でウイング（複数）を作る。
四、この月にはまたソーン・ツリー・フライ（Thorn Tree Fly）[13]があります。ダビングには完全に黒い毛にイザベラ色[14]のモヘアを八～一〇本混ぜて、できるだけ小さいボディを作る。そして、ウイングにはマラードの明るい羽根を使う。これは、我々の間では、キラー（殺し屋）の誉れ高いすばらしいフライです。

13　どんな昆虫であるか特定できないが、説明から見ると、ブラック・ナットを思わせる。Hawthorn fly（Bibio marci）ではないかと言われている。ウシバエのような比較的大型のハエ。

14　黄ばんだ薄いグレー。きたない話だが、ハリス・ニコラスによると、スペイン王フェリーペ二世の娘、イザベラはオステンデ包囲（一六〇一～〇四）に際して、ムーア人を放逐するまで下着をかえないという誓いをたてた。しかし案に相違して三年もかかってしまい、下着がこんな色になってしまったというのだが、《Isaballa colour》の初出は一六〇〇年であるから、この説は不可というのがO.E.D. の見解。

五、もうひとつのフライはブルー・ダン[15]です。この毛鉤を作るダビングは次のようにして用意します。小さな櫛を一本用意して、これでブラック・グレーハウンド[16]の首筋をすいてやると、柔毛がすきとれる。私の知るかぎりこれが最高のブルーです。このフライのウイングはどんなに白くても白すぎることはない。このフライに魚が出るのは、この三月の一〇日ころから始まり、二四日まで続く。

15　フライ・フィッシャーマンにとっては、ブルーダンという、いわば尊い言葉が出てくるのもこの頃である。ここではブルーダンが色をあらわすのではなく、毛鉤の名称として使われている。毛鉤の名称としてブルーダンが使われたのはこれが多分最初だろう。一六八一年の《Chetham》を初出とするO.E.D. の説には疑問がある。

六、三月の一〇日（新暦の二〇日か二一日ころ）から月末にかけては、小さなブラック・ナットが効果的です。ダビングには、黒いウォーター・ドッグ[17]の柔毛か、黒いオオバンの若鳥の羽毛（ダウン）を使う。ウイングにはマラード（雄ガモ）のできるだけ白い胸羽根を選び、ボディはできるだけ小さく作り、ウイングもボディと同じくらいに短くする。

16　ブラック・グレーハウンドというと、形容矛盾をきたしているようだが、グレーは色のグレーとは関係ないようだ。キツネ狩りなどの追跡猟に使うさまざまな色の猟犬のこと。ほっそりした体形、長い脚、走るスピード、視力がその特徴。

七、この月の一六日から月末にかけて、この辺りではブライト・ブラウンを使います。ダビングは、皮革工場の石灰漬けの漬け桶[18]の中に得られる毛と、死産した子牛の毛を使う。漬け桶の中の毛は石灰のために脱色されて、とても明るい色に変じており、黄金色に輝いて見えます。このフライのウイングには雌鶏のブラウンの羽根が最上。四月一〇日まで効果的です。

17　カワウソのこと。

18　皮なめし工場で使うもので、石灰で毛皮の毛を脱毛した。

四月

三月に効果的なハックル・フライおよびウイング・フライは、すべてこの月にも有効です。ただし、次の点だけが違います。つまり、ウイング・フライの場合のみですが、ブラウン系のダビング材はすべて赤い絹糸で巻き、ダン[19]には黄色の絹糸を使う、という点です。

19　明らかにダン色のフライの意。

一、上記のフライとして、小さなブライト・ブラウンがあります。ボディはスパニエル犬のファー（柔毛）、ウイングはライトグレーの羽根。明るい日と、水が澄んでいるところでは非常によく魚がでてくるフライ。

二、リトル・ダークブラウンがある。ダビングの色はダークブラウン、それにヴァイオレット（スミレ色）のアンゴラヤギの毛をいくらか混ぜてやり、ウイングにはマラード（雄ガモ）のグレーの羽根を使う。

三、この月の六日から一〇日にかけて、この辺りではヴァイオレット・フライが使われる。ボディには何かヴァイオレット色の材料を使い、ウイングはマラードのグレーの羽根で作ります。

四、この月の一二日頃になると、ホワーリング・ダンと呼ばれる羽虫が現われます。このフライは、毎日、昼ごろになると食われ始め、それが月末まで続き、その後は断続的に六月の終わりまで続きます。普通には、子ギツネの皮膚近くの灰色のファーでボディを作り、イエロー・シルクでリビング（Ribbing 環節）をつけ、ウイングにはマラードのうすいグレー色の羽根を二枚使う。

五、イエロー・ダン。ダビングはラクダの毛に、黄色のアンゴラヤギもしくはウールを混ぜたもの。そして、白っぽいグレーのウイングを一枚。

六、この月には前述したものに加えて、もうひとつリトル・ブラウンがあります。ボディはできるだけ細身に作り、ダビングはダークブラウンとヴァイオレットのアンゴラヤギを混合する。そしてグレーのウイングを一枚。作り方は前述のフライとほぼ同じですが、これはこれで別種のフライです。他のフライがだめなとき、このフライが魚を掛けるというわけです。ことに、太陽が輝き、水が澄んでいる状況下で効果的です。

七、この月の二〇日頃になると、ホース・フレッシュ・フライ（Horse-flesh Fly）[20]が出てきます。そのダビングは、ブルー・モヘアとピンクと赤の毛糸（Tammy）[21]を混ぜ、ウイングには明るい色の羽根を一枚。ヘッドはダークブラウン。このフライは夕方がことによく、日没の二時間前から、日暮れまでよく魚が出ます。四月いっぱい効果的。

20　アブの類。

21　梳毛糸。

五月

さて、月は五月に変わりますが、ここであなたには、注意力ばかりか、大きな忍耐をもお願いしなければなりません。それは、これから話がいささか単調に流れ、しかも、この月には他の月よりも長く関わることになるからです。でもそれには、我慢していただくほかありません。というのは、五月は強調に値する月であると同時に、そうしなければならない月でもあるのです。なぜなら五月だけでもそうなのですが、これに六月を加えると、他の月すべてよりも、ずっと大きな楽しみをフライ・アングラーに与えてくれる月だからです。そしてここで、だいぶ前に約束したグリーン・ドレイクとストーン・フライの話をお聞かせすることになります。またそれ以外にも数種、五月と部分的には六月にも特有の虫についてもお話し致しましょう。それらは、大きさも、名前も、目立たないものですが、前記二種に劣るものではないのです。したがって、それらの候補者のいずれに、正しくあのメイフライという称号を冠すべきであるか、アングラーの間ではいまだに決定をみていないのです[22]。かく言う私にしても、この釣りというアートの幾多の博識家が論争したこの問題に関して、あえて結論を出そうという気はないのです。それでも、彼らのうちのひとりとして、私も一票を投じてよいだろうと考えます。そこに甘えて私の考えを披露しましょう。あるいはそれをお聞きになれば、もっともだとお考えになるかもしれません。

22　文脈からわかるように、ここで言うメイフライは必ずしもカゲロウを意味していない。フライ・フィッシングにとって、五月に出るもっとも重要な羽虫ということであろう。注目すべき点は、ここに触れられているように、コットンの時代のフライ・フィッシングとは、すでに、水生昆虫に関して論争がおこなわれるレベルにあったということだ。フライ・フィッシングと水生昆虫の関係は、現代の我々の場合より、もっと密接で、あたりまえであった。

旅人　なんと言っても、こういうことに関しては、あなたの判断がいちばんですからね。私の意見だってどうしてもあなたと同じことになります。お話を聞くほどに、我を忘れてしまいますよ。この主題に関して、あなたの話を聞き飽きるなどあり得ないことです。

釣師　それはまたうれしい励ましです。それでは退屈な話に備えていただきましょうか。まず、あまり重要ではないフライから始めましょう。といっても、五月にはどんな毛鉤だって魚を掛けますがね。そのあとで、より重要でもあり、有名でもあるフライについて、たっぷり話すことにしましょう。そこで、この月、まず我々の目に留まるのは、ターキー・フライ（Turkey-Fly）という毛鉤です。[23]

23　Marjorie Swann はそのオックスフォード版 The Compleat Angler（二〇一四）で、Turkey Brown トビイロカゲロウ（*Paraleptophlebia submarginata*）ではないかと言っている。

一、ダビングには何かブルー（訳注：スモーキー・ブルー、グレーに近い）の材料を解きほぐして、イエロー・シルクにからみつけ、ウイングにはマラード（マガモ）のグレーの羽根を使う。

二、次は大きなハックル・フライ、すなわちパーマー・フライで、黄色のボディにゴールド・ツイスト（金糸）でリビング（環節）を巻き、黄色に染めたマラードの羽根の大きなウイングを二枚つけ、去勢した雄鶏のレッド・ハックルを全体に巻く。

三、そしてブラック・フライ。ダビングはブラック・スパニエルのファー（柔毛）。ウイングはマラードのグレーの羽根。

四、そのあとは、ほっそりしたボディのライト・ブラウン。ダビングは細いレッド・シルクに巻きつける。針先でダビングをつつき出して、シルクのリブ、すなわち環節がマラードのグレーの羽根のウイングをとおして透けて見えるようにする。[24]

24　ここはおそらく、《ダビングを通してシルク・リブが透けて見えるようにする》の誤りだろう。

五、次に、小さなリトル・ダン。ダビングはダン色の熊の毛をイエロー・シルクによりつけて使う。ウイングはマラードのグレーの羽根。

六、ホワイト・ナット。ウイングはうすい灰色、ヘッドは黒[25]。

七、この月には、ピーコック・フライという毛鉤があります。ボディはピーコック・ハール（クジャクの尾羽根の羽枝）、ヘッドは赤、ウイングはマラードの羽根[26]。

八、もうひとつは、名前をダン・カット（Dun-Cut）というキラー・フライ。ダビングは熊のダン色の毛に少しブルーとイエローの毛を混ぜる。大きなダン色のウイングを一枚つけ、ヘッドにはリスの尾からとった毛で角を二本つける。

九、次に来るのはカウ・レディ（訳注：Cow-Lady、ナナホシテントウ）という小さなフライで、ボディはピーコック・ハール、ウイングは赤い羽根を一枚。もしくは雄鶏の赤いハックルの先を使う。

一〇、そして次にカウタード・フライ（訳注：Cow-turd flie ＝ Cow-dung flie ヒメフンバエ[27]）がある。ダビングはライト・ブラウンとイエローのミックス。ウイングはマラードのダーク・グレーの羽根。これらのフライのほかに、四月と同じハックル・フライおよびウイング・フライを、ハックル・フライの方はもっと明るい色にし、ウイング・フライはより小さく作れば、五月にもそれらが通用します。ブラウンとダンの場合も同様です。

25　ボディをどうするのか書かれていないが、前者と同じダン色の熊の毛か。

26　後代のレッドウイング・コーチマンのようだ《Leadwing Coachman》。

27　ニコラスの注によると、カウタードは同じ意味であるが、カウダング（牛の糞）のいくらか上品な言い方であるという。

さて、いよいよ私のストーン・フライとグリーン・ドレイクの登場ということになります。鱒とグレーリング相手のマタドール、その好季にはダービシャーの川でこれ以前・以降のあらゆるフライを凌駕して、シーズンを通してもっとも多く鱒を仕留めるフライです。

しかし、まず初めにこれを言っておかなければなりません。すなわち、メイフライの呼び名を競うフライには、四種類の異なるフライがあるということです。[28]

28 コットンがメイフライという呼称でカゲロウを意味しているのでないことは、ここでも明らかだ。シーズン最高の月のフライをメイフライという名称に代表させている。

グリーン・ドレイク
ストーン・フライ
ブラック・フライ
リトル・イエロー・メイフライ
そして、それぞれのフライにはその擁護者ならびに後援者がいて、おのおのが正統であると言い争っている。しかし私には、後のふたつに関しては、なぜそんな主張ができるのかどうも理解できないのです。前のふたつなら、その美しさにおいても、[29] シーズン中に見せるすばらしいその威力においても、まことに目覚ましいところがあるのですがね。

29 訳者の感想を言わせてもらうなら、ストーンフライの美しさというのは、少しわかりにくい。言われれば、そうかなという程度。つまり、当時、メイフライと言っても、カゲロウ一辺倒ではなかった。カゲロウに特別の執着が見え始めるのは一九世紀からのようだ。いまだに我々はそこを脱していないのかもしれない。

一一、それらのうちグリーン・ドレイクは五月二〇日ごろ、もしくは月末にかけて現れますが、天候の具合で早い遅いがあって、その釣りの好期は月末から六月の初めを待たなければなりません。ストーン・フライ（カワゲラ）はそれよりもっと早く、四月の半ばくらいにはもう現われますが、五月半ばくらいにならないと、それでよく釣れるというわけにはいきません。しかし、グリーン・ドレイクよりもその効力は長続きして、ほとんど六月の終わりまで続きます。実際、わずかでも水面にこの虫が見られるかぎり効果があるのです。時には、それも夜遅く、あるいは日の出前の早朝にというように、さらに長くこの毛鉤で釣りができます。

さてこれら二種の羽虫は、といっても二種にかぎらず、その他すべてとは言わないまでも、多くの羽虫たちは、それらが食われているまさにその川で生まれているのは明らかです。川底の石裏に潜む、この地のカディスもしくはコッド・ベイトという虫も、ほとんどはそれら二種の羽虫に変じるものですが、それらが成熟する頃に殻や莢《さや》に入っているところを採集してみれば、きわめて容易にそれと分かるし、識別することができるものです[30]。すべての虫のうち、もっとも目立つ虫で、その大きさは他のどれより大きく、最小のものでも一インチかそれ以上あり、魚の餌としての効力の点からも、すばらしい虫です。鱒とグレーリングは、ほかの何よりも、これらの虫に対してはるかに貪欲です。実際、鱒はこれらの羽虫の出現を待たなければ、決してまるまる太ることもなく、完全な盛りに達することもないのです。

30　石裏に潜むカディス（トビケラ）はストーンフライ（カワゲラ）やモンカゲロウにはならない。トビケラの成虫になるだけ。このあたりは、ケースに入っているトビケラの幼虫とカゲロウやカワゲラの幼虫とが、一緒くたにされている。

これらの羽虫のうち、グリーン・ドレイクがその殻から出てくるのは、ボディとウイングその他すべてが充分に成熟してからのことで、その時が来ると、虫は巣室（cell）から這いでてくる[31]。しかし、そのウイングは狭い部屋に押し込められていたために、しわびて、縮んでおり、それからの数時間はまったくウイングの用をなさない。そういうわけで、川底からあがってきたところが岸近くであれば、ショウブやスゲグサやその他の草の葉先にはいのぼって、空気と太陽がウイングを固くし、皺を伸ばしてくれるまで待つことになります。あるいは、最初に出たところが川の真中であると、脚はまだまったく役に立たず、ストーン・フライのように水面をはいまわることもできず[32]、ただ帆をおろした舟のように水の上に漂っているしかないのです。鱒やグレーリングに食われさえしなければ（たいていは食われてしまうのだが）、そうやって、ウイングが飛翔にふさわしいだけの硬さをそなえるのを待つしかないのです。そうして初めて、ウイングは高く立ち、背のうえにぴったりと閉じられ、それはまるで蝶のようで、また飛ぶときも蝶のような動きを見せるようになります。

31 グリーン・ドレイクが殻や巣室からはいだしてくるなど、やはり混同があり、すっきりしない。
32 水面をはい回るのは、ストーン・フライではなく、トビケラの成虫。

そのボディの色は、あるものは薄い黄色で、またあるものは、その黄色がより濃いという具合で、どれひとつとして同じ色ということはありません。ボディは一連の緑色のリブ（環節）に区切られ、長く、ほっそりして、尾部に向かって先細りになっていき、その先端には長くて細い、ほとんど黒に近い濃い色の尾が三本ついています。その尾はマガモのように背のほうにそり返っていて、そこからグリーン・ドレイク（訳注：drake＝オガモ）の名を得ているのは疑いありません。

前に言ったと思いますが、我々はこの虫を水面にぱたぱた跳ねさせて釣ります。これらの羽虫は、たくさん捕まえておいて、長い引き箱に入れ、ふたに穴を開けて空気が入るようにしておけば、一晩かそれ以上、元気に生きています。翅をつまんでそれを取りだして、こういう具合に鉤に刺してやります。ふつうは鉤に二匹刺すので、まず一匹を取りだして、鉤先を片側のウイングの下の、胴のいちばん太いあたりに刺して、鉤先を反対側に出し、串刺しにしておく。次に、二匹目をつまんで、同じようにこれも刺しとおす。ただし、この二匹目は頭を最初のとは反対向きにします。こういうふうにすると、虫は鉤に刺しても、一五分かそれ以上も翅をばたばたさせて生きているものです。箱の中では羽虫の翅がいつも乾いているよう注意します。濡れないようにしなければならないし、鉤に刺すときも濡れた指でつかまないよう気をつけること。濡れた指で翅をつかんでは、せっかくの餌をだめにするからです。

さて、この羽虫を生き餌として使う釣り方を話したところで、今度はその毛鉤をどうやって作るか、それをお話し致しましょう。それはあまりに完璧に本物に似ているので、水面に虫が見られず、また岸にも川の近くにも虫がいないような風の強い荒れた日にも、これで魚が釣れるのは驚くばかりです。そしてむろん、このフライでその川の最上の鱒とグレーリングが釣れるのです。

グリーン・ドレイクの毛鉤は大きな釣鉤に作ります。ダビングには、ラクダの毛、明るい色の熊の毛、豚の剛毛からすき取った柔らかいダウン・ファー、それに黄色のモヘアをよく混ぜ合わせる。ボディは長く作り、緑の絹糸か、あるいはむしろ黄色の絹糸にグリーン・ワックスを塗ったものでリブをつける。尾にはテンかイタチの長い毛を使い、ウイングにはマラードのホワイト・グレーの羽根を黄色に染めて使う。それは次のようにして染める。

《メギの木の根をとって[33]、これをそぎ切りにして、それに皮なめし用の樹液を加え、クルミの実ほどの大きさのミョウバンを入れ、そこに羽根を入れて、雨水を加えて沸騰させると、羽根はとてもきれいな黄色になる》

33　Barberry メギ（目木）。落葉小低木、枝葉を洗眼に使うところから目木という。木部を健胃剤、黄色の染料に利用する。

これでグリーン・ドレイクについては終わりですが、ひとつ言っておきましょう。グリーン・ドレイクは、そのシーズン中であれば、空に明るさが残っているかぎり、どんな時間帯でも、これで鱒を釣ることができるのです。そして私はこの毛鉤で、この羽虫がまったく姿を見せなくなってから一〇日も過ぎて、雨があがって風がひゅうひゅういう、ある曇り空の日に、よい型の鱒とグレーリングを三五匹も釣ったことがあります。時間は夕方の五時から八時までの間で、その時は少なくとも五、六本の毛鉤を、三本のよい馬素ごと引きちぎられたものです。

一二、さて、今度こそはストーン・フライと言うべきところですが、もうひとり紳士が控えています。彼は当然ここに入るべき紳士で、その名はグレー・ドレイクと言い、形も大きさも、グリーン・ドレイクとまったく同じながら、色だけはほとんど別物です。もっと淡い、くすんだ黄色とグリーンで、黒いリブがボディの先端までついており、黒い翅脈のウイングはきらきらしていて、非常に透明でもろく、クモの巣のようで、とても叩き釣りに使えそうなものではありません。[34] しかしこれはグリーン・ドレイクのあとに現れて、鱒によく食われているものです。それを模した毛鉤も、とてもよく釣れるもので、それは次のように作ります。豚の剛毛についているダウン・ファーとブラック・スパニエル犬のファーとを混ぜあわせたダビング・ボディ全体に、黒のシルクでリブをつけ、黒猫のヒゲを尾にする。ウイングにはマラードの黒っぽいグレーの羽根[35]を使う。

34　明らかに、亜成虫であるグリーン・ドレイクがさらに脱皮した成虫（スピナー）のことを言っている。

35　マラードのわき腹の羽根、ブロンズ・マラードか。

さてこれでストーン・フライにやってきたわけです。でも、そろそろあなたの忍耐心もすり減ってきたのではありませんか。もしそうでしたら、どうか遠慮なく言ってください。フライ・アングリングに関する残りの話は別の機会に延期してもよいのですから。

旅人　とんでもない。あなたのお話に飽きてしまうなんて、そんなことは決してありませんよ。でも、あまりご負担になるのもいやですから、よろしければ、グラス一杯と一服のパイプで気分を一新していただいて、それからまた続けるということでいかがでしょう。そうすれば私のほうも、さらに喜んでお話を聞くことができるというものです。

釣師　これはありがたい動議ですね。しゃべった後でちょうど喉が渇いていたところでしたよ。（召使いに）おーい、ひと瓶もってきてくれ。それにグラスもだ。

さあ、ひとつどうぞ。そして、南部の我々のすべての友だちに乾杯を。

旅人　これは恐縮です。では、心からあなたのご健康に乾杯を。実は、お昼にいただいたおいしい塩漬け牛肉か何かのせいでしょうか、私も喉が渇いていたところです。[36]

36　塩をふって保存できるようにした牛肉。

第8章　六月から一二月までの毛鉤について

旅人　さあ、あなたさえよければ、私のほうはもう次のレッスンを受ける準備ができていますよ。

釣師　私のほうも同様に、レッスンに最善の努力をするつもりですよ。ストーン・フライが現れる時季と、またその虫はそれが発生する川のなかのカディス[1]から生まれるということを話したところで、次に私が話すのは、一二、ストーン・フライは、その殻あるいは筒のなかでウイングが充分に成長するまでじっとしている忍耐に欠けるところがあって、少しでもウイングが伸び始め、自身が強くなったと感じるや（この時期のこの虫をジャックという）、牢獄からもがき出て、石の上にはいのぼり、身体を隠すだけの裂け目や、ふたつの石が重なり合う隙間に入りこみ、そこに潜んでウイングが完全に成長するのを待つのです（ところで、我々はわざと石を積んで、この虫を誘い込むことをする）。こういう場所こそ、この虫を見つけるところでもあるわけです。このあたりからストーン・フライの名を得ているのは間違いないでしょう。しかし、そんな都合のよい場所がないときは、虫は岸辺の穴やそのほか風に飛ばされる心配のないところを工面するのです。

1　巣室に入っているトビケラのことだが、カディスという言葉が本来ケース、莢という意味をもつようだ。Cad-bait、Cod-bait、Cad-worm など。それにしても、カディスからカワゲラが生まれるというのは困るが、コットンの頃はこの辺りには混同がある。カワゲラは周知のようにケースをもたない。

そのボディは長く、かなりぶ厚く、尾のあたりになってもその幅はボディの中央とあまり変わらない。非常にきれいな茶色をしており、それに黄色のリブがつき、ボディの腹部側は背部よりも黄味がつよい。尾部の先端から二本もしくは三本の尾が出ている。[2] 頭部には小さなツノが二本ある。そのウイングは充分に成長すると二枚が重なって、同色の背に平らにたたまれている。同色といってもウイングのほうがボディよりいくらか色が濃く、また長い。しかし、そのウイングを利用することはあまりなく、この虫の飛行を目にすることはまれです。ただ、泳いでいるところはしばしば見かける。腹部の下にある数本の脚で水をこいで泳ぐが、そのウイングを動かすことはない。[3] しかし、ドレイク（カゲロウ）のほうは、空高く舞いあがる。むろんショウブや草の上にも見つかるし、高いところにも、低いところにも、川辺のどこにも見られる。その時季にはそれこそ無数に見られ、まったく無害な昆虫だからいいようなものだが、さもないと、災厄とも見えるくらいです。これらのドレイクは、前に言い忘れたことをここで補っておきますと、それが魚に喜ばれることは信じがたいばかりで、静かな日の淵がどこまでも、一面にライズする魚の波紋でおおわれることがあるくらいです。そんなとき、魚たちはドレイクをむさぼり食い、あげくは飲み込んだ虫が外にこぼれることさえあります。この時季の鱒は元気旺盛で、八インチか一〇インチ（20～25㎝）くらいの魚体であっても、倍の大きさのある冬の鱒よりもよく戦い、よく引き、そのぶん釣具に対する危険も大きいというわけです。ちょっと脇道にそれてしまいました、お許しを。

2　カワゲラの尾は二本。

3　トビケラとカワゲラという名前だけでなく、それらの生態についても混同がある。水面を這いまわるのはトビケラ（成虫）のほう。しかしながら、カワゲラの成虫がもがき流れることもめずらしくない。コットンはそういうありさまを《泳ぐ》と見たのではないか。

このストーン・フライも、ドレイク同様に生き餌としてダッピング（叩き釣り）に使いますが、そこにはひとつ違いがあります。それは、グリーン・ドレイクのほうは淀みにも流れにも棲んでいて、一日のどんな時間帯にも生き餌をダッピングして釣りますが、ストーン・フライのダッピングは流れ以外では滅多にやらないのです。その理由は、淵釣りに適した、風の鳴るような状況下では、生きている羽虫より、むしろ毛鉤を使う方がよいからです。早朝か夕刻をのぞけば、ストーン・フライの生き餌が日中によいことはまれなのです。しかし急流なら、日中でもグレーリングの大物がよく釣れます。あちこちで鱒も顔を見せます。それにしても、夜中の八、九、一〇時、あるいは一一時ころのほうがよい。そういった時間にこそ最上の魚がライズするのです。だから遅いほどよいのだけれど、それには餌が見えなければならない。見えなくなったら、餌にかわって毛鉤が殺し屋になるというわけです。

それはこうやって作ります。ダビングには熊のダンと、ブラウンと黄色のモヘア少々をよく混ぜあわせ、それを使って腹部から尾部にかけて、下側でより黄色が勝つようにボディを作る。そして、黒猫のヒゲを二、三本、鉤の背に巻き留めておいて、その上にダビングを巻いて引き締めたとき、それらがほぼ垂直に立ちあがるようにそり返らせ、かつ互いに左右に開くように取り付ける。イエロー・シルクでリブをほどこす。ウイングは長く、大きく、マラードのダーク・グレーの羽根で作る。

一四、次のメイフライは、ブラック・フライ。オストリッチのハール（羽枝）でボディを黒く作り、これに銀糸でリブをほどこす。ウイングには雄鶏のブラック・ハックルでボディ全体をおおう。よく釣れるフライですが、グリーン・ドレイクやストーン・フライと同列ではありません。

一五、さて、メイフライ候補者中の最後は、リトル・イエロー・メイフライです。形はまったくグリーン・ドレイクと同じですが、ずっと小さなフライです。その色は可能なかぎり鮮やかな黄色にする。ブライト・イエローのモヘアでボディを作り、ウイングにはホワイト・グレーの羽根を黄色に染めて使う。

一六、この月の最後の羽虫は、五月中旬に現われはじめて、六月いっぱい見られます。その名をキャムレット・フライという。その形は、繊細な菱形模様のある、透明なウイングをもつ蛾のようで、前に言ったように、これで時々、ダッピングをやったものです。とくにグレーリングはこれによくライズします。この羽虫の毛鉤は、この辺りのアングラーだけが使っているものですが、ダークブラウンのきらきらするモヘアでボディを作り、非常に細いライトグリーンのシルクでリビングをし、マラードのグレーの羽根を二枚重ねにしてウイングにする。[4]小さな魚に威力のあるフライです。五月はここまで。

4　原文ではダブルとなっていて、同形の羽根二枚を重ねたウイングの意。ことさらにこう説明するところからも、カゲロウではないようだ。センブリ（alderfly）という説あり。

六月

六月一日から二四日に至るまでは、グリーン・ドレイクとストーン・フライがまだ効果的であることは前に述べたとおりです。

一、一二日から二四日に至る夜間の釣りには、アウル・フライ（訳注：フクロウ毛鉤、これもセンブリ）というフライが効果的です。白イタチの尾のダビングとホワイト・グレーのウイング。

二、次は、バーム・フライ[5]というダン・フライです。その黄味がかった酵母の色から、ダビングはイエロー・ダンの猫のファー。ウイングは一枚で、マラードのグレー・フェザー。

5　発酵中のモルトに浮く泡をバーム（barm）というから、その色の類推からきたのだろう。

三、さらに、パープル・ボディのハックル・フライ、これには去勢した雄鶏のレッド・フェザーを巻く。

四、同じくパープル・ボディに金糸を巻いて、去勢雄鶏のレッド・フェザーを巻いたもの。

五、これらに加えて、この月にはフレッシュ・フライ（Flesh-fly）[6]があります。ダビングには、ブラック・スパニエル犬のファーとブルー・ウールをミックスし、グレーのウイングを一枚つける。

6　動物の死肉に産卵する羽虫。ニクバエ。

六、さらにもうひとつ、小型のフレッシュ・フライがある。ボディはピーコック・ハール、雄ガモのグレー・フェザーでウイング（複数）を作る。

七、そしてピーコック・フライ。ボディとウイングはともにピーコックの羽根で作る。

八、さらに、フライイング・アントもしくはアントフライという毛鉤もあります。ブラウンとレッドのモヘアを混合してダビングを作り、ウイングは一枚で、ライトグレー。

九、さらに加えて、ブラウン・ナットというフライがある。ボディはブラウンとヴァイオレットのモヘアをよく混ぜあわせて、ほっそりしたボディに作り、ウイングにはライトグレーを一枚。

一〇、もうひとつ、小型のブラック・ナット。ダビングはブラック・モヘア、ホワイト・グレーのウイングを一枚。

一一、次は、グリーン・グラスホッパー。ダビングはグリーンとイエロー・ウールの混合。グリーンのシルクでリブをつける。去勢雄鶏のレッド・フェザーを全体に。[7]

一二、最後に、小さなダン・グラスホッパー。ボディをダンのモヘア[8]（でほっそり作り）、ダン・ハックルを一枚、上側におく。[9]

7　レッド・フェザーを巻くのか、乗せるのか不明だが、グラスホッパーであることを考えると、ボディの上にウイングとしてセットしたのだろう。

8　原文ではダン・キャムレット。キャムレットとモヘアは同じアンゴラヤギの毛の意味に使われている。

9　ここでもダン・ハックルを一枚、巻くのか、乗せるのか、動詞がないが、グラスホッパーだから乗せておいた。

七月

まず初めに、六月に効果のある小型フライはすべて、七月にも有効であることを言っておきます。

一、そこでまず、オレンジ・フライ。ダビングはオレンジのウール、ウイングにはブラックフェザーを一枚。

二、次に、小さなホワイト・ダン。ボディはホワイト・モヘア、ウイングにはゴイサギのブルー・フェザー。

三、また、この月にはワスプ・フライ（Wasp-fly）[10]があります。ダビングにはダークブラウンもしくは黒猫の尾のファーを使い、これにイエロー・シルクでリブをつける。ウイングはマラードのグレー・フェザー。

10　ハナアブの類。

四、もうひとつ、この月によいフライにブラック・ハックルがあります。ボディはピーコック・ハール。その上にブラック・ハックルを一枚のせる。

五、もうひとつピーコック・ハールのフライ。これにはウイングをつけない。

六、この月によく食われるフライにシェルフライ（Shell-fly）があります。ダビングはイエロー・グリーンのジャージー・ウールと子豚の白いヘアーを混ぜて作る。私はこれをパーム・フライと言っております。魚がこれを食うのは、明らかにヤナギから落ちてくる毛虫だと思っているに違いありません。鱒が流れてくる水苔をこの虫だと思ってくわえるのを目にしますが、これからして、ボディの色を的中させるには、ダビングを苔の色とくらべて、できるだけこれに似るような色に混ぜ合わせることです。

七、また、この月に食われるフライにブラック・ブルーダンがあります。ダビングには黒ウサギのファーに黄色を少々混ぜる。ウイングにはアオバトの青い翼の羽根を使います。

八月

七月と同じフライを使います。

一、それ以外の毛鉤としては、雌牛のブラック・ブラウンの毛をダビングに使い、何か赤いものを尾部に巻いて、尾の先端（タグ）とする。ウイングには暗い色の羽根を一枚。これはキラー・フライです。

二、次のフライはファーン・フライ（訳注：Fern-fly ワラビフライ）という。ダビングは野ウサギの首のファーで、シダ類すなわちワラビの色に似た色です。ウイングにはマラードの黒っぽいグレーの羽根を一枚。これも殺し屋です。

三、以上のほかにホワイト・ハックルというフライもあります。ボディはホワイト・モヘア。その上にホワイト・ハックルを巻く。これはきっとアザミの種子の綿毛と見られるのに違いない。

四、この月にはさらにハリー・ロングレッグ[11]があります。ボディは熊のダン・ヘアーとブルー・ウールの混合です。全体にブラウン・ハックルを巻く。

最後に言い添えます。五月に有効であったブラウンやダンは、すべてこの月にも効果的です。

11　Harry-long-legs: daddy-long-legs：ガガンボのこと。

九月

この月は、四月に有効であったフライが同様に効果的です。

一、四月のフライにひとつだけ追加するものとしては、キャメル・ブラウン・フライがあります。ダビングは、漆喰壁から抜き取った毛[12]をレッド・シルクによりつけて作り、ウイングにはマラードのダーク・グレーの羽根を使う。

12　漆喰壁の補強のために混ぜ込んだ毛は石灰のために脱色されて、半透明になるのだろう。粗壁《あらかべ》は切った藁を土に混ぜてつくり、補強に牛の毛を混ぜた。厚さは二、三フィートもある。外壁は漆喰。屋根は茅葺きが多かった。

漆喰壁に茅葺きの家　©SHIMODA

二、もうひとつだけ加えておきましょう。これには名前がありません。アナグマのブラック・ヘアーと薄茶色の豚のいちばん柔らかい、黄色のダウン・ファーを混ぜて作ります。

一〇月
三月に使うフライと同じものをこの月にも使います。

一一月
二月に有効であった同じフライがこの月にも効果的です。

一二月
この月にフライで釣りをする人はきわめてまれで、それは一月も同じことです。とはいっても、この寒い地においてさえ、時には思いがけなく暖かい日があるものですが、そんな日には、ブラウンのフライがよいのです。それは手の上では赤く見えても、太陽にかざすと黄味を帯びて見えるボディをしたフライです。このフライが、雪解け水の流れ込まない水の澄んだ川で効果があるのですが、それにしても、わざわざやるような釣りではありません。

さてこれで、フライ・フィッシングについて、すなわち水面の釣りに関する話は終わることになります。しかし、次のことだけはもう一度繰り返しておきましょう。これまでキラー・フライをたくさん挙げてきましたが、それらのどれひとつをとっても、釣りあげる魚の数と大きさにおいて、グリーン・ドレイクとストーン・フライに肩をならべるものはないという点です。それでも、どう見ても釣りに不向きの日があるものです。たとえば無風の凪の日には、生き餌のダッピングでも大した釣果を得られない。それが、風の吹き鳴る日になると、ふたつの理由からよい釣りが期待できるのです。

まず簡単には姿を見られないこと。そして、そんな日には水面に羽虫がほとんど出ていないというのがその理由です。なぜなら、風のない静かな日には、餌の選択の余地が充分すぎるくらいあるため、容易に想像できることですが、なにか投げてやっても、魚のほうがあまり熱心にそれにライズしてはくれないのです。また、暑い凪の日には、自分の影や竿の影、それどころかラインの影でさえ、細心の注意をもってしても、かれらに疑心を引き起こしてしまう。しかしそんな状況下であっても、早瀬を釣るなり、ヤナギの陰に我慢強く身をかがめて釣るなら、一年のどんなときに、どんなフライを使うよりも、これら二種のフライ、つまりグリーン・ドレイクとストーン・フライのほうが、より多くの魚を仕留めることになるのです。あるいは、好日このうえない日に当たって、これら以外の他のフライで満足のいく釣りをして帰途につくということもあるにはあるでしょうが、これら二種のフライは、かつての釣りの日々に、私が鱒の大殺戮（slaughter とある）に疲れ果ててしまうことさえなかったなら、屈強の連れの者に大漁の重荷を背負わせたことでしょうし、時には、そのとき堪能した釣りの楽しさを飽くことなく語ったに違いありません。あるいはこう言えば、もっと本当にされるでしょうか。私は、まさにこのフライで、我々のかたわらを流れるこの川で、三時間か四時間のあいだに、三〇匹、三五匹、四〇匹もの、この川の最上の鱒を釣りあげているのです。

それが今では何という恥ずべきことか、何という無念か、これほどの川が卑劣きわまる人間どもの悪行によって台無しにされるとは。夜陰に乗じた火振り漁、日中の川乾し、追い込み、ヤス突き、置き網、引っ掛けなどの違法な漁法によって破壊され、それが今では当り前になって、この手の犯罪人を処罰する立派な法律があるにもかかわらず、この無法者たちはあろうことか、大手を振って罰されることもない始末なのです。

さて、締めくくることに致しましょうか。正直に打ち明けると、私が挙げた多くのフライは、少なくとも我々のやり方で作るとしたら、あなた方の南部の川ではたぶん大して役には立たないでしょう。包み隠さず言いますが、以前、ロンドンの幾人かの友人に私のフライを送ったことがあるのですが、聞き及ぶかぎり、大した手柄を立てたとも思えないのです。ですから、私の授業から利益を得ようというのでしたら、あなたはまたこのピークの地に来て、私と一緒に釣りをする以外ありませんね。それでは、よろしければ、そろそろ戻って夕食に致しましょうか。そして明日は、当地の例にたがわず日中に風があれば、間違いなく午餐に十分なだけの魚を釣りあげられるはずです。

第9章　旅人の釣りの朝

釣師　おはようございます。あなたはいつも、私より先に動きだしていますね。

旅人　いや、実のところ、昨日の釣りの楽しさには心を奪われてしまいましてね。また川に行きたくてしかたがないのですよ。それに、私の部屋の窓に鳴る風の音を聞いてからは、[1] もうどうにも我慢できなくなって、ベッドから跳びだして、着替えを終わったところに、ちょうどあなたが入っていらしたというわけですよ。

釣師　それはうれしいですね。もうすっかり準備ができて、それにうってつけのこの空模様。今朝はあなたに三、四本ばかりフライを作っておきましたよ。シルバー・ツイストのハックル・フライと熊のダン、それにライト・ブラウンと、このダーク・ブラウン。どれもいいはずですが、そのうちどれがいちばんいいか、全部ためしてみてください。ただ、申し訳ないのですが、今朝はご一緒できないのです。ちょっと用ができまして、二時間か三時間、あなたのお供をご容赦願わなければなりません。でも、食事時にはお迎えにまいりましょう。ご案内には、この者をお供させます。

1　吹っ飛ばし釣り（ダッピング）の好日。

旅人　それはむろん、どうかお仕事を。でもその代わりに、今いただいたこの見事なフライをうまく使うコツをちょっとご伝授ねがえませんか。昨日来の幸運に見捨てられていなければ、ひとりでもどうにか運をみつけて、いい釣りを望めるでしょうからね。

釣師　私にできるいちばんの助言はこういうことです。風で水面にはさざ波が立っていて、風向きもいいようだから、今日は静かな淵を釣り上がるのがいいでしょう。例の岩の間の流れは、今頃はもう風が強すぎるでしょうからね。それに、あなたには淵と瀬の両方で魚を釣り上げて欲しいのですよ。

旅人　あなたのご助言に従いましょう。それでは、また後ほど。さあ君、出掛けるとしようか。あっ、そうそう、まだありましたよ。午後の底釣りのレッスン、期待していますよ。

釣師　もちろん、それには間に合わせますよ。

第10章　コットンの鱒料理

釣師　これは、もうお帰りでしたか。先を越されましたね。ちょうどお迎えに出ようとしていたところでしたよ。

旅人　それは、お手間を省けてよかった。

釣師　それで、釣りはどうでした。

旅人　すぐにご覧に入れますよ。さあ、どうぞ。型ぞろいで、三対ですぞ。[原注] なかでも一匹は、私がこれまでにフライで釣ったなかで二番目に大きな鱒ですよ。しかも、これより大きな奴に逃げられてしまいましてね。そのうえ毛鉤までも。さらにほら、グレーリングが三尾。そのうちの一匹なんか、昨日私が釣ったのより数インチも大きいグレーリングですよ。昨日のだって悪くはなかったですが。

原注　南部出身者らしい言葉遣い。（原文：three brace of trout）。全部で六匹ということになる。

釣師　これは見事な朝のひと仕事でしたね。それで今、我々のダヴ川をどう思われますか。

旅人　イングランド最高の川だと思いますよ。まったくこの川が気に入ってしまいました。もしこの川を独り占めにできるのなら、流域一帯の土地を全部やると言われても、交換してこの川と別れるのは御免ですね。

釣師　ああ、この川に対するその誉め言葉、あなたが釣りの真の愛好者であることがわかりますよ。それでと言ってはなんですが、今朝あなたをお一人にしたご無礼の償いに、午餐には私がこの魚を料理してさしあげましょう。どうぞ、そのあいだ、居間の窓際にある本でも見ていてください。すぐに用意しますから。

旅人　では、そうさせていただきましょう。
釣師　どうです、早かったでしょう。
旅人　いやまったく。ほう、これはうまそうだ。さっそくいただきましょう。
釣師　さあどうぞ。いかがですか。私の料理の腕は合格ですか。
旅人　いや、これはすばらしい。こんなにうまい魚は食べたことがありませんよ。これまでに食べたどんな鱒よりもずっとうまいですね。ロンドンあたりの鱒とはまったくの別物ですよ。
釣師　今が鱒の旬であれば本当に言われるとおりですがね。ひとつ、このグレーリングのほうを食べてみてください。この季節には、はるかにうまいはずですよ。
旅人　まったくそのとおりですね。ところで、ひとつお願いですが、どうでしょう。鱒とグレーリングの釣り方を教えてくださったように、今度はこの料理の仕方を教えていただけませんか。あなたのやり方は、これはもう間違いなく、他のどんなのより素晴らしいですからね。
釣師　それはもう喜んで。料理法が知りたくなるくらい喜んでいただけるなんて、うれしいですね。その作り方はこんな具合です。

鱒を水洗いして、きれいなナプキンで水気をとる。腹を開いてワタと血をすべてとり、なかをきれいにぬぐう。ただし、魚を洗ってはならない。片側だけ三カ所に骨まで届く切れ目を入れる。次に空の鍋に、古くなって酸味の出たビール（ただし完全に気の抜けたビールではない）と酢と白ワインを少々、それに水を入れて、ボイルする魚が隠れるくらいの量にする。そこに塩を充分量、レモンの皮を一個分、ホースラディッシュの根のスライスをひとつかみ、およびローズマリー、タイム、ウインターセイバリーを、小さくまとめて一束にしていれる。次にその鍋を、木を燃やした強火にかけて沸騰させ、それから魚を入れる。魚が多い場合は、一匹ずつ入れる。一度に入れて煮汁の温度を下げることのないよう注意しなければならない。魚が沸騰している間に、その煮汁を杓子《しゃくし》に一、二杯とり、そこにバターを入れて混ぜあわせ、バターソースを作っておく。充分に煮上がったところで煮汁を捨て、魚を取り出して皿に移し、その上にバターソースをかける。その上からホースラディッシュを削いでたっぷり振りかけ、さらにみじん切りにしたショウガを少々かける。周囲を付け合わせで飾り、魚の上にスライスしたレモンを一、二枚あしらって出来上がりです。[1]

1 訳者はやってみました。結構でした。ウインター・セイバリーというのがちょっと難点でしたが、それにはセロリの葉つきを代えました。古くなったビールでなく、新しいビールを使いました。ビールと水は半量ずつが適当のようです。酢はカップ三分の一、白ワインはカップ半量。コットン風煮魚。

グレーリングもまったく同じ仕方で料理することができます。ただこの魚はウロコをとるところが鱒とは違っています。それは自分の爪で落とすか、ナイフで軽く、魚に傷をつけないよう充分に注意してウロコを落としてやるのです。さらに注意すべき点は、この種の魚は、それもことに鱒の場合は、釣りあげてから四、五時間のうちに食べるのでなければ、まるで価値を失うということです。

さて、食事を終えられたところで、よろしかったら、またあの小屋まで歩いて、そこで今度は底釣りについて話すことに致しましょう。

旅人　さあ、それではここに落ちついたところで、さっそく鱒とグレーリングの底釣りについて教えてください。この釣りは、そんなに易しくはなく、きれいな釣りでもなく、言われるところでは、フライの釣りに比べると、あまり上品な釣り方ではないということですが、それでも私が間違えていなければ、掛けたら逃がさない釣り方で、他のやり方が駄目なときにも、これなら魚を引き出すというではないですか。

釣師　そのとおりです。ミミズという餌は、川の氾濫時は別ですが、どんな時にも実に確かな餌で、一〇〇〇ポンド賭けてもいいくらいですが、冬でも夏でも、多少の違いはありますが、一年を通して、いつでも出かけるたびに、ミミズを使うと必ずなにかしら魚を掛けていますよ。もちろん、もっと真面目な話と同様に正確を期すなら、氾濫時の川をのぞくという限定付きですがね。しかし、前置きはもうやめて、始めましょう。底釣りの仕方にもふつう二通りあります。しかし底餌を使う第三の方法というのもあって、きわめて効果的なのですが、それについては後で述べましょう。さて、その二つの方法とは、

手釣りか、もしくはコルクすなわちウキを使うやり方です。

手釣り[1]には三通りあります。

1　手で魚信をとる釣りのこと。ここで言う手釣りは、竿を使い、手に来る感触で魚信をとる、いわゆる脈釣りのこと。

第一は、ラインを竿の長さの半分にして、充分に重いオモリと、鉤の次にくる我々が鉤素[2]（ハリス）という部

分には馬素を三本使い、これに大型のシマミミズを[3]一匹か、あるいは中型のフトミミズを[4]一匹、またはシマミミズの小型を二匹掛ける。あるいは鱒の餌に適当なものなら何でもいいでしょう。これについては、父ウォールトンがすでに名前をあげておられるから、ここでは繰り返しません。実際、ミミズの類ならなんでもよい。鱒という魚は食い気のたっているときは、何にだって食いつくもので、食わないミミズがあるとすれば、それは私などが見たこともない代物に違いありませんね。

2 鉤素としたが、原文では《running line》。道糸に対して、鉤に装着する先糸の意味で使われている。

3 brandling.

4 《dew-worm》。ドバミミズ。

さて、ミミズを二匹掛けにするには、こんな具合にやります。まず鉤先を最初のミミズの頭の先に刺して、なかに通し、鉢巻を[5]過ぎたところで鉤先を外に出す。そして、そのミミズを鉤素の取り付け部の上側までずりあげて、指で傷つけることがないようにしておく。次に二匹目のミミズを鉢巻の下で鉤に刺し、鉤先を頭のほうにすすめて、鉤先をちょうどミミズの頭頂でとめておく。そうしておいて、最初のミミズをずり下げて、二匹のミミズの鉢巻を出あわせるようにするのです。

5 《knot》：ミミズの頭のすぐ下にある鉢巻状のバンド、ハチマキ。

手釣りの第二は、枝鉤《えだばり》と鉤素を使うもので、鉤素は前の場合より少々長くして、仕掛けはこんなふうに作ります。鉤素の先端の、いつもは鉤を結ぶところに、ピストルかカービン銃[6]の大きな鉛の弾丸をオモリとして取りつける。その方法は、掛け釘かピンを弾丸ぎりぎりに取りつけて、これに鉤素を結ぶ。そこから半フィートほど上で、枝鉤用の鉤素を枝分かれさせる。長さは手幅の二倍か三倍くらいにします。速い流れではそれより長くとり、その先にミミズを刺した鉤を結ぶ。そこからまた半フィート上に同じように、餌をつけた枝鉤をもう一本だす。ただし、これには前とは違う餌を使います。上側には鉛は使わない。このようにすると、全水深において水底をとらえることができるのです。底釣りでは、ラインの中途に鉛を装着したのでは、決してうまくいきません。そうしたのでは、底をとりながら釣るとき（この釣りではいつも底をとる必要がある）、餌が底を引きずって根掛かりしてしまい、大方は不首尾に終わるからです。

6　ピストルの初出は一五七〇年、カービン銃はピストルとマスケット銃の中間の長さ。一六〇五年初出（O.E.D.）。

これら二種の底釣りの方法は、濁りが入って水が不透明な状況でもっとも効果的です。そういった条件下では、釣人がいくら流れに接近しても、自分の影や仕掛けの粗雑さのために釣りをだめにすることがないからです。

底餌を使う手釣り[7]（脈釣り）の第三の方法は、それこそ並外れて優れた方法で、それには竿の全長か、それより一ヤード半長いラインを使い、鈎素とその上の二、三節は馬素一本のみとし、オモリには小さな弾丸を一個だけ使うやり方です。鈎は小さいものにして、よく泥を吐かせた小さなシマミミズを一度に一匹だけつける。それはこうやって通します。鈎先をミミズの尾のいちばん先から刺し、ミミズを鈎素の装着部まで通し、そこからさらに、少なくとも一インチほど馬素の上にずりあげて、ミミズの頭と残りは下に垂らしておくのです。

7　《ground-bait》は通常は《撒き餌》、《寄せ餌》の意味だが、ここでは明らかに底釣り用の餌、ミミズを意味している。

さてこのラインと、このような仕方で鈎に餌をつけた釣り方では、よりいっそう流れを釣るようにし、濁った水より常に澄んだ水を釣り、軽い片手竿で、ミミズを毛鉤のように常に前方、上流に投げながら釣りのぼるのです。魚は、ときには水面で、あるいは水面直下で、ほとんどいつも例の軽いオモリが、餌を川床まで沈めきらないうちに食いついてきます。それは、水が流れているせいでもあるし、あるいは毛鉤釣りのように、ミミズを静かに手前に引いてくることによって、常にミミズを動かしているためでもあるのです[8]。実際この釣り方は、だれが試みても、ミミズで鱒を釣る方法としては、ことに澄んだ流れにおいては、どんな方法よりも優れています。

しかしその場合、使用する竿は、できるだけ軽く、しなやかで、繊細な作りでなければなりません。そんな竿を腕利きの釣師の手に使わせれば、奇跡を生みだすというわけです。これは、澄んだ流れでは、だれにとっても間違いなく、ミミズを使う最高の鱒およびグレーリングの釣り方であり、もっとも軽快で、おもしろい釣り方です。それに加えて、流れのなかに入りこみ、瀬尻の浅場に立ち込んで、ふくらはぎや膝を濡らしながら岸から離れて釣るくらい元気のある人なら、どんな魚だって望みのままに釣りあげるに違いありません。

8 《毛鉤釣りのように》とあるところから、毛鉤釣りでは、上流に毛鉤を振り込んで、それが沈んでいくにしたがって、竿を立てながら、毛鉤を手前に引いてくる釣り方が行われたのだろう。

底釣りの第二は、コルクあるいはウキを使うもので、それにも二種類あります。

ミミズを使う方法、もしくはイモ虫やトビケラの幼虫を使う方法

ミミズを使う場合、ラインは竿より一フィートか一フィート半ほど短くします。水が濁っているときなら、鉤素は馬素二本、あるいは三本でもよいけれど、水が澄んでいる場合は一本より多くしてはいけません。鉤素の上の四、五節は馬素を二本もしくは三本にして、ミミズは一匹、好みのサイズを選べばよいでしょう。オモリはコルクの大きさに合わせ、コルクの大きさは川の状態、すなわち流速の緩急に合わせます。しかし、オモリもコルクも、ごく澄んでいる状況では、できるだけ小さくするのがよい。ミミズはシマミミズの小型を一匹だけにし、それ以上はつけない。ただし、あまりに小さいときは、前述の仕方で二匹付けにしてもよいでしょう。

鱒を狙う場合、できるだけ深くします。つまり、餌が川底を引きずらないかぎり、できるだけ底近くを釣るのがよいのです。それに、たとえ引きずっても、鱒は時にはその状態で餌に食いつくこともあるものです。他方、グレーリングの場合は、餌を川底からもっと離さなければなりません。この魚は中層を泳いでいるのがふつうで、いつも底を切って、水中に浮遊している状態です。それにグレーリングは、鱒に比較すると上昇したがる傾向があり、底餌を投げても下降するより、むしろ上昇するほうを好むものです。

　イモ虫やトビケラの幼虫を餌にする場合、ラインは前と同じ長さにします。あるいは、竿いっぱいの長さにしても悪くはありません。ただしラインは、鉤から二、三節は馬素一本だけにし、コルクやウキも最小にします。オモリはどうにか餌を沈めるくらいにして、流速の許すかぎり最軽量のオモリにします。それでも、流れの巻き返しや、流れの筋の間のたるみを選んで釣るようにすれば、激しい流れを避けて餌を沈めることができるものです。それに、そういうところこそ、流れのなかでは、水面であれ川底であれ、魚がもっとも居つくところでもあるのです。

　グレーリングの餌にするイモ虫類では、アッシュ・グラブというのがあります。まるまるとして、ミルク色、頭から尾にむかって体をまるく曲げて、赤い顔をして、ぶよぶよしている。あるいはまた、ドック・ワームというイモ虫がいる。うすい黄色の、前述のムシより体が長く、細く、固めで、腹部には全体に肢が列をなし、これも赤い顔をしている。こうした虫はグレーリングには最高の餌です。グレーリングには、と言ったのは、鱒もこれら二種の虫に食いつきはするけれど（特にアッシュ・グラブには）、グレーリングほど喜んで食いつくわけではないからです。私の経験したところでは、この餌に出てくるのは一〇対一でグレーリングというところでしょうか。ただ、これに出てきた鱒は、非常に大きな魚が多かったように思います。

　こういった餌は、ふつう、麦かす[9]のなかにいれて保存します。そうすると、アッシュ・グラブの体は固くなって、餌持ちがよくなるのです。それにしても、その体はとても柔らかいので、硬い馬素を一本、鉤素を留めたところに巻き込んで、ストローの幅くらいの長さを鉤の頭の部分に突出させておきます。こうすると、刺した餌が抜け落ちることもないし、鉤先のほうまでずり落ちて鉤素留めが露出することもありません[10]。そうなってしまうと、見た目によくないばかりか、魚も食いついてくれませんからね。とはいえ、こんなことは頻繁に起こることですから、この餌の仕掛けを作る際、私はできるだけ白い馬素を使うことにしています。色が幼虫の色に近いし、光沢も似ているから、むしろ好結果を招じるかもしれないし、少なくとも、他の色で鉤を結ぶよりは害が少ないはずです。

9　麦を粉にひくときに出る殻くず。ふすま。牛や豚の飼料にする。
10　ワーム・ガードもしくはワーム・キーパーというところか。

ところで、これらの幼虫はこんなふうにして鉤に刺します。鉤を餌の頭か口の下に刺し、途中で鉤先が外に出ないよう注意しながら、腹の中央まで通してくる。間違って鉤先が外に出てしまうと、ことにアッシュ・グラブの場合は、水分とミルク色の体液が流出し、幼虫は皮ばかりになって鉤のベンドが黒く透けて見えるくらいになってしまいます。さて、鉤を刺し進めていって、餌の頭部が、鉤の頭の部分に突出している馬素にまできたところで、頭部を突出している馬素に刺して留める。こうすれば餌がいつの間にか抜け落ちるということもないし、まかり間違って、流勢や強い引き抜きで餌が外れることもないというわけです。

さて次に、カディス（トビケラの幼虫）もしくはコッド・ベイトといわれる餌虫があります。これは威力確実の餌で、たいていの場合、これまでのどれよりも間違いのない餌だと思います。この餌は、一度に二、三匹を刺してもよく、場合によってはミミズ一匹と共用しても非常に効果があります。また、時にはフライにこの餌を刺して、鉤先を隠すのに使う手もあります。しかし、この餌を単独で使うときは、繊細な仕掛けをもって、必ず川底を釣るべきです。まさしくこの餌は、一年中いつでも、鱒にもグレーリングにも、他のどんな餌より、もっとも確実な餌であると言えます。

これらいくつか名を挙げたほかにも、川底で使って非常に効果的な餌、あるいは各地の釣師が独自によく観察している、その土地、その河川に特有の餌もあるようです。そのほか、あなたの頭に吹き込むにはあまり相応しくない餌もあります。というのも、私はあなたを堕落させたくはないし、他のすべてにおいてあなたがジェントルマンであられるように、釣師としても公正であってほしいのです。さて、鱒の底釣りの第二の方法については、これで終わりにしましょう。

旅人　どうか、ひとつ質問させてください。何かミミズに応用して、魚をがぜん誘惑するような、つまりその、なにがなんでも餌に食いつきたくさせるような秘術はありませんかね。

釣師　私の知るかぎり、そんなものはありませんね。それに、そういう秘術を知っていたとしても、私自身そんなものを使う気にはなれませんよ。だから教えもしないというわけです。だけど、私も若い頃、ミサゴの油だとか、ツタの油だとか、樟脳、アギ[11]、イラクサの汁、その他、私が出会った幾人かの釣師に教わった秘策を試してみたことはありますよ。でも、それで効果があったとは思えませんね。ですから、そんなことで何かできるなんて、ちょっと考えられませんよ。ただ、見たところ私より腕がよさそうでもなくて、なにか違う餌を使っているふうでもないのに、私が一匹釣るあいだに、目の前で五匹も、時には一〇匹も釣り上げる、そんな人を目撃したことが一再ならずあったことは事実です。

11　《asafetida》アギ、アサフェティダ。セリ科、ウイキョウに似た植物。匂いが強く、香味料、薬用。中央アジア原産。

しかし、そんなことはもう放っておきましょう。まだ時間も充分あるし、あなたを早く授業から解放したいこともありますから、鱒とグレーリングの最後の釣り方に話を進めましょう。次は中層の釣りになります。その後はもうあなたを悩ませたりはしませんから。

旅人　悩ますなんてとんでもない。満足この上ない気持ちですよ。さあ、続けてください。

第12章　**鱒とグレーリングの中層の釣り**

釣師　さてそれで、鱒とグレーリングの中層の釣りには、次の二種類があります。

鱒に対して、ピンクあるいはミノー[1]を使う、もしくは

1　《pink》もしくは《penk minnow》。特定の魚を指すのではなく、一般的に小魚をいう。

グレーリングに対して、ミミズ、イモ虫、あるいはトビケラの幼虫を使う。

まず、半フィートないし一フィートの水面下において、ミノーを使う釣り。しかし、この種の釣りに関しては、すべてあなたをウォールトン氏の教えにお任せすることにしましょう。あの方こそ、ミノーを扱っては疑いなくイングランド随一の釣師ですからね。ただ、率直に言わせてもらいますと、あの方の塩漬けの餌だけは、生き餌が手に入らないというのならまだしも、どうも納得できませんね。ところが先生は、その塩漬けのミノーでしばしば魚を釣り上げられる。いや、それどころか、生き餌の代わりに塩漬けミノーのほうをとられるのを目にしたことだってありますよ。ましてや、先生が疑似ミノーで釣ってしまわれるなど、もっと納得できませんね。我々も疑似の羽虫で魚を釣るけれど、思うに疑似の小魚をもって魚を騙してしまうとは、ちょっと信じられないではないですか。

さて、これくらいにして、あとは私が経験から知ったことだけを付け加えましょう。カジカは、胸びれを切り落として使えば、ことに時季を選んで使うなら、鱒にはミノーよりよい餌になるし、シマドジョウはさらによい餌です。その証拠に、釣りあげた鱒を調べると、かれらの最初の消化器官である喉のなかには、ミノーよりもカジカやシマドジョウを見ることのほうが多かったのです。ある日、日並みも水の色も絶好の釣り日和に、ミノーを餌に日がな一日釣り暮らしても、釣果が皆無ということがありました。そこでついに、ミミズに転向することにしたのでした。するとたちまち、わずかな時間のあいだに、一四匹もの鱒をものにしたのです。それらのなかに、シマドジョウを一、二匹、喉や胃袋のなかに呑み込んでいない魚は、私の記憶では一匹だっていなかった。しかもなかには、三匹、四匹、五匹、六匹も呑んでいる魚さえいたのです。そこで私はこう結論したわけです。もしシマドジョウを餌にしていたら、その日はまさにものすごい釣果を記録しただろうと。

結局のところ、教えたり、やって見せたりできるような方法ではないけれど、ミノーを使うよい釣り方があるのは事実です。しかし、それについては次のことを言うだけにとどめましょう。グレーリングはもちろんミノーに出てくるし、時にはそれに食いつきもします。でも、そんな大きな餌を食うには、グレーリングの口が小さ過ぎることを知る者には、それは信じがたいことでしょう。それでも、グレーリングには時々こうしたことの起こることを大勢の人が確認しているのです。私自身も事実その通りだろうと思います。自分ではミノーでグレーリングを釣ったことはないのだけれど、私の家の者がかつてそれをやったことがあるのです。それを直に見たわけではないけれども、私からあまり離れていないところでのことだから、間違いないと思っています。それにしても不思議だったことは、そのグレーリングは一一インチ（約28cm）にも満たない魚だったのです。

さてここで、我々の師の許しを乞わなければなりません。しかし、それは師を論駁するためではなく、ただこう言うためです。私としては、超大物を掛けたとき、魚にむかって竿を投げだして、あとで釣具とそれにくっついた魚を回収するという師のやり方[2]にはどうも賛成できないのです。先生が言われるとおり、時々おやりになったというのは、それはそれで結構だけれど、私に言わせれば、そんな必要はないのです。私はこれまでの人生で、大袈裟でなく、おそらく数千匹の鱒を釣っていると思うけれど、竿先の破損事故にそなえて、数節のラインを余分に竿先あたりに巻き付けて、その上から蝋引きの絹糸で巻き留めて用心はしていますが、ラインはそのまま竿先に繋がったままで、一度だって竿の先が折れたことはありません。また、何かのせいで手が緩んだり、滑ったりして竿を落とすこともなかった。失うのは、その大小はあっても、いつも魚のほうであって、鉤はいつも無事に手元に戻って来てくれたものです。

2《釣魚大全》第Ⅰ部第5章参照。

ときどき不思議に思えるのですが、鱒はどうやってあんなに瞬時に鉤を外すことができるのだろうか。それも、ミノーを通すような、大型で、この手の鉤によくあるカエシの深い鉤をね。私が実際に見たところでは、竿の破損事故や、急激な強い合わせのために、ライン上部の結び目がすっぽ抜けてしまったような例において、ラインが流される寸前にそれを回収できたとしても、魚はそれ以前の一瞬のうちに鉤を外して逃げてしまっている。

しかしながら、師の話の正当性を証明するような例もあります。ライン全部を引きずって逃げた鱒が、三、四日たって鉤がしっかり刺さったまま、死んで見つかることがあるのです。しかしそれは、鱒が餌を飲み込んだからだと考えるべきでしょう。これは鱒にはよくあることで、鱒がミノー餌にきたときは、パイクなどより、しっかりと、素早く、合わせなければ飲み込まれてしまうのです。私の場合も、過去に一、二度だけ、私自身の毛鉤をアゴに刺したままの鱒を釣り上げたことがあります。それは前日、鉤が巻き留め部分から抜けたために逃げられた奴だったのです。私の考えでは、鱒という魚は、たとえ手幅くらいのラインを引きずった鉤を口に掛けていても、それが骨を貫いているのでもないかぎり、ものの二時間もすれば外してしまう魚です。それどころか、これもよく知っていることですが、鱒は少しでも鉤の痛みを感じると、すぐに川底へ行って、豚が砂利床でやるように、鼻先をこすりつけて鉤をこそぎ落とすか、鉤を真中で折ってしまうのです。中層の鱒釣りの第一はここまでにしておきましょう。

さて、中層の釣りの第二は、ミミズ、イモ虫、トビケラの幼虫、あるいは何か底釣り用の餌をもってグレーリングを釣る方法です。それにはコルクを使い、底から一フィート上を釣る。前に言ったように、グレーリングは川底よりも、その上層でよく餌をとるからです。しかもこれは、常に澄んだ川で、できるだけ繊細な仕掛けで行う釣り方です。

これに対して、前述した底釣り餌でする手釣り（脈釣り）の第三の方法を、中層の釣りの第三として加えてもよいかもしれません。その理由は、鱒とグレーリングに共通であるうえに、前に言ったように、これこそ私が試みたなかでミミズを使う最上の釣り方だからです。

さてここまで、鱒とグレーリングの釣り方について、現在、私に考えられるすべてをお話ししてきました。もう充分にあなたを疲れさせたに違いありません。もっと長くあって欲しいあなたのご滞在を、これ以上こんな話で悩ますことはやめにしましょう。

旅人　それがこれ以上はもう一日も延ばすことができないのです。でも、一二カ月たって五月まで生きていたら、また必ずお邪魔しますよ。その折はウォールトン先生とご一緒にか、あるいは私ひとりでも。いずれ先生には、先生のお蔭であなたがどんなに私を大切にしてくださったか、そのことをお伝えするつもりです。先生も、私がこうやってあなたに感謝していることを喜ばれるでしょう。

釣師　あなたが言われるその時の再会を楽しみにしております。でも、早やお別れとはうらめしい限りです。それでも、発たねばならないとおっしゃるのですから、せめてお誘いしたところから何マイルも先までお伴して、心からあなたの旅のご無事を祈ることにしましょう。

FINIS

私のもっとも尊い友、チャールズ・コットン殿へ[1]

謹啓　ご覧のとおり、今ここに、フライ・フィッシングというアートに関するあなたの楽しく、有益なお話を、私に送られてきたそのままを印刷して、あなたのお手元にお届けしました。というのも、私は、あなたが文中で私に下された数々のお褒めを甘受するくらいあなたのお言葉には従順な人間だからです。そこで、あなたのお褒めに感謝するとともに、偽りのない親愛の証として、私はあなたから与えられた人格にもとることのないよう懸命に努めましょう。他のためにはあらず、ただこの一事のためにも、つまり、私をこのように愛し、自らの発言の真なることをいつも考えておられるあなたが、私に関して判断を間違えたと、私ゆえに悩まれることのないよう願って。

そして、私は、あなたの文章の余白の一部を埋めることもあえてしました。読者がより明瞭に理解できるように、あなたの釣り小屋の様子と、あなたの住まう地の心地よさを合わせて補足してみたのです。[2]さらにまた、読者には、今ではもう数年前のことになりますが、あなたが私に贈ってくださった詩篇を読んでいただくことにしました。その詩の中に、読者はあざやかにそれらの姿を想い描かれるでしょう。さらには、そこにあなたの心をも見て、豊かな心の持ち主であられる読者ならだれしも、あなたという人にますます魅せられることになるでしょう。正直なところ、こんなことをした私を不遜だと、そう言われるかもしれません。そう言われれば否定のしようもありません。そんなご無礼を償うためなら、一〇〇マイルを超える道も、八十三の年齢をも顧みず、来月にはあなたのお許しを乞う巡礼の旅に発つことに致しましょう。死の日まであなたのご厚情のなかに生きていたい私ですから。そのときの来るまでは、

謹んで

もっともあなたを愛するあなたの父そして友
アイザック・ウォールトン

ロンドン　一六七六年四月二九日

1　コットンは領地持ちのジェントリー階級であるので、ウォールトンは《Esq.》エスクワイヤーという敬称を用いている。一方、コットンは商人であるウォールトンに対して《Mr.》と呼びかけている。

2　第三章、六章のウォールトンによる原注を参照。

隠棲　アイザック・ウォールトン氏に捧げる連詩

Ⅰ

さようなら　繁忙の世界よ
もはや出会うことはあるまい……
ここでこそ食べ　眠り　祈ることがかなう
そして短な一日のうちに　あの人よりも善いことをなす
ただ　虚栄と悪徳だけが登場する華々しい舞台の上で
一生をすり減らすだけのあの人よりも。

Ⅱ

なんと素晴らしく　甘美なことか　すべてこの地にあるものは
美しく広がる野原よ
なんと清らかに食べて、横たわることか
主よ　いかにもわれらの過ごす時はすばらしい
いかにも静かにわれらは眠る

なんという平和　なんという調和か
みだらな流儀になんと無縁のものか
われらの仕事　われらの遊びよ

Ⅲ

ここにいて　幸多いわれらの余暇よ
汚れを知らないわれらの楽しみ
おまえたち谷間よ　そして山々よ
木立よ　そして水晶の泉よ
望みのままに　いくたびも　いくたびも
おまえのもとを訪ねよう

Ⅳ

親しい孤独よ　魂の最上の友よ
孤独のなかで　人は自らと知り合い
そして創造主の図る不思議のすべてに心を向ける
おまえとは　意のままに語り合い
さらにまた　語り合おう
孤独よ　ただおまえだけが　魂を目覚めさせてくれるのだから

V

なんと平穏で　静かな喜びだろうか
ただ独り
書を読み　想い　書くことは
だれからも傷つけられず　だれをも傷つけずに
想いのままに　歩き　馬の背に乗り　腰をおろし　安んじて眠る
自らを喜ばせ　だれをも不快にせずに

VI

愛する水の精　美しいダヴ川よ
幾多の川の姫君よ
なんと愛すべきことか　花咲く岸辺に腰をおろし
その銀の流れに目をやると
夏の光が　流れを黄金に染めている
水中には　気ままな小魚たちが
元気にふざけまわっている
そんななかに　釣鉤を投げ込んで
かねて覚えた手練の詐術を尽くすのだ

VII

ローマの黄色いテベレ川がこんな清い流れを見せることはない
イベリアのタグスも　リグリアのポー川も
ムーズ　ダニューブ　ラインの水さえも
おまえの水に比べれば　すべてそれらは水溜まり
そしてロワールの清い流れも　あまりに汚れたものに見えてくる
さらに清らかなおまえの流れに比べてみれば
速い流れのガロンヌ川も　曲がりくねるセーヌの流れも
ふたつながらに　みじめな川だ
愛するダヴよ　どちらが上かとおまえと競うなら
いや　テームもアイシスさえも　ふたりながらに連れだって
おまえの銀の足元にひれ伏して　月桂冠を差しだすだろう

VIII

ああ　私の愛する岩山よ　地より立ちあがり
地にそびえ立ち　雄々しく空に立ち向かう
はるかに高い山の頂に立ち　喜びに目もくらみつつ
ああ　谷を見おろす嬉しさよ
そして深い谷間から　高みを見あげる喜びよ

IX

ああ　愛する洞窟よ　夏の酷暑からの
そしてすべての悩みからの　安心の隠れ家よ[3]
どんなにか安全を　私のプライバシーを　真実の喜びを
おまえの暗い内臓が造りだす
真昼の夜のなかに
見いだしてきたことか　なおも見いだしていることか
いくたび　苦悩のために飛んで逃げてきたことか
世を避け　人を避け
もっとも親しい友をも避けて
おまえの奥所の親しい日陰にたどりつき
悲哀のすべての覆いをといて
心に秘めた苦悩の数々を　おまえという隠所に預けおいた

X

主よ　人みなが　私を独りにしてくれるなら
過ぎたる幸福者よと
わが身のことを思うでしょう
人の嫌がるこの野のなかで
邪魔もされずに　気ままに生きて

人の嫌がるこの片隅で
冬の厳しい寒さも
夏の過酷な暑さもものともせずに
六十歳の時いたるまで長らえよう[4]
そしてそれまでの年月を
幸運の者に羨望の眼差しを向けることはなく
ただ満ち足りて生き　そして満ち足りて終わりたい

C・C

FINIS

3　コットンはこうした洞窟に身を隠して、債権者を避けた。
4　この願いはかなえられなかった。コットンは一六八七年、五十六歳で死去。

訳者あとがき

アイザック・ウォールトンについて

アイザック・ウォールトンは一五九三年、イングランドのスタッフォードで生まれた。父はジャーヴァス・ウォールトン、母は正確には分かっていないないが、アンという人であったという。父親の仕事などもよくわかってはいない。いずれにしろ、アイザック・ウォールトンはグラマースクールに学び、一六一一年十八歳になると、ロンドンに出て、自身の姉の夫と思われる服地商人トマス・グリンセル（Thomas Grinsell）のもとに徒弟奉公に入った。読者への献辞にでてくる、ともに釣りを楽しんだというナットとロウは姉夫婦による従弟たちではないかと思われる。ウォールトンはその頃には釣りをやっていたのだ。

その経緯は不明だが、彼は文学、詩に対する趣向もすでに身につけていたようである。学歴はグラマースクールだけであったが、その交友、引用からも察せられるように、若くから大変な勉強家・読書家であった。二十五歳のころ、奉公が明けたウォールトンはロンドンの金物商組合の会員になり、服地商と仕立屋を始めた。この頃の彼の文学のこと、商売の状態などは、ジョン・ダンやヘンリー・ウォットンなどの伝記を書いた人ではあるが、自らのことに関しては記していない。

一六二六年、三十三歳の彼はレイチェル・フラウドと結婚する。レイチェルは当時よく知られた司教グランマー家に連なる一族のひとりで、彼女との間には一六二七年から四〇年にかけて七人の子供ができたが、一六四二年までにすべての子が生まれて間もなくつぎつぎに死んでしまった。レイチェルもまた一六四〇年には死去している。

ウォールトンはしかし妻レイチェルの家系を通じて、多くの当時有名な詩人・宗教家と知り合うことになる。彼の教区の司祭となったジョン・ダン、そして彼を通じて知ることになったマイケル・ドレイトン、ヘンリー・ウォットンなどがいる。そしてこの頃は彼が信仰を深めていった時期でもあったと思われる。また、詩作、伝記著作にも力を尽くした時期でもあった。

レイチェルの死から七年後の一六四七年、五十三歳のウォールトンは高名な主教であったトマス・ケンの兄妹アン・ケンと再婚する。そして長女アンと二人の男児が誕生するが、長男のアイザックは四カ月後に死去し、長女アンと、次男のこれもアイザックという名の二人が成人することになった。本書第二部においてコットンによって言及されるアイザック・ウォールトンJr.がこの次男だ。

この頃にはピューリタンと国教会勢力の対立からくる内乱が勃発した。それは一六四二年から四九年までつづき、国王チャールズ一世は処刑され、王政は廃され、英国は共和制となった。一六五三年、クロムウェルは護国卿の地位に就いた。ウォールトンは王党派といえる立場にあったが、抗争に積極的に関与する者ではなかった。チャールズ一世の跡取り、チャールズ二世はクロムウェルの軍隊に破れ、フランスに亡命する際、王位を証するガーター勲章の一部、小ジョージ勲章をトマス・ブレイグという軍人に預けたのであったが、その軍人は捕らわれて、ロンドン塔に幽閉された。その小ジョージ勲章をその隠し場から託されて、トマス・ブレイグに届けたのがアイザック・ウォールトンであったという。彼はスタッフォードシャーの王党派ネットワークの頼るべき一員をなしていたのだと思われる。

クロムウェルが護国卿になったその同じ年、一六五三年、六十歳のウォールトンは《釣魚大全》の初版を出版している。二度目の結婚のあと、一六四八年には前述の長女アンが、一六五一年には次男のアイザックが生まれ、無事成人することになるのだが、時代は内乱の混乱から、ウォールトンにとっては息の詰まる共和国の時代をすごすことになる。こういった状況であったからこそ、ウォールトンは、時々スタッフォードの隠居にこもり執筆に集中したのだろう。また近くを流れる馴染みの小川に釣りを楽しんでいたのだろう。

一六五八年にクロムウェルが死去。その息子が護国卿を継ぐが、うまくはいかず、結局はフランスに亡命していたチャールズ二世が帰国し、王政が復古することになった。そして英国国教会も復興されることになった。

一六五五年、ウォールトンは《釣魚大全》の改訂第二版を出版。一六六一年には改訂第三版を出版した。

一六六二年、妻のアンが死去。しかしこの年はロンドンにペストが流行し、ロンドンの人口の一五パーセント、七万人ほどが死亡したという。その間にもウォールトンは伝記の刊行をすすめている。そして、一六七〇年、七十七歳の時には、ジョージ・ハーバートの伝記を著し、これまでの伝記、ダン、ウォットン、フッカー、ハーバートの伝記をまとめた伝記集、Lives を刊行した。そして、一六七六年、《釣魚大全》にコットンによるフライ・フィッシング第二部と、ロバート・ヴェナブルズによる第三部をくわえて、The Universal Angler を刊行した。このときウォールトンは八十三歳であった。その後も、一六七八年、八十五歳、The Life of Dr. Sanderson を出版。一六八三年には、九十歳、ジョン・チョークヒルによる田園詩 Thealma and Clearchas を編集・出版した。そしてこの年、一二月一五日、ウィンチェスターで死去。ウィンチェスター大寺院に葬られた。

ウォールトンの《釣魚大全》が二一世紀にいたるまで、英語版としても、一〇数カ国語におよぶ翻訳版にしても、くりかえし出版されているのはなぜだろうか。世界中に釣りの本、釣りの指導書、釣り場案内、などそれこそ数えきれないほどある。釣りは世界のどこへ行っても行われている遊びだからだ。日本においても古くは一七世紀後半の《何羨録《かせんろく》》を初め、数限りなくあるが、《釣魚大全》が一六五三年の初版から三七〇年以上にわたって、かわらず読み継がれてきたことには、もちろん三七〇年前の英語が現代人の我々にもそのまま今でも読んで理解できるという点も大きいだろう。江戸時代中期の釣りの本、《何羨録》はそうはいかない。現代日本語に訳されていなければ歯が立たない。しかし、《釣魚大全》が読まれ継がれていることには、それ以外の理由が大きいと思う。《釣魚大全》を読んでいるのは釣師だけではないのだ。

釣りの指導書としては、技術的にも、考え方としても古い。現代の釣りにはあまり通用するとはいえない。したがって、《釣魚大全》が釣りの指南書として読み継がれてきたとは考えられない。むしろ、彼の語る釣りの技術とはちがうところに理由があるのではないか。

釣りをやる人、ことに流れのなかで釣りをする人にはわかることだが、流れは一瞬たりともとどまってはいない。これは、古来、幾多の人々が言ってきたことだ。ウォールトンも流れのなかに変転する世界を見たのではないか。ウォールトンは釣りの環境が理想の思索の場であることを知り、オオカエデの下で友と語りながら人生の、生きるための知を求めてきた。ウォールトンにとっては、釣り場とその周囲の自然が思索の場だった。たぶん、これは当初ウォールトンの意図したことではなかった。あくまで釣りの本、指導書と考えていた。したがって彼に足りない部分、フライ・フィッシングについてはコットンに依頼もした。コットンの第二部のなかには人生の哲学はない。フライ・フィッシングの技術が中心だ。

ウォールトンの釣りの話のなかには意図せずして、彼の生きる哲学がでている。それは何人もの子を亡くし、二人の妻を亡くし、内乱や疫病を生き延びてきた人間の生き方がおのずと出てきたのだろう。ウォールトンは釣りをしながら、周囲の自然に語りかけながら、心のうちの信仰をつうじて善を問いつづけた人ではないか。

自然のなかで、釣りに集中し、無心になっている自分、魚を一心に求める自分は神のもとの自然の子だという実感、そうしてオオカエデの下に腰をおろす自分は流れのなかに無心であった自分をふりかえる。宮殿や華美のなかではそういう自分を見いだすことはない。一瞬たりともとどまっていない流れのなかに認める自分……それがウォールトンの思索の原点だったのではないだろうか。

九十歳という当時としては珍しいくらいの長命であり、しかも数々の不幸・不運、そしてペストや大寒波などの自然災害に襲われながらもウォールトンの知識欲、創作欲はその死の直前まで衰えることがなかった。

いくたの不運・不幸、社会的かつ自然的災難にみまわれた一生であったが、その晩年の二〇年は、ウィンチェスター寺院の主教となった敬愛するジョージ・モーリーと、あるいは長女アンの嫁ぎ先である、やはりウィンチェスターの僧、ウィリアム・ホーキンス家に住まいをえて著作に日々をすごしたウォールトンは、当時の人が彼を評して言ったように、幸せな老翁であったと言える。

釣りとは、ことに流れの中におこなう釣りとは、多くの人々に楽しまれるレクリエーションであるが、ウォールトンとともに、自然のなかの小さな存在である自分を意識できる、きわめて身近にある方法といえるだろう。

チャールズ・コットン、人と生涯

一六一六年四月二三日、訪ねてきた親友ベン・ジョンソンとマイケル・ドレイトンを歓待して、つい深酒をしたシェイクスピアは、自身の誕生日でもあったその日、五十二歳の生涯を終えたということだが、彼の死をみとったその友人たちというのが二人ながら、《釣魚大全》の著者、アイザック・ウォールトンの友人でもあった。ベン・ジョンソンは、当時の有名な劇作家・詩人、マイケル・ドレイトンも高名な詩人であった。たとえば、オックスフォード版の英詩選で編者はベン・ジョンソンに一二頁をさいて一二篇の詩を紹介している。また、マイケル・ドレイトンには、一四頁、五篇の詩である。これらの人々の他に、ジョン・ダン、ロバート・ヘリック、リチャード・ラヴレイス、ヘンリー・ウォットンらを加えるなら、どういうことになるか。清教徒であり、クロムウェルの秘書官でもあった、《失楽園》の詩人・政治家ジョン・ミルトンやアンドルー・マーヴェルなどをのぞけば、詩の世紀といわれる英国一七世紀の名だたる詩人が綺羅星のように立ちならぶのを見る。

こういった人々はまた、チャールズ・コットンの同名であった父の友人たちでもあった。その友人のひとり、後の大法官、王政復古の立役者エドワード・ハイド・クラレンドン、クラレンドン伯は、われらのコットンの父の死後、彼について、その自叙伝のなかでこんなことを言っている。少々長いが、彼の一人息子の生涯を予言しているような文章でもあるので引いてみよう（The Life of Edward Earl of Clarendon, 1760）。

《チャールズ・コットンはジェントルマンであった。充分な身代を受けつぎ、人間も教育も申し分なく、生まれのよい人々の尊敬を受け、長年、町の寵児であった。彼の天性はまことにすばらしく、その機知は会話の至るところにあふれていた。学問は第一級というほどではなかったが、数年をケンブリッジで過ごし、ついでフランスに暮らし、いつも教養ある人士と会話を交わしていたため、彼の話しぶりは適切で、要を得て、どんな主題に関しても、大いに輝いていたものだ。したがって、彼をよく知らない人からは、実際以上に書物に通じているふうに思われもした。彼は、青年が立派なジェントルマンとして名声を博するための、あの資質をすべて備えていたのだ。愉快な、明るい気質、やさしく、親切な性格、洗練された楽しい会話、どんな人間も、宮廷の内外において彼ほど完成されていたものはいなかった。そういった非凡な資質には、また、彼がしばしば世間に見せもした、同じように非凡であった曇りのない勇気、恐れを知らぬ気概、そういったものの支えがあった。しかし、何件かの不幸な訴訟問題とその出費が彼の心に影をおとした。それに、家庭的問題が加わり、また、そういった問題につきものの放縦な生活があいまって、青年時代に比べると彼の晩年はあまり尊敬に値するとはいえないものであった。それがために彼の親友たちは、あまり長生きしないほうが彼のためだとも考えたのであった。》

我々にとって、フライ・フィッシングの父として知られるコットンは、同名の父と、エドワード・ベレスフォードの土地を相続したサー・ジョン・スタンホープの娘、オリーヴの長男として、一六三〇年四月二八日、スタッフォードシャーのベレスフォード・ホールで生まれた。コットン家はもともとはサセックスに住んでいて、スタッフォードシャーにいたのではなかったが、母が相続したこの土地に落ち着くことになったのである。こうしてコットン家はダヴ川をその領地内に持つことになった。したがって我々のチャールズ・コットンは、フライ・フィッシングの父なる呼称を彼の母に負うわけである。それがなければコットンは鱒釣りをやることはあるいはなかったかもしれないし、たとえ彼が当時は詩人として知られていたのであっても、後代の我々が知ることはなかったであろう。あるいはまた、後半生の憂愁と煩悶が彼を悩ますこともなかったかもしれない。

前に挙げた父コットンの交友は、大内乱時の清教徒・共和派勢力に対して、チャールズ一世に忠誠を誓う勤王の志士、王党の人々でもあった。このような環境に育ったチャールズ・コットンにはそういう性向もあって、早くから詩に親しむようになり、以後それは彼を去ることはない。同時にまた彼も、ウォールトンとともに王党に与する人であった。

チャールズ・コットンが最初の詩をつくったのは、彼が釣りを始めたのと同じころ、十六、七歳のころであったろう。その初期のもので、伝えられているものに、知人の死に際して贈ったエレジーがある。これが一六五〇年、二十歳のときである。またこのころ、ケンブリッジ大学に在籍していたようである。あるいは、途中でオックスフォードから移ってきたともいわれるが、いずれにしても大学を卒業したという記録は残されていない。

しかしこのころは、かれの交友も知識も大きく発展した時期であった。フランス、イタリアに遊び、両国のルネッサンス文化の精髄にふれ、両国語に精通したのもこのころであっただろう。一八世紀になって良家の子弟に広く行われた、いわゆるグランド・ツアーのそれははしりであったかもしれない。あるいはチャールズ二世をはじめ、王党派の主だった人たちがフランスに亡命していたころであったから、かれもまたクロムウェルの共和国による王党派に対する迫害を避けて、ヨーロッパにいたのかもしれない。コットンは、護民官クロムウェルへの頌詩を献じた、当時の知られた詩人エドマンド・ウォラー（のちに王政が復古すると今度はジェームズ二世に詩を贈るなど節操に欠けていた）を揶揄して詩を書いている。言いたいことは言ったのだ。しかしそれは、当時においては必ずしも身の安全を保障される行動ではなかった。それでもチャールズ・コットンは、すでに充分にルネッサンスの人文に親しんだ人間であって、人間はその考える働きにおいて自由であることを疑うことのないたぐいの人間であった。

いかなる卑屈な言葉にそそのかされて
わが身の隷従のおべっか使いになったのか
……
おまえの偽りの心は恐れも知らず　恥も知らず
書くことは赤面せずに読めはしない

大内乱に続く共和派の勝利、そしてチャールズ一世の処刑、クロムウェルの厳格な政治、チャールズ・コットンとかれの友人たちには厳しい冬の時代がくる（一六五三〜五九年）。この間、エリザベス女王の時代にはあんなに盛んであった劇場芝居は禁止され、出版も規制され、チャールズ・コットンも思うように詩の出版はできなかっただろう。しかし幸いにもコットン家は、所領を没収されたり迫害を受けたりしたようすもないので、王党派といっても、クラレンドン卿のように王党派の中枢にはなかったのだろう。チャールズ・コットンの時代は未曽有の乱世であって、何事も変転きわまりない状態であった。クロムウェルの死とともに、英国の歴史中この数年間のみであった共和制は終わり、王政が復古する（一六六〇年）。

この間、父は王政復古を目前にして生涯を閉じる。一六五八年、コットン二十八歳のときであった。父コットンは、交友こそ当代一流であったが、所領の管理・経営においては才覚も規律もなく、数年前に世を去った妻から相続した土地は訴訟沙汰のために失っていく。父の死の二年前、コットンはノッチンガムのサー・トマス・ハッチンソンの娘である従妹のイサベラと結婚する。この結婚に際して、父子は一七〇〇ポンドに達していた負債を清算すべく土地の一部を手放す。残ったベレスフォードの土地は父が持ち、残りは子供に分与された。そして父の死、その所領はコットンのものになる。

王政復古のなった社会はそれまでの厳格な政治への反動から、また頂点から一挙に没落した清教徒・共和派を目の当たりにして、復権のなった王党派の人々も多くは生活が乱れ、規律を失い、放縦にひたることになった。コットンもその例外ではない。コットン父子のように典型的な土地持ちのジェントリー階層の者は、ジェントルマンとしての体面を維持するために、土地を担保に借財を重ねて贅沢をする。友人たちへの供応、狩猟、領地の館のほかに首都に持つタウン・ハウス、出費はとどまるところを知らない。借金を重ね、返済のために父祖伝来の土地を売る。果ては返済が滞り、牢につながれる。金銭に対する父親の性向は不幸にして子にも引き継がれ、コットンは親と同じことを繰り返すことになる。売れない詩の出版も財産を食いつぶしていっただろうし、かれの愛するダヴ川への友人の招待と供応、酒、タバコ、そういったものへのかれの趣向も大いに浪費を促進したことだろう。晩年になると、コットンは銀色のダヴ川の流れるそのすべての土地を手放すことになるのだ。

ものを書いてはいても、あまり発表することのできなかったコットンは、王政復古で長いあいだフランスに亡命していたチャールズ二世が即位すると、フランスの文物が流行をみていたこともあったのか、かれもフランス語から翻訳を始め、さまざまな作品を発表する。コルネーユの悲劇の翻訳もある。しかし一部をのぞいて広く読まれることはなかった。世に受け入れられたのは、それも厳しい清教徒政治の反動であったろうか、淫蕩、嘲笑の風潮を反映した、あまり上品とはいえないたぐいの詩であって、父を通じて知人でもあったろうロバート・ヘリックやリチャード・ラヴレイスなどの同時代人の詩に比べると、やはり詩人としてはマイナーであったと言わなければならないのだろう。

一六六五年、借金返済のためにコットンは土地の一部を手放す。一六七〇年、軍務についてアイルランドに出征したときの詩に、《酒飲みすぎて借財重ね》というのがある。父がそうであったように、息子も収入以上の生活をして財産を失っていったのである。楽しみと自由が必要なかれは、しかしどうすることもできない。そうして、文筆によって名を成し、家計の立て直しを図ろうとしたのか、翻訳に詩作に励むものの、もはや焼け石に水であったろうか。しかし、かれの書くことへの姿勢には真摯なものがある。一六七四年に翻訳出版されたあるフランス語の本の序にかれはこう書いている。

《私はなぜこんなに執拗にものを書きつづけて世間を悩ましつづけるのか……自宅の孤独のなかにながく本を読みつづけていると、そのなかに何かが私を喜ばせ、それがまた私のなかに何かを呼びおこす。そして、私のなかに膨らんだものを人に伝えたいと考えるのだ》

またこうも言っている。

《第一の目的は自分の気を紛らすことで、次に読者よ、あなた方を楽しませることだ。あちこちに何事かおもしろくもあれば、道理もあるというようなことを言って……》

《なにもやることがなかったのだ。家のなかの自分の部屋にいて少々の紙を無駄にするほうが、当てもなく通りを歩きまわって靴をすり減らすより、まだましだと思ったのだ》

一六七〇年ごろ、最初の妻イサベラを失う。そして、一六七五年ごろ再婚、相手はサー・ウイリアム・ラッセルの長女メアリである。資産のある家の娘であったが、コットンの負債を消すにはあまり役に立たなかったのだろうか、かれは再び土地を手放すことを考える。負債を清算して、子供たちになにがしかを残すためである。その結果、資産すべてを信託管理におき、かれの屋敷であるベレスフォード・ホールをかれが保持し、負債をすべて清算して、四人の娘たちにそれぞれ二千ポンドを残すために必要な土地を売り、残余の土地を息子ベレスフォード・コットンに残すことが決められたのである。

さて、一六七六年、この年はコットンにとっても、われわれにとっても重要な年である。一六五三年に初版を出したウォールトンの《釣魚大全》の第五版が出版されることになったのである。以前からウォールトンにフライ・フィッシングに関する原稿を依頼されていたコットンは、急遽これにとりかかる。そのことは、かれの序文に詳しい。ベレスフォード・ホールでコットンは一〇日くらいのうちにこれを書きあげる。コットンが書いた唯一の釣りの文章である。これによってわれわれは、この時代に洗練されたフライ・フィッシングの行われていたことを知るのである。

コットンの他の著作のなかでもっとも重要なものは、一六八五年のモンテーニュの《エセー》の翻訳だろう。《エセー》の翻訳はそれ以前にジョン・フロリオによるものがあったが、コットンによる翻訳はこれに優るとされ、永く版を重ねたのである。《エセー》の翻訳のころ、コットンはまだベレスフォードに住んでいたのだが、かれの突然の死はこの屋敷ベレスフォード・ホールにやってきたのではなかった。それはロンドンで、一六八七年二月一三日のことであった。熱病による死であった。ウォールトンの死に遅れること四年、五十六歳であった。

チャールズ・コットンの釣り

コットンの釣りのことがある。かれが釣りを始めたのは、十六、七歳のころであって、この《釣魚大全第二部》

の原稿執筆時は四十六歳で、すでに三〇年の釣りの経験があった。フライ・フィッシングも、遠い親戚で、この釣りの名人といわれる人から教えを受けて、このころからやっていた。フライ・フィッシングそのものも、それより二〇〇年近くさかのぼる一四九六年の《Book of St. Albans》のなかの《Fisshynge with an angle》にフライ・フィッシングのことが出てくるから、もうすでにわれわれ日本のフライ・フィッシングの歴史より多くの時を経ているることになる。その初期からコットンに至るまでには、釣り方もフライも、洗練の度を深めていっただろう。コットンが餌釣りもやったことはその文章からわかるが、かれの好きな釣りはしかし鱒とグレーリングのフライ・フィッシングであった。釣り場はダヴ川が敷地内を流れている。そこで三〇年のあいだフライ・フィッシングをやっていたのだから、腕には間違いはなかっただろう。竿は当時すでにロンドンなどにあった釣具店から取り寄せたりしたのだろうが、道具の多くは自らこしらえた。ラインや毛鉤など手製であった。

竿は全長が五、六ヤードの長さで、その素材は手元の二、三節がモミ材でつくられ、数本から一二本の短節を継ぎ合わせて一本にした。手元以外にはトネリコ材などが使われた。鞭のように先細りにつくり、手の動きにしたがって、自在に曲がるようにしなやかにつくるのである。それは長い竿であっても、片手で容易に操作できるくらい軽くつくられている。

ラインは馬の尾の毛を縒《よ》り合わせてつくった。いちばん太いところで馬素《ばす》を七本、それからだんだんに先細りにして、先端は馬素が三本、そしてその先に馬素二本の、毛鉤のついた鉤素（ハリス、ティペット）が結ばれる。全長は竿の長さより最長で一、二ヤード長くなるというから、六、七ヤードというところだったろう。こういった仕掛けで釣る範囲は一〇メートル前後の距離であったろうと思われる。

毛鉤は自製で、これには馬素二本の鉤素（ハリス）がついている。それをラインに結んで使った。風を背に受け、ラインはできるだけ水につけないのがよい。ラインが弱くなるからだ。しかし、強風のときはラインが吹き飛ばされてしまうので、水面の下に少し沈めて使う。われわれのスロー・シンクラインの使い方と同じだ。そして、できるだけ流れからは離れて、繊細に釣るのがよい。《fish fine and far off》である。姿を見せて、鱒を驚かすことのないように釣らなければならないからである。

コットンは昆虫についても、実際的知識があった。カゲロウ、カワゲラ、トビケラ、ブユなど、鱒の餌になる水生昆虫についても詳しかった。それらの成長段階の説明に少々おかしなところがあるが、それにしても現代のわれわれの平均的知識に比較すれば、はるかに広く、深い知識であったというべきだろう。その知識は釣りに際して、かれにこんなことを言わせるくらい実際的なものであった。

《とりあえずなんとか一匹釣って、その腹をさいてみることだ。そして食われている虫を見て、それに似ている毛鉤を使うのがよい》と。われわれの知識はせいぜいカメチョロ、クロカワムシ、ピンチョロ、ヒラタなど、そんなところであったのが一九七〇〜一九八〇年代のことにすぎないのだから、三五〇年の昔に、コットンが釣りの経験を通して蓄積していた水生昆虫に関する知識はやはり大したものであった。

コットンの時代のフライ・フィッシングをみると、その道具立て、釣り方など、日本のいわゆる伝統的毛鉤釣りに酷似していることに驚く。馬素のラインの作り方はほとんど同じといってもよい。釣り方もまた、同様である。少し違うところは、竿とラインの長さだろうか。

コットンの時代にあった毛鉤の種類、季節ごとに異なるフライのパターンなどは、日本においては同じような発展をみることがなかった。また、毛鉤釣りが本として残されることもなかった。それは、この毛鉤釣りが日本では遊び・スポーツとして行われたのではなく、すなわち毛鉤釣りを遊び・スポーツとして行い得るだけの経済的、時間的、あるいはまたそれを文章にするだけの知的余裕のあるたぐいの人々が行ったのではなかったというところに理由があるのかもしれない。あるいは同じ起源から発したのであったかもしれない毛鉤釣りが、一方は現在のフライ・フィッシングという形に発展し、他方は数百年前の形態を保持したまま残ったのである。

コットンとウォールトンの友情

コットンについて語るとき、アイザック・ウォールトンとの友情を省くわけにはいかない。かれらの関係はおそらくコットンの父とウォールトンがすでに知りあっていたことから始まったのだろう。コットンの父親もウォールトンも、内乱時には王党派に与する人であったが、それ以上にかれらの交友は共通の友人を多くもっていた。かれらは当時一流の文人、知識人たちであった。そうしたなかでコットンとウォールトンは知り合うに至った。かれらの政治的立場、詩に対する趣味、そして釣りという共通の関心が二人を結びつけたのである。コットンは釣りについて、ことに餌釣りについてウォールトンから多くを学んだことだろう。たとえばそれは当時よく行われていた、なにか秘密の技術を伝えるのにこれと思う人間を養子にして伝えるということがあったが、そういった父子相伝のようでもあったろうか。あるいは一六五八年に父を亡くしたコットンに対して余計に父親のように感じたのだろうか。コットンはウォールトンを父と呼び、ウォールトンはコットンをわが子と呼ぶようになる。

ウォールトンはフライ・フィッシングについてはそれほどよく知ってはいなかった。商人であったかれには、若いころは鱒のフライ・フィッシングをやる機会は、身分的にあまりなかったのではないかと考えられる。狩猟と同様にゲーム・フィッシングも土地持ちのジェントリー階層の者に限られていただろうからだ。狩猟も鱒釣りも、ジェントルマンだけに許される特権的遊びであって、カントリーハウスにそういった遊びのために人を招いて供応することは、いかにお金がかかってもやめることのできない、ジェントルマンとしても大きな自己満足であっただろう。コットン家の場合も例外ではなかった。むしろ父子二代にわたって、そういった傾きは強かったのである。

しばしばコットンの所領を流れるダヴ川の鱒釣りに招かれることのあったウォールトンは、コットンのフライ・フィッシングに関する知識と釣りの腕前をよく知っていた。そういうコットンに一六七六年、ウォールトンは《釣魚大全》第五版の第二部としてフライ・フィッシングに関する執筆を依頼したのである。ウォールトン八十三歳、コットン四十六歳のときである。
　ウォールトンの人となりについては多くの人が褒めたたえている。だれもかれを悪く言うことがない。温厚であり、慈悲心があり、親切で、誠実である。多くの人がかれをたたえて機会あるごとに讃辞を寄せている。こういったどこから見ても非のうちどころのないウォールトンとコットンの交友には、しかしわかりにくいところがある。それは、わがコットンは必ずしもウォールトンのようなまじめな人生を送っていたとは言えないからである。経済的には、借金取りを避けてダヴ川沿いの洞窟に隠れていなければならないこともあった。それほど困っていたのに、生活は贅沢であり、酒、タバコ、乗馬、カード、ビリヤード、美食、供応、またロンドンでの金のかかる社交、それらをどうすることもできない。一方では田園の生活をたたえながらも、他方、その詩のなかでは、田舎暮らしのつまらなさをかこってもいる。名誉、名声は求めないと言いながら、こんなところに埋もれる自分ではない。もっと世に知られてもいいはずだと言う。フライ・フィッシングという静かなスポーツが好きであり、庭をつくり、果樹を植える仕事も好きであり、確かに田園の楽しみが好きであったが、フランス、イタリアに遊学し、アイルランドに士官として戦争にも行ったコットンは、またそればかりに甘んじていることもできない。じっとしていられない性格でもあった。そういう矛盾だらけの近代人ともいえるコットンのなかに、ウォールトンは二人の長い友情を支えるにたる何を見たのだろうか。

《わが父ウォールトンは、気に入った人間でなければ、決して二度とは会わない人です。そしてあの方の気に入る人間とは、真に誠実なる人間以外ではありません。あの方と交遊があるということ、それこそはぼくがそのような人間のひとりであるか、あるいはあの方がぼくをそう考えているということの最上の論拠です。いや少なくともぼくの知る最上の証明のひとつです。そのことはいまだぼくがあの方から疎ましく思われていないところからも分かります》

そう言うときのコットンにはいかにも言い訳がましいところがある。かれは、実は世間がウォールトンには自分があまりふさわしい友人ではないと思っていることを知っているのだ。ウォールトンは自分に何度も会ってくれているのだから、あの人格高潔な人が長年友人として自分を遇しているのだから、世間はいろいろ言うかもしれない、しかし、ぼくだって誠実な人間ではあるのだ。詩人としては、ぼくより知られているかもしれないが、クロムウェルの時代にはかれを称える詩をつくり、王政が復古するとチャールズ二世に詩を献ずる、あんな節操のないウォラーのような人間よりはるかにましだろうさ。そんな恥ずべきことをするくらいなら、自分はロンドン塔に幽閉されるほうを選ぶよ。コットンの矜持がそのあたりにあったことは間違いないだろう。それをウォールトンは、かれの穏やかな目は、かれらの交友の初めから見ていて過つことがなかった。そこのところに間違いのない人間であれば、他のことは、たとえそれが世間的には不名誉なことであっても、それはいいではないか。何事も完璧は期しがたいのだ。ただ、コットンのなかには真実がある、と、そうウォールトンは考えて、それは生涯変わることがなかった。コットンは、ウォールトンが自分をそのように見てくれていることを知っていた。多分それがコットンにとっての支えであった。

日本のテンカラ釣りのことなど

コットンのフライ・フィッシングのことを考えていると、どうしても想いは日本の毛鉤釣り、いわゆる日本の伝統的毛鉤釣り、テンカラ釣りに至ってしまう。もともと日本起源のものだと言われているが、私もそう考えていたが、果たしてそうだったのかと思うのだ。

たとえば、一六世紀から一七世紀に日本国にやって来た西洋人、そこにはスペイン人がいたし、ポルトガル人、イタリア人、イギリス人、そういった人々のなかにフライ・フィッシングをやる人がいたかもしれないことは充分考えられるのではないか。イギリスだけでなく、スペインにも一六二四年に書かれた毛鉤の本が残っている。馬素のラインをくるくる巻いて、毛鉤をどこかに忍ばせて、海を渡って来る。毛鉤釣師というものは、どこか未知の国へ出かけるとき、まず考えるのは、そこに鱒がいるだろうか、だからだ。毛鉤釣師にとってはそれこそ金銀の財宝に匹敵する存在なのだ。ちなみに、一六世紀のポルトガル人宣教師ルイス・フロイスはその《日本史》のなかで、九州、八代あたりの美観を述べているくだりに、球磨川の水系に触れてこう言っている。《そこにはいくつもの川が流れ、多数の岩魚（トゥルータス）に満ち溢れている》（中央公論社刊、ルイス・フロイス著《日本史》一巻一四章）。岩魚と訳されているが、鱒の意だろう（球磨川ならヤマメとなる）。もちろん、フロイスが毛鉤釣りをやったということではないが、かれにしても少なくとも、岩魚あるいは鱒を知っていたのだ。そうだとすれば、たとえ自分ではやらなかったとしても、鱒釣りについて、なにがしか知識があっただろう。鱒、トラウト、トルッチャ、あるいは脂鰭つきの魚を見て、それとわかるということは、背後にはそういう知識、あるいは経験のあることを含意していると私は考える。

伝統的毛鉤釣りを《テンカラ》あるいは《テンカラ釣り》という。毛鉤釣り、蚊鉤釣り、バケ、カガシラ釣り、などと毛鉤を指す語をつけた言葉があるのに、なぜ《テンカラ》という出所不明の言葉があって、それが毛鉤釣りを意味するのか。それはどこからきたのか。私には、根拠薄弱と言われそうだが、こうではないかと思われることがある。手柄という言葉があるが、これは一六世紀くらいまでは（**ten-gara**）と発音されていた。かつては、語中の（g）音の前には開いた鼻音（n）音を入れて発音されていたのだ。たとえば長崎は（**nangasaki**）と発音されていた。《手柄》には功績、勲功のほかに、うでまえ、てなみ、という意味がある。また《手柄師 **tengarasi**》という言葉がある。意味は、《技に堪能な人》という意である（日葡辞書）。一般の釣りに対して、技術のいる釣り、技巧を必要とする釣り、ということで《**tengara-turi**》てんがら釣り、と言われたのではないか。それが、テンカラ釣りに転じた。そのように考えられ得るのではないかと思う。

終わりに

《釣魚大全》の翻訳は、変則的であったが、まずチャールズ・コットンによる第二部をフライ・フィッシングの専門誌《フライの雑誌》第三号から始めた。一九八七年のことであった。そして、その第二部の翻訳は八九年の八号で終わり、九号からは第Ⅰ部の翻訳を始め、それも一九九六年の三三号で完了した。その後、フライの雑誌社の依頼で第Ⅱ部のみを単行本として出版することになった。それが一九九八年七月二〇日のことである。当時、フライの雑誌社の社主であった今は亡き中沢孝さん、そして編集の倉茂学さんには大変お世話になった。また原稿に綿密に目を通していただいた島崎憲司郎さんのご助力も忘れられない。

あれから二六年を経て読み返してみると、ことに雑誌連載のみであった第Ⅰ部に関して、間違いや勘違いなどが多々あって、改訳したいという気持ちになった。二〇二三年から見直しを始めて、こういう形になったわけだが、幾分かは読みやすく、全体を内容的に、時代的に分かりやすくすることができただろうか。そうであればと願う。

そして、この書の出版にあたっては、株式会社未知谷に紹介の労をとってくれた数十年来の友人である柴野邦彦、そして未知谷の飯島徹社長、伊藤伸恵の各氏に心から感謝します。

二〇二四年八月

訳者識

《釣魚大全》に関わるウォールトンとコットンの年譜

1593　アイザック・ウォールトン、スタッフォードに生まれる。
1630　チャールズ・コットン、スタッフォードシャーのベレスフォード・ホールに生まれる。
1653　ウォールトン、The Compleat Angler《釣魚大全》初版を出版。
1655　ウォールトン、《釣魚大全》改訂第二版を出版。
1661　ウォールトン、《釣魚大全》改訂第三版を出版。
1668　ウォールトン、《釣魚大全》第四版を出版。
1674　コットン、二人の名の頭文字IWとCCを組み文字にして、扉の上にかかげた釣り小屋をダヴ川の畔に建てる。年齢差をこえた二人の友情の象徴。
1676　ウォールトン、《釣魚大全》改訂第五版を出版。コットン、ウォールトンの依頼によってそのII部を書く。
1683　ウォールトン死去。ウィンチェスター大聖堂に葬られる。九〇歳。
1687　コットン死去。セント・ジェームズ教会に葬られる。五六歳。

さらに詳しい二人の一生については〈訳者あとがき〉を参照されたい。

しもだ　としのり

1943年、長崎県小浜町生まれ。幼少期より川釣り、海釣りを楽しむ。川ではドンコ、ハヤ、ウナギ、ダクマ（手長エビ）釣り、海ではアラカブ（かさご）釣りなど。長じては渓流のウグイ、ヤマメ、イワナ釣りを楽しむ。国際基督教大学卒。1969年、釣具・アウトドア用品を扱う株式会社ティムコを共同創業。この頃からフライ・フィッシングを始めて現在に至る。好きな川は伊豆河津川、奥日光の湯川、北海道の阿寒川など。2014年、ティムコを退職。訳書に星野亮介の筆名で、ジョー・ハンフリーズ著『上級者のためのトラウト・タクティックス』、J・マイケル・ミゲル、レナード・M・ライト著『ニンフの達人たち』、ダグ・スィッシャー／カール・リチャーズ著『フライ・フィッシングの戦術』など、ともにティムコ刊。フライの雑誌社刊で『釣魚大全II』がある。釣友でもある妻の明子と横浜市に在住。

釣魚大全

思索する人のレクリエーション

2024年10月18日初版印刷
2024年11月 5 日初版発行

著者　アイザック・ウォールトン&チャールズ・コットン
訳者　霜田俊憲
発行者　飯島徹
発行所　未知谷
東京都千代田区神田猿楽町 2-5-9　〒 101-0064
Tel. 03-5281-3751 / Fax. 03-5281-3752
［振替］ 00130-4-653627

組版　柏木薫
印刷所　モリモト印刷
製本所　牧製本

Publisher Michitani Co, Ltd., Tokyo
Printed in Japan
ISBN 978-4-89642-737-0　C0075